本教程由参与编写《青少年法治教育大纲》和指导青少

GAOZHI GAOZHUAN
FAZHI JIAOYU JIAOCHENG

高职高专
法治教育教程

主　编◎马长山

副主编◎叶慧娟　任海涛

中国民主法制出版社
全国百佳图书出版单位

图书在版编目（CIP）数据

高职高专法治教育教程/马长山主编．－－北京：
中国民主法制出版社，2018.7
ISBN 978-7-5162-1849-5

Ⅰ.①高… Ⅱ.①马… Ⅲ.①社会主义法制—法制教
育—高等职业教育—教材 Ⅳ.①G641.5

中国版本图书馆 CIP 数据核字（2018）第 154655 号

图书出品人：刘海涛
出 版 统 筹：乔先彪
责 任 编 辑：逯卫光

书名/高职高专法治教育教程
　　　GAOZHIGAOZHUANFAZHIJIAOYUJIAOCHENG
作者/马长山 主 编

出版·发行/中国民主法制出版社
地址/北京市丰台区玉林里 7 号（100069）
电话/63055259（总编室）63057714（发行部）
传真/63056975 63056983
http：//www.npcpub.com
E-mail：mzfz@npcpub.com
经销/新华书店
开本/16 开 880 毫米×1230 毫米
印张/19.75 字数/298 千字
版本/2019 年 2 月第 1 版 2019 年 2 月第 1 次印刷
印刷/北京中兴印刷有限公司

书号/ISBN 978-7-5162-1849-5
定价/42.00 元

编 写 说 明

为了适应全面推进依法治国的新形势、新任务,党的十八届四中全会明确提出,"把法治教育纳入国民教育体系,从青少年抓起,在中小学设立法治知识课程"。旨在全国进行"普法教育"之外,更深层次地推进国民法治教育,这无疑是一个重大的举措。把法治教育纳入国民教育体系,不仅是推进法治启蒙的重要途径,也为"法治中国"建设提供了根本动力和基础支撑。为此,2016 年 6 月28 日,教育部、司法部、全国普法办发布了《关于印发〈青少年法治教育大纲〉的通知》(教政法〔2016〕13 号),强调"要高度重视青少年法治教育工作,加快完成法治教育从一般的普法活动到学校教育的重要内容,从传授法律知识到培育法治观念、法律意识的转变",特别是要以社会主义核心价值观为主线,以宪法教育为核心,以权利义务教育为本位,努力培养社会主义合格公民。这无疑是全面推进依法治国、建设"法治中国"的重要举措,具有重要使命和意义。

按照国家《青少年法治教育大纲》的部署,从小学、初中、高中到大学(非法律专业),都要接受法治教育。而"高等教育阶段要把法治教育纳入通识教育范畴,开设法治基础课或者其他相关课程作为公共必修课"。为落实《青少年法治教育大纲》要求,在中国民主法制出版社的大力支持下,本编写组特编写了《高校法治教育教程》和《高职高专法治教育教程》系列教材。本套教材具有以下特点:一是本编写组主要由参与《青少年法治教育大纲》及其解读本编写的高校教师组成,更能深入了解和把握《青少年法治教育大纲》的精神实质和核心要素,具有一定的权威性和代表性;二是本编写组多为华东政法大学和华东师范大学的青年教师,他们大都是北京大学、清华大学、中国人民大学、中国政法大学、中国社会科学院的博士或者博士后,系理论功底深厚、实践视野开阔、熟悉教学规律的青年才俊,具有良好的写作基础和水平;三是编写组承担着教育部青少年法治教育师资的部分培训工作,具有一定的实践经验和应用能力。因此,本套教材反映了青少年法治教育的最新动态和良好水平,相信会对青少年法治教育起到积极的推动作用。

本教材《高职高专法治教育教程》具体分工如下(以章节为序):

马长山(华东政法大学法律学院教授、博士生导师),主编;

沈宏彬(华东政法大学科学研究院助理研究员),第一章、第二章;

马金芳(华东政法大学科学研究院副院长、研究员),第三章、第十三章;

张卓明(华东政法大学法律学院副教授),第四章、第十二章;

任海涛(华东师范大学法学院副教授),第五章、第十一章;

孟凡壮(华东师范大学法学院讲师),第六章、第七章;

许凯(华东政法大学国际法学院副教授),第八章、第十三章;

叶慧娟(华东政法大学科学研究院副研究员),第九章;

陈越峰(华东政法大学法律学院副院长、副教授),第十章、第十四章;

王涛(华东政法大学科学研究院副研究员),第十五章。

编写组尽管在主观意愿上是想编写一本既有理论水准、又有实践应用性的高质量教科书,但能否做到这一点还有待时间的检验。同时,由于从编写到交稿、出版的时间短暂,疏漏之处在所难免,还有望学界同人和广大师生批评指正。

本教材之所以能够顺利出版,得益于中国民主法制出版社的鼎力支持和辛勤工作,在此也一并深表谢意!

编　者

2019 年 1 月

序 言
——
Preface

为了应对全球化、信息化时代的民主与法治挑战,世界各国都十分注重公民文化建设和公民品格培养,积极探索公民文化的法治动力和支撑机制,并呈现出极为多样的公民教育模式,在我国,公民教育也具有十分重要的地位和意义,为贯彻十八届四中全会通过的《中共中央关于全面推进依法治国若干重大问题的决定》(以下简称《决定》)关于"把法治教育纳入国民教育体系"的战略要求,2016年6月28日教育部、司法部和全国普法办专门发布了《青少年法治教育大纲》(以下简称《大纲》),并将其确定为"全面依法治国、加快建设社会主义法治国家的基础工程"。而中共十九大报告又作出"提高全民族法治素养""建设社会主义法治文化"的全新战略部署。这样,就亟须立足中国国情和新时代的"法治中国"建设需要,探索青少年法治教育的新模式和新路径,塑造社会主义合格公民和法治文化。

一、中国的公民法治教育与法治启蒙

"公民"不仅是现代生活中的一种政治和法律身份,也是一种权利资格和价值精神,它是共同体生活中伦理、政治和法律价值的总体呈现。因此,世界各国都会通过公民科或者社会科的形式,将道德、政治和法律元素纳入公民教育之中,只不过他们更偏重于道德和法律(法治)教育,以培养具有公民德性和法治素养的合格公民,进而适应现实中的民主和法治生活。而中国则不同,我们的民主法治进程起步较晚,公民教育又十分曲折,法治教育元素较为薄弱,因此,法治启蒙任务并没有很好地完成,这也正是青少年法治教育的时代使命之所在。

其一,改革开放前政治元素主导的公民教育方式。自晚清以来,西方列强的船坚炮利,曾让国人认识到失败的原因在于技术装备落后,于是斥巨资购买先进武器;甲午海战的惨败,又让国人认识到失败的原因不是技术装备,而是政治制度弊害,于是发起戊戌变法;而百日维新的结局则让国人认识到失败的原因不是政治制度,更根本的在于国民性的改造。[①] 于是,梁启超提出了"新民说",力图塑造具有新道德、新品格、新精神的新型国民,随后蔡元培则力倡把公民道德教育作为"新教育方针"的核心。新中国成立后,五四宪法赋予了公民各种权利和社会地位,具有划时代的重大进步意义。但由于政权建设仿效"苏联模式",又面临外部恶劣的国际形势,因此,在社会主义改造建设和政治运动中,与阶级斗争相适应的"人民""群众"等概念日渐成为主流。宪法教育进入国民生活时,也是过多地强调义务与责任,公民意识教育出现了某种畸形发展状态。[②] 换句话说,公民教育的理念逐渐被社会主义教育的理念所替代,呈现着"政治教育代替公民教育,公民教育暂时沉寂的特征。"[③]特别是在"文革"的十年浩劫中,公民教育被彻底废弃和摧毁,社会也随即陷入严重混乱。

其二,近四十年来普法式的公民法制教育策略。从上世纪 70 年代末开始,伴随着中国改革开放的不断深化升级,社会转型加速推进,社会成员的利益主张、权利意识和公民精神自然也在大幅增长。面对这种巨大的时代变革、身份意识觉醒和价值多元化,国家也一直很重视公民道德教育、政治教育和法制(普法)教育,从中共中央、国务院到中宣部、教育部、共青团中央等发布了上百个文件,但三者的使命和任务有很大区别。

在道德教育上,确立了"四有"公民的培养目标,重在理想、道德和纪律。[④]在政治教育上,确立了"接班人"的培养目标,[⑤]旨在"培养又红又专、德才兼备、

① 张宏杰:《中国国民性演变历程》,湖南人民出版社 2013 年版,第 249 页。

② 庄然、刘新宜:《对建国以来我国公民意识教育的反思》,载《改革与开放》2014 年第 18 期。

③ 张宁娟:《建国以来我国公民教育的发展脉络》,载《思想理论教育》2010 年第 5 期。

④ 1988 年 8 月 20 日国家教委发布《中学德育大纲(试行)》,1995 年 2 月 27 日正式颁行,其目标是培养"四有"社会主义公民,我国社会主义民主政治制度和公民权利与义务的教育;2001 年 9 月 20 日中央发布《公民道德建设实施纲要》,旨在加强公民道德建设,培养有理想、有道德、有文化、有纪律的"四有"社会主义公民。

⑤ 改革开放以来的主要相关文件有:1985 年 8 月 1 日中央发布《关于改革学校思想品德和政治理论课教学的通知》,开始在初中开设公民课,但其基本取向重在进行以理想信念和政治方向为核心的意识形态建设,以维护党的领导和社会主义制度。其他改革开放以来政治教育的文件主要有:1980 年 4 月 29 日发布《教育部、共青团中央关于加强高等学校学生思想政治工作的意见》,全面启动学生思想政治教育工作,1985 年 8 月 1 日中央发布《关于改革学校思想品德和政治理论课程教学的通知》,1987 年 5 月 29 日发布了《中共中央关于改进和加强高等学校思想政治工作的决定》,1993 年 8 月 13 日发布《中共中央组织部、中共中央宣传部、国家教育委员会关于新形势下加强和改进高等学校党的建设和思想政治工作的若干意见》,1999 年 11 月发布《中共中央关于加强和改进思想政治工作的若干意见》,2004 年 10 月 15 日,发布了《中共中央国务院关于进一步加强和改进大学生思想政治教育的意见》,2005 年 3 月中宣部、教育部发布《关于进一步加强和改进高等学校思想政治理论课的意见》,2015 年 1 月 19 日中共中央办公厅、国务院办公厅印发《关于进一步加强和改进新形势下高校宣传思想工作的意见》,2015 年 9 月 10 日教育部关于印发《高等学校思想政治理论课建设标准》的通知等。

全面发展的中国特色社会主义合格建设者和可靠接班人"，①期间虽然也关涉道德和法治内容，但主导取向则是完成政治使命。而在普法教育上，虽然确立了培养"合格公民"的总体目标，从"一五"到"三五"普法规划，主要是基本法律常识的普及和宣传，从"四五"普法开始"努力实现由提高全民法律意识向提高全民法律素质的转变"，"六五"普法规划逐渐由法制教育转向法治教育，强调要引导青少年树立社会主义法治理念和法治意识，养成遵纪守法的行为习惯，培养社会主义合格公民。刚刚开始的"七五"普法规划，则面对领导干部和青少年开展法治宣传教育，充分发挥法治宣传教育在全面依法治国中的基础作用，推动全社会树立法治意识，建设社会主义法治文化。

由上可见，道德教育重在公民品德，政治教育重在政治信仰，而普法教育则重在公民法律素质和守法意识，其面向也涵摄全社会公众。这些公民教育无疑取得了很多明显成效，②但是，这些举措毕竟也带有一定的时代痕迹和局限，尤其是普法教育赋有某种宣教和行政色彩，其核心仍是一种守法教育，因而对公民文化建设和公民性品格培养的实际效果并不理想，也难以适应形势需要。首先，公民教育的结构性失衡。我国的公民教育主要体现为道德教育、思政教育、法制教育（普法教育）的"德育－政育－法育"三元构架，其中，德育具有基础地位，政育占据主导地位，而法育则处于被吸纳的弱势地位，缺少足够的独立性，这不仅导致德育－政育－法育之间的结构性失衡，也与新时代"全面依法治国"的建设实践不相符，无法回应中共十九大关于"深化依法治国实践""提高全民族法治素养""建设社会主义法治文化"等战略要求；其次，以普法为核心的法制教育，并不是真正的法治教育。法制教育偏重守法教育、忽视权利意识培养，偏重法律常识宣传、忽视法律价值和法治精神倡导，偏重"运动化"普法、忽视常规化法制教育，更无法做到常规制度性的法治教育，因此，用法制教育替代法治教育并不能产生应有的公民意识和法治精神。再次，法制教育不成体系，呈现出某种即时性、破碎化的状态。无论是国民教育系列中的《道德与法治》课程，还

---

① 中共中央、国务院：《关于加强和改进新形势下高校思想政治工作的意见》，参见《人民日报》2017 年 2 月 28 日第 1 版。

② 据官方统计，"六五"普法 5 年来，全国已创办普法网站 3700 多个，普法官方微博、微信 2600 多个，定期组织法治动漫电影作品征集展播、知识竞赛等活动，每年参与人数超过 1 亿人次。各地的普法工作围绕宪法和中国特色社会主义法律体系展开，围绕党和国家重大部署、重要活动展开，送法律进机关、进乡村、进社区、进学校、进企业、进单位，让全民法律素养得到有效提高。参见新华网：《用法治之光点亮中国梦的伟大征程——我国"六五"普法成果综述》，http://news. xinhuanet. com/2016 - 04/27/c_128938338. htm，2017 年 2 月 12 日访问。

是普法规划中的宣教活动,都在法律知识上、观念上、逻辑上缺少体系性,知识错讹、相互矛盾、陈旧老化等问题仍比较明显。

这些问题的存在,不仅是公民意识、公民文化难以形成,还会带来更为严重的后果。特别是由于体制机制改革滞后与快速释放的权利和利益之间发生了巨大落差,加之一些地方、一些官员的权力本位、人治思想、甚至权钱交易等腐败行为,又严重抑制和侵犯了广大民众的利益和权利。这样,就导致社会中涌动并日益高涨的公民诉求,不得不力图通过网络舆论、社会监督、决策参与、民间自治、申诉上访、甚至群体性事件等各种方式来予以表达和展现,而这些公民诉求和公民性品格发展所反映出来的价值偏好,则与国家的主导取向发生某种程度的游离、乃至冲突,从而使公民文化塑造步履艰难。

其三,青少年法治教育的时代转向。事实表明,"国民教育和公民教育对于所有国家来说,都有维护和复制现有秩序、支持政府权威和引导民众遵守法纪的'再生'作用。但是民主国家里,在现有秩序'再生'作用之外,公民教育还能起到国民教育难以起到的'重建'作用。"这个重建既是更新,也是再造,它依靠社会创制力,而不是自上而下的指令,有效地在社会中产生先前缺乏的积极价值因素和新的社会共识。① 如今,中国已进入中国特色社会主义新时代,"四个全面"的战略布局也正在深入推进,使得"中国在今天也不再只是发布自上而下的命令。国家更多的是鼓励人们自觉实现和谐社会。"②因而,转变过去的法制教育弱势地位、以法制教育替代法治教育的公民教育模式,确立适应法治国家建设需要的公民法治教育新模式、新机制,进而实施法治启蒙工程已成为大势所趋。

基此,党十八届四中全会《决定》作出了"增强全民法治观念,推进法治社会建设""把法治教育纳入国民教育体系"历史性决策,而2016年6月教育部、司法部和全国普法办又联合发布了《大纲》,这无疑标志着公民法治教育和法治启蒙工程在国家层面上的正式启动。其重心则是"加快完成法治教育从一般的普法活动到学校教育的重要内容,从传授法律知识到培育法治观念、法律意识的转变",旨在以社会主义核心价值观为主线,以宪法教育为核心,以权利义务教育为本位,进而"培养社会主义合格公民"。中共十九大报告又进一步指出:要

---

① 徐贲:《统治与教育——从国民到公民》,中央编译出版社2016年版,第9页。

② [德]托马斯·海贝勒、君特·舒耕德:《从群众到公民——中国的政治参与》,张文红译,中央编译出版社2009年版,第219页。

提高全民族法治素养和道德素质，"建设社会主义法治文化，树立宪法法律至上、法律面前人人平等的法治理念。"这样，就需要进行相应的一系列重大变革和转向。一是改变过去德育、政育和法育严重失衡状态，按照《大纲》的要求和部署，强化法育的独立性、占比和力度，以塑造公民的法治素养和法治精神，为全面推进依法治国和国家治理法治化提供根本动力和深层支撑；二是改变过去以法制教育替代法治教育的做法，实现从法制教育到法治教育的时代转向，探索公民法治教育新模式、新路径和新机制；三是从抽象的"人民"、"主人"或"群众"身份，转向具体的"公民身份"，并积极培育公民的理性自主精神、参与意识和自治能力。只有这样，才能通过公民法治教育和法治启蒙来培植公民性品格，让每个人都能通过国家治理和社会治理的互动对流机制与渠道，形成必要的民主精神、公共理性、公民责任和社会担当，进而成为民主与法治的实际参与者、推进者、建设者和受益者，理性规则秩序的理想也才能更好地变成生活现实。美国人就自豪地宣称："美国在探索自治政府的过程中最主要依靠的并不是总统、国会议员或是大法官，而是每一位公民。"①这不能不说是一种人类的法治经验。而在我们中国特色社会主义新时代，就更要"形成完整的制度程序和参与实践，保证人民在日常政治生活中有广泛持续深入参与的权利"，②通过良法善治来"打造共建共治共享的社会治理格局"，推进法治中国建设目标的实现。

其四，当下法治教育的时代意义与重要使命。纵观我国公民教育的发展历程，不难看出《大纲》对推进从法制教育迈向法治教育的划时代意义，而当下的法治教育也确实肩负着重要的法治使命。

首先，从思政主导到法治启蒙。从新中国建立初期，我国就十分重视思想政治教育工作，并视其为意识形态建设的重要内容。改革开放后，从小学、初中、高中到大学，我们也一直把思想品德和政治思想教育作为培养青少年价值观的主要阵地，旨在使他们成为社会主义事业的"接班人"，并适应当时政治动员和政治化社会建设的需要，这固然有其必要性和客观性。然而，德育、政育与法育之间的结构性失衡以及对法治教育的忽视，必然无法承担起十八届四中全

①　[美]纪念美国宪法颁布200周年委员会编:《美国公民与宪法》，劳娃等译，清华大学出版社2006年版，第221页。

②　参见习近平:《决胜全面建成小康社会　夺取新时代中国特色社会主义伟大胜利——在中国共产党第十九次全国代表大会上的报告》，http://news.xinhuanet.com/2017-10/27/c_1121867529.htm，2017年10月29日访问。

会和十九大所提出的建设社会主义法治文化的战略任务,法治国家建设目标的实现也必然因此受到严重影响。事实上,从晚清到民国再到新中国,法治进程一直是曲曲折折,尚没有建成法治国家,而法治启蒙当然也并没有完成。在当下全面推进依法治国的中国特色社会主义新时代,必须补上法治启蒙这一课,否则,就必然会因缺少法治非制度化要素的内在支撑而遭遇严重困境。经验表明,"如果一个国家的人民缺乏一种能赋予这些制度以真实生命力的广泛的现代心理基础,如果执行和运用这些现代制度的人,自身还没有从心理、思想、态度和行为方式上都经历一个向现代化的转变,失败和畸形发展的悲剧结局是不可避免的。再完美的现代制度和管理方式,再先进的技术工艺,也会在一群传统人的手中变成废纸一堆。"①为此,党的十八届四中、五中全会和十九大作出了加强法治社会建设和塑造法治精神的重要战略部署,将法治教育纳入国民教育体系。基此,《大纲》确立了"以社会主义核心价值观为主线""以宪法教育为核心、以权利义务教育为本位",全面提高青少年法治观念和法律意识,进而努力"培养社会主义合格公民"的目标要求,从此开启了法治教育和法治启蒙的新阶段。实践表明,"要想培养出积极的公民意识,其基本前提就是公民本人应当控制政治过程(而不是由别人'代表')",②因此,克服"没有公民的民主",③开放公民参与的场域、渠道和机制就显得十分重要;但同时,"'法治国家'必须引导公民自觉遵守法律、努力工作和有所克制。为此,国家本身必须树立良好榜样,教育公民正确理解他们的义务和权利;使他们了解少数服从多数和思想自由并不等于无政府主义。"④这就要求我们走出思政教化统摄法治教育的误区,深入贯彻实施《大纲》,积极推进法治启蒙,进而逐步在全社会确立法治观念、法治思维、法治方式,塑造与"法治中国"建设相适应的新时代公民文化与法治文化。

其次,从主人意识到公民意识。法治是民主的基本前提和根本保障,而没有制度规约的"大民主",其最终结果则会造成反民主,公民意识才更适合法治化民主的需要。在建设法治国家、"推进国家治理体系和治理能力现代化"的新时代背景下,必然要求树立法律的至上权威,真正把权力关进制度的笼子里,并

---

① 殷陆君编译:《人的现代化》,四川人民出版社 1985 年版,第 4 页。

② [希]塔斯基·福托鲍洛斯:《当代多重危机与包容性民主》,李宏译,山东大学出版社 2012 年版,第 113 页。

③ [美]罗伯特·W.麦克切斯尼:《富媒体 穷民主——不确定时代的传播政治》,谢岳译,新华出版社 2004 年版,第 7 页。

④ [德]约瑟夫·夏辛、容敏德编:《法治》,阿登纳基金会译,法律出版社 2005 年版,第 93 页。

使政治、经济及社会生活都进入法治化轨道。这样,就要求每个社会成员都能以公民身份和姿态,来广泛享有、充分行使、积极维护其自由和权利,从而彻底摒弃"臣民"文化传统,防止政治性"主人"身份与权利的滥用,避免"人民"权利的空泛性,将公民身份和地位落地深根,使其更有确定性、更有可靠保障。这样,实现由主人意识向公民意识的转型,也就成为一种客观必然。事实也表明,只有真正确立公民角色和公民意识,才能使社会成员在公共和私人的"双重生活"领域中,充分展现自己的个性追求、自主创造、自由选择和公共精神,进而才能真正树立起自由与责任、权利与义务、自主与服从相和谐、相统一的现代民主法治观念,有效促进"法治中国"建设进程。

再次,从守法教育到公民教育。为了适应改革开放和民主法制建设的新形势、新任务,如前所述,自 1986 年至今,我国已实施了从"一五"到"七五"的七个普法规划,并取得了重大影响和效果。然而,历届"普法规划"的核心都是强调社会成员守法而不是公民权利义务,因此,它只是法制教育而不是法治教育,是法律知识普及而不是法治理念培育。正是基于这一现状,《大纲》就深刻指出,"建设社会主义法治国家的宏伟目标,对加强和改善青少年法治教育提出了现实而迫切的要求,当前和今后一段时间,要高度重视青少年法治教育工作,加快完成法治教育从一般的普法活动到学校教育的重要内容,从传授法律知识到培育法治观念、法律意识的转变,完善工作机制,加大工作力度,将法治教育全面纳入国民教育体系,创新青少年法治教育的形式与内容,着力提高系统化、科学化水平,切实增强教育的针对性与实效性。"①这样,就需要推进从守法教育到公民教育的转向,将单纯的守法教育转变为公民意识的培养,特别是普法教育、宣传媒介等更应把引导和强化公民对国家制度、法律制度的合理性、合法性认同作为重中之重,进而培养适合打造"法治中国"需要的新型公民,从而为法治国家建设提供深层基础和核心动力。

二、公民性塑造:青少年法治教育的核心任务

既然青少年法治教育肩负着中国百年来未能完成的公民法治启蒙使命和任务,并在全面推进依法治国进程中发挥着重要的支撑和推动作用,那么,它的核心任务就必然是通过全面落实《大纲》,来塑造适应法治国家建设需要的公民性精神、品格与能力。这主要包括:

---

① 教育部、司法部、全国普法办:《青少年法治教育大纲》,http://www.moe.edu.cn/srcsite/A02/s5913/s5933/201607/t20160718_272115.html,2017 年 10 月 3 日访问。

（一）公民的民主法治理念

民主法治理念是现代公民精神与公民性品格的核心要素，是展现公民能力的根本保证，也是建设法治国家、法治政府和法治社会的重要基石。在我国，正在积极探索自主性的法治发展道路，公民的民主法治理念必然立足于现实的国情基础之上。首先，社会主义核心价值体系的相关价值引领。中办国办发布的《关于进一步把社会主义核心价值观融入法治建设的指导意见》明确指出，社会主义核心价值观是法治建设的灵魂，要"把社会主义核心价值观融入法治国家、法治政府、法治社会建设全过程，融入科学立法、严格执法、公正司法、全民守法各环节"，而十九大报告也再次强调，要"发挥社会主义核心价值观对国民教育、精神文明创建、精神文化产品创作生产传播的引领作用，把社会主义核心价值观融入社会发展各方面，转化为人们的情感认同和行为习惯。"然而，社会主义核心价值观十分丰富，体现着国家层面、社会层面和个人层面等不同维度的价值取向和准则，并不都与公民性品格直接相关，也并不都能体现于法治建设之中。但是，民主、自由、平等、公正、法治等核心价值观无疑对法治建设和公民性品格具有核心指引意义。其次，立足中国、面向世界的民主法治理念。在当今全球化、信息化时代，世界日益呈现出一种复杂多变、开放多元、包容共享的发展趋势，这正如十九大报告所指出的，"没有哪个国家能够独自应对人类面临的各种挑战，也没有哪个国家能够退回到自我封闭的孤岛。"因此，我们既要按照"不忘本来、吸收外来、面向未来"新时代要求，①来更好地构筑中国精神和价值，也要立足中国、面向世界，来更好地塑造的公民的民主法治理念。这些民主法治理念主要包括：

一是权力制约理念。没有权力制约，就没有民主和法治，这已为法西斯时代的残暴统治所证实。"这些反人类罪的作恶者都受过良好的教育，懂得大量阅读、写作、文学、数学和科学知识，但尽管如此，他们却不能民主地生活；他们利用自己的知识和技能建造伟大艺术品和建筑的同时，也建造了集中营和人类的梦魇。"②事实上，我国社会主义民主制度的核心要义，就在于贯彻马克思的

---

① 参见习近平：《决胜全面建成小康社会　夺取新时代中国特色社会主义伟大胜利——在中国共产党第十九次全国代表大会上的报告》，http://news.xinhuanet.com/2017－10/27/c_1121867529.htm，2017 年 10 月 29 日访问。

② ［美］沃尔特·C. 帕克：《美国小学社会与公民教育》，谢竹艳译，江苏教育出版社 2006 年版，第 62 页。

民主契约法律观,①把权力关进制度的笼子里,一切国家权力都应该受到制约,并服从服务于民众的整体利益和要求,因此,这就要求每个公民都能确立民主法治精神,都能够以合法有效的方式和渠道来参与民主选举和民主监督,能够通过积极行使公民权利来制约公权力、扼制权力滥用和扩张,促进国家治理体系和治理能力的现代化、民主化、法治化。

二是法律至上理念。宪法法律至上是法治国家的基本前提和根本保障,十八届四中全会也明确提出了依宪治国、依宪执政、依法行政、公正司法和全民守法等战略要求和部署,这就要求作为法治社会主体的公民,确立起法律至上的理念。一方面能够通过合法途径和形式,来监督公权力依宪治国、依宪执政、依法行政和公正司法,另一方面,也能够形成公民的理性自律精神,自觉维护法律权威和遵守法律规则,从而推进法治国家、法治政府和法治社会的一体建设进程。

三是公平正义理念。现代法治之所以成为人类社会的一种优先选择,就在于其在本质上是一种良法善治,因此,公平正义必然成为法治的核心价值和方向指引。实践证明,公平正义的核心任务是对自由、平等和权利作出合理性安排,因此,这就要求每个公民都能够具有一定的公平正义和正当程序理念,积极参与到国家与社会生活中有关自由、平等和权利的制度性安排过程中来,能够对国家和社会生活制度中的自由、平等和权利设定予以认同、内化、反思、对话和协商,从而促进科学立法、公正司法、严格执法和全民守法等法治建设环节取得实效。

四是人权保障理念。民主也好、法治也好,归根结底是为了人的自由发展和全面发展,它们的一个重要任务和目标就是尊重、维护和保障人权。因此,这就要求每个公民都应该具有人权保障的理念和觉悟,以人权价值和精神参与国家和社会生活,推动立法机关不断扩大人权保护、监督司法机关不断强化人权保障、防止行政机关滥用权力侵犯人权、通过理性维权活动不断优化人权保护的社会环境,进而传播人权保障价值和完善人权保障机制,促进法治秩序的形成。

(二)公民的权利义务观念

作为现代民主和法治构架下的公民身份与角色,要在公共与私人的"双重生活"中展现自己。也就是说,每个公民既要参与国家政治生活,也要参与社会生活和经营家庭生活;他们既会在公共空间活动,也会在私人空间中活动。这

---

① 马长山:《马克思恩格斯民主契约法律观的"理论替换"及其实践反差》,载《华东政法学院学报》2004 年第 2 期。

就会产生普遍利益与特殊利益,公共利益与私人利益,国家利益、群体利益和个人利益等等的冲突与整合。面对这些冲突与整合,最根本的问题是:"我们如何让彼此满意而愉快地生活、同时又完整地保留个人及群体的差异、自身的许多身份特征得到认可和尊重这样的方式公正地共同生活?根本的解决方法是民主公民教育",而"处于核心地位的是缔造共同生活的方式并遵循其规则的意愿。"①这样,就需要通过法律这一公共规则,来界定不同利益、不同空间、不同价值的性质与范围;通过设定法律权利和义务的方式,来予以调适冲突、规制行为和建立秩序,因此,这就必然体现着权力与权利、权利与权利、权利与义务等不同关系中的平衡观念。

首先,是权力与权利的平衡观念。公民的权利义务并不是仅由其自身来界定的,而恰是要依赖于国家权力与公民权利的总体框架。也就是说,普遍利益(公共利益)与特殊利益(私人利益)的复杂关系,决定着国家权力与公民权利的边界,进而决定着公民权利与义务的范围。事实表明,权力与权利的互动平衡,是公民权利义务的重要前提和基础。具言之,国家权力有肆意扩张和滥用腐化的天性,因此,绝对的权力就会导致绝对的腐败;而私人权利也有自私自利和贪婪任性的风格,因此,自由也"并不意味着某个或某些人可以享受以他人损失为代价的自由",②这样,双方就都需要规则的控制,二者需要互动平衡。近代以来自由主义与国家干预的此消彼长,以及当代"第三条道路"和治理模式的探索,也证明了这一点。发展中国家的无数实例表明,"使用强力本身并不与自由主义相抵触;相反,政府手里若没有强力,人民的自由就无法保障。强力只有用得粗暴才算是粗暴。"③可见,"它们(政府、市场和市民社会秩序)之间的平衡必不可少。"④这样,就需要以公民权利来分割和监督国家权力,防止权力的专断腐化;同时,也需要以国家权力来抑制私权滥用和控制冲突,保护公民权利和维持正义秩序,只是二者的平衡基准和范围需因不同的时势而进行动态调整而已。由此看来,作为公民,就应站在权力与权利的互动平衡体系框架内来考量自身的权利义务,确立基于合理性的权利义务观念,表达基于正当性的权利诉求,从

---

① [美]沃尔特·C.帕克:《美国小学社会与公民教育》,谢竹艳译,江苏教育出版社 2006 年版,第 61 页。

② David Miller, ed. *Liberty*, Oxford University Press, 1991, pp21.

③ [意]圭多·德·拉吉罗:《欧洲自由主义史》,杨军译,吉林人民出版社 2001 年版,第 412 页。

④ [英]安东尼·吉登斯:《第三条道路及其批评》,孙相东译,中共中央党校出版社 2002 年版,第 57 页。

而以法治观念、法治思维和法治方式来践行公民权利义务。

其次,是权利与权利的平衡观念。应当说,确立国家权力与公民权利的互动平衡框架,是在纵向上对普遍利益与特殊利益、公共利益与私人利益、国家生活与社会生活之间的边界厘定,而接下来,在横向上对特殊利益、私人利益、社会生活主体进行彼此界分也就成为必然。事实上,"权利一旦实施,就会有人得益、有人损失",①权利冲突自然在所难免。因此,"立法者和法官所要解决的问题,亦就是权衡权利而衡量责任,使不断地在争抗冲突中的个人权利,能得平衡",②从而最大限度地化解权利的"冲突"、实现公平秩序。这样,就要求公民确立起理性平衡的权利观,在主张自身权利的同时能够尊重和关照其他公民的权利诉求,以平等互谅、多元包容精神来对待和行使公民权利。

再次,权利与义务的平衡观念。众所周知,在近代启蒙思想的有力鼓舞下,形成了自由主义的个人本位权利观,并成为现代法治价值的一个明显标志。然而 20 世纪以来,个人本位权利观越来越受到时代的挑战,人们渐渐发现,"权利要求吵吵嚷嚷提得太多,而相比之下,对实现这些权利所需要的义务和责任却保持沉默"。③ 这样,就造就了只伸手要权利、却不承担责任的"贪婪的公民",进而带来严重的社会问题和秩序危机。事实上,权利和义务是相对应的,没有无义务的权利,也没有无权利的义务,"接受义务是任何人为了获得权利而必须付出的代价"。④ 因此,这就要求公民能够确立客观理性的权利义务观,形成权利与义务的平衡精神。然而,西方国家"现存的公民教育话语倾向从自由主义式民主角度理解公民的权利和义务。一般说来,持这种理解的人将公民参与表述为一系列理性的、文化中立的个人行为,而这些个人基本上是从普世主义立场上来看待公民权利和义务以及'共同利益'的。这一空洞的观点,全然忽视了种族、性别、性取向、族群以及社会——经济地位对公民观的影响,而公民教育本身则身着规范的伪装,压制差异,以便造就出所谓的'平等和均衡(equality and symmetry)'。"⑤这就是说,权利义务的真正互动平衡,并不是空洞的口号和普

① [美]史蒂芬·霍尔姆斯、凯斯·R. 桑斯坦:《权利的成本:为什么自由依赖于税》,毕竞悦译,北京大学出版社 2004 年版,第 35 页。

② [法]路易·若斯兰:《权利相对论》,王伯琦译,中国法制出版社 2006 年版,第 214 ~ 215 页。

③ [美]托马斯·雅诺斯基:《公民与文明社会》,柯雄译,辽宁教育出版社 2000 年版,第 1 ~ 2 页。

④ [美]J. 范伯格:《自由、权利和社会正义——现代社会哲学》,王守昌等译,贵州人民出版社 1998 年版,第 87 页。

⑤ [加]乔治·H. 理查森、大卫·W. 布莱兹主编:《质疑公民教育的准则》,郭洋生等译,教育科学出版社 2009 年版。

世主义的情怀,而是立基于公民对文化、性别、族群和社会差别的平衡考量基础上的,并通过"这个共同的政治身份与多种文化身份并存",进而实现"多样性的统一"。① 因此,公民的权利义务平衡观念应该是理性的、客观的、现实的,进而为其行为提供有效的指引,促进社会秩序稳定。

(三)公民的民主参与能力

现代公民精神与公民性品格不仅包含着理念、观念等精神价值要素,也包括民主参与、理性协商、妥协共识等行为技能要素。为此,英国著名教育学家David Kerr 就在其"公民教育的连续性框架"理论中,将公民教育分为"有关公民的教育"(重在公民知识学习)、"通过公民的教育"(重在公民行为养成)和"为了公民的教育"(重在公民职责能力)三个层次,②并产生了广泛的影响。这一"连续性框架"就包含着知识、行为和技能等要素,而对于这些要素,正如《关于进一步把社会主义核心价值观融入法治建设的指导意见》所指出的,不仅需要教育引导,也需要"实践养成和良法善治"。③ 这主要包括:

其一,民主协商能力。公民身份是现代民主与法治的产物,其角色、行为和价值取向会在国家政治生活和公共生活中得到更突出的展现,特别是在民主选举、公共政策制定、公共事务参与、地方(行业、社区)自治和基层治理过程中,能够进行理性感知、共利考量、合理评判和审慎选择,从而形成必要的进行民主对话、谋求协商共识的能力与水平,养成善于民主行动的意识、素质、经验和基本技能。只有这样,才能展现公民的价值、实现公民的诉求,更好地维护民主法治机制的健康运行。

其二,权利主张能力。公民是社会成员在公共与私人的"双重生活"中的普遍身份和主导角色,并以法定权利和义务的形式来实现公共参与、互动交往和安排日常生活。期间,难免会在公共利益与私人利益、公权力与私权利、以及私权利与私权利之间产生一定的错位、摩擦和冲突,因此,这就要求公民通过合法途径和形式来表达诉求、主张权利的能力,包括主张个体权利、利益群体权利和共同体权利,也包括主张法定权利、推定权利和应然权利,④进而抑制公权力的

---

① [美]沃尔特·C. 帕克:《美国小学社会与公民教育》,谢竹艳译,江苏教育出版社 2006 年版,第 61 页。

② See Kerr,D. "*Citizenship education: An international comparison*", In Lawton,D.,Cairns,J. & Gardner,R. (Eds) Education for citizenship,Continuum,2000,pp. 200~227.

③ 中共中央办公厅、国务院办公厅:《关于进一步把社会主义核心价值观融入法治建设的指导意见》,参见《人民日报》2016 年 12 月 26 日第 1 版。

④ 郭道晖:《论权利推定》,载《中国社会科学》1991 年第 4 期。

扩张和私权利的滥用,维护公权力与私权利以及私权利与私权利之间边界与秩序。基此,"为权利而斗争不仅是法秩序成员的权利而且是其道义上的义务"便成为公民主张权利时的一个内心信念,①用马克思的话来说就是:"一个人有责任不仅为自己本人,而且为每一个履行义务的人要求人权和公民权。"②可见,公民的权利主张能力,就是主张一切公权力都必须依法行使,不得有法上、法外特权和扩张滥用,而必须具有合法性和合目的性;与此同时,一切公民权利,也必须依法依规来行使和实现,不得滥用和触犯法律,从而维护法治秩序。

其三,权利维护能力。公民主张权利意在确立特定公民权利实现的具体目标,而公民维护权利则意在采取各种方法和手段,来保障公民权利不受侵犯或者得到有效救济。我们知道,在民主契约和宪制精神之下,公民通过法定的公权力,建立起与政治国家的公共联系;公民通过法定的私权利,建立起与其他社会成员之间的私域联系。因此,如果不能有效维护私权利,就难以有效制约、防范公权力扩张,诚如列宁早指出的那样:"谁不善于要求和做到使他的受托者完成他们对委托人所负的责任,谁就不配享受政治自由公民的称号。"③同样,如果每个公民不能有效维护其自身权利,也难以建立社会成员之间的互惠信任和秩序期待。可见,具备权利维护能力是公民品格和素养技能的一个重要方面。

其四,理性自律能力。按照马克思主义的观点,民主国家的制度是人民的"自我规定"形式,是"良法"的根本标志,因此,国家"必须实现法律的、伦理的、政治的自由,同时,个别公民服从国家的法律也就是服从自己本身理性的即人类理性的自然规律。"④也就是说,它必然要实现权利与义务的平等一致,必然要体现自由与责任的内在均衡。如果"人们随心所欲地主张种类繁多的权利,也阻碍了他们认识自身的义务",而"在法治中民主所保护的不仅仅是个人,更重要的还有公民"。⑤ 因此,作为一国公民,就不仅承担着平等、自由、人权和民主的主张者与维护者的角色,另一方面,也必然具有理性自觉、自主自律、遵规守纪的克制主义精神与能力。这样,以理性公民身份来对义务和责任的服从与承

---

① [日]川岛武宜:《现代化与法》,王志安等译,中国政法大学出版社 2004 年版,第 19 页。正是因为"为权利而斗争"能够取得近代权利意识中的尊重他人权利的社会意识的保障,才使它得以产生为"法律而斗争"这种信念。(第 73 页)

② [德]马克思、恩格斯:《马克思恩格斯全集》第 16 卷,人民出版社 1956 年版,第 16 页。

③ [苏]列宁:《列宁全集》第 8 卷,人民出版社 1957 年版,第 197 页。

④ [德]马克思、恩格斯:《马克思恩格斯全集》第 1 卷,人民出版社 1965 年版,第 129 页,马克思还指出,"不应该把国家建立在宗教的基础上,而应建立在自由理性的基础上。"(第 127 页)

⑤ [德]约瑟夫·夏辛、容敏德编:《法治》,阿登纳基金会译,法律出版社 2005 年版,第 26 页。

担,就不再是国家法律的外在强制之果,而更主要的是公民自我的理性存在形式,是在法治框架下实现权利主张的必要条件与保障。

(四)公民的共同体伦理

近代以来法治发展的历史经验表明,如果缺少必要的伦理秩序,再好的制度也难以获得有效运行。但是,当代社会的伦理秩序已不再是传统那种日用伦常的道德秩序,而是建立在蕴含公民自由、权利、责任和公共精神的公民伦理基础上,展现着参与、守法、负责和牺牲等公民德性,而"公民政治便是这一伦理秩序在公共生活中的体现。"①反之,"如果所有公民的行为都仅以自利为导向,拥有民主、法治国家和自由秩序的社会不可能存续。"② 这意味着,公民德性和公民共同体伦理是公民性品格的重要构成要素,并成为制度运行的重要支撑和保障。

其实,早在古希腊就有关于苏格拉底"雅典公民之我"的伟大故事,③然而,在当代西方,随着个人主义精神的过度发展和漫无止境的利得精神的泛滥,却出现了人们不愿接受对行为进行最低限度约束的"道德无政府"状态,④严重影响了规则秩序的建立和运行。而普特南的相关研究也表明,公民性社会资本较发达的地方,人们推崇团结、公民参与和社会整合,他们彼此信任对方办事公正,并遵守法律;而在"没有公民精神的"或"无公民心"的地方,大家对公共事务漠不关心,几乎每一个人都认为法律要注定被破坏,但由于担心他人的无法无天,他们又要求严刑酷律。在这种恶性循环中,每个人几乎都感到无能为力,有被剥夺感和不幸福感。⑤ 可见,没有足够的公民德性和公民品质,规范制度是很难有效运行的。这就要求"要求公民有高尚的人格和礼仪,要求能按原则上的方式推理,从内心欣赏如自由、公共利益、平等等民主价值;批判性地思考问题,以非暴力方式解决争端;坚持别人的权利(不仅仅是自己的);和你不太愿意合作的人合作;容忍与自己不同的宗教和政治观点;真正地坚持自由地表达那些看法,就如被认为是伏尔泰所说的那句伟大的民主口号:'我不同意你的说

　　① 徐贲:《从三种公民观看两种全球化:自由市场时代的公民政治》,载许纪霖主编:《公共性与公民观》,凤凰传媒集团、江苏人民出版社2006年版,第293页。
　　② [德]米歇尔·鲍曼:《道德的市场》,肖君等译,中国社会科学出版社2003年版,第603页。
　　③ [美]李普曼:《公共哲学的复兴》,晓苓译,载刘军宁等编:《市场逻辑与国家观念》,三联书店1995年版,第42页。
　　④ [美]詹姆斯·布坎南:《自由、市场与国家——80年代的政治经济学》,平新乔等译,三联书店1989年版,第160页。
　　⑤ [美]罗伯特·D. 普特南:《繁荣的社群——社会资本和公共生活》,杨蓉编译,载李惠斌、杨雪冬主编:《社会资本与社会发展》,社会科学文献出版社2000年版,第157页。

法,但我会誓死捍卫你这么说的权利'。"①只有这样,才能更好地培养公民的共同体伦理,从而为规则秩序提供必要而有效的伦理支撑,进而推进法治进程。

三、立足公民性品格培养,探索法治教育新路径

中共十九大明确指出,中国特色社会主义已经进入了新时代,而全面依法治国则是中国特色社会主义的本质要求和重要保障。因此,坚定不移走中国特色社会主义法治道路,"坚持依法治国、依法执政、依法行政共同推进,坚持法治国家、法治政府、法治社会一体建设",无疑成为一种历史必然。这样,立足法治教育的时代转向,探索适应新时代法治建设需要的法治教育新模式和新路径,塑造新时代的法治精神和公民文化,就显得重要而紧迫。

其一,确立法治教育的独立地位。如前所述,基于我国特殊的历史传统和现实国情,形成了公民教育的德育－政育－法育三元构架,而法治教育一直在其中处于附属地位。为此,《大纲》明确要求修订中小学德育课程标准,从小学低年级到高年级——初中阶段——高中阶段,不断强化法治教育比例、增加法治教育模块,并"将法治教育作为思想政治课的独立部分"。而对于高等教育阶段,《大纲》则要求"把法治教育纳入通识教育范畴,开设法治基础课或者其他相关课程作为公共必修课。"只有确立了法治教育在公民教育格局中的独立地位,才能更好地推进公民法治教育,也才能更好地发挥其法治启蒙功能。

其二,以公民性品格培养为核心目标。实践经验一再表明,没有足够的公民文化,法治国家、法治政府和法治社会都是很难建立起来的。因此,各国都清楚认识到,"应教育公民理解并参与大多数人的规则、尊重少数群体的权利、关心公共利益、保护彼此的自由并限制政府的规模和管理范围。"②在我国,十八届四中全会《决定》正是基于"推动全社会树立法治意识"这一法治建设"基础工程"的迫切需要,提出"把法治教育纳入国民教育体系"的战略要求,而《大纲》更是做出了"培养社会主义合格公民"的目标定位。因此,我们必须牢固确立以公民性品格为核心的价值目标,这就要求:一是凸显法治教育在德育－政育－法育构架中的法治启蒙地位,并以公民性品格为主线,实现德育－政育－法育的互动整合与融通;二是摒弃传统的法律常识或者法条

---

① ［美］沃尔特·C. 帕克:《美国小学社会与公民教育》,谢竹艳译,江苏教育出版社2006年版,第62页。

② ［美］沃尔特·C. 帕克:《美国小学社会与公民教育》,谢竹艳译,江苏教育出版社2006年版,第63页。

宣讲方式,紧紧围绕《大纲》要求和公民性品格的培养来设计、安排和组织不同教育阶段的法治教育内容与形式;三是确定权利义务、自由平等、公平正义、规则秩序、国家认同等公民性品格培养的核心要素,选取与学生密切相关的校园事务、社会活动或者生活案例,通过民主商议、投票决定、尊重规则、尊重少数、社区服务等场景教学与实践体验,潜移默化地塑造青少年的公民精神和法治素质。

其三,探索多元共建的法治教育方式与路径。公民法治教育在任何国家都不是件容易的事情,也会遇到大致相似的问题。"随着各种项目计划的蓬勃发展,我们要小心提防那些以各种抽象的、肤浅的方式对美德进行宣扬,却又不能真正触动学生的心灵和思想的教育。"①在我国,《大纲》已明确要求"青少年法治教育要充分发挥学校主导作用,与家庭、社会密切配合,拓展教育途径,创新教育方法,实现全员、全程、全方位育人。"目前,教育部与有关高校合建了多个法治教育研究中心(协同创新中心),②组织了两届全国学生"学宪法、讲宪法"大奖赛,组织编写了《法治教育教师读本》和《法治教育学生读本》,最近又在上海遴选了9所"青少年法治教育协同创新中心实验校",这些无疑为青少年教育模式探索提供了重要机遇和空间。然而,青少年法治教育并不仅仅是学校教育就能完成的,要真正"实现全员、全程、全方位育人",就应该探索多元共建的法治教育方式与路径,尤其是在司法机关、相关政府部门、有关机构、社区组织建立专项的法治教育实践基地,使学生能够经常观摩、体验和参与一些适当的基层治理活动。事实表明,"人们唯有经由地方自治的参与学习,他的思想、能力才能得到适当的锻炼,而更重要的是使人民养成一种习惯。"同时这"也是培养爱国心和公民精神的最佳方式。"③这样,就在民主参与中培育了公民的民主生活经验和技能,形成较高的民主参与能力和水平,进而提升法治教育的效果。

其四,更新观念和创新机制,营造法治教育的良好环境。推进青少年法治教育,塑造公民性品格是一项重大而复杂的系统工程。特别是在缺乏公民法治教育传统的国情下,更新思想观念,破除各种体制机制障碍,就尤显重要了。首

---

①　[美]威廉·戴蒙:《品格教育新纪元》,刘晨等译,人民出版社2015年版,第143页。

②　如:与北京大学合建"高等学校学生法治教育研究中心"、与中国政法大学合建"教师法治教育研究中心"、与华东政法大学和华东师范大学分别合建"青少年法治教育协同创新中心"等。

③　张福建:《参与和公民精神的养成》,载许纪霖主编:《公共性与公民观》,凤凰传媒集团、江苏人民出版社2006年版,第249页。

先,要克服把青少年法治教育与中考、高考相对立的观念。在我国,中考和高考是决定一个学生命运前途的重大环节,因此,一切服从中考、高考,就成为了各个学校的铁律,因此,对长期见效的、培养公民性品格的法治教育,就处在"辅助""拓展"的地位上,这无疑不利于法治教育的正常开展,需要予以破除。同时,中考、高考应当适当增加法治教育的考试内容,形成必要的方向指引。其次,克服传统的"政绩"观念,避免把青少年法治教育简单地视为一个新的政绩工程,而是要把它作为功在千秋、利在当代的重大法治启蒙工程,避免走形式、走过场,力争通过常态化、规范化、制度化建设来取得实效,从而为全面依法治国奠定坚实基础、提供可靠保障。再次,要克服各自为政的思想意识,按照《大纲》的要求和部署,加强学校、政府部门、司法机关、社区组织、家庭教育等的协同配合,探索实践联动的法治教育新路径,在全社会来共同承担起青少年法治教育的历史重任。只有这样,公民文化才能在全社会逐渐形成,为法治国家建设提供根本动力和支撑。

目 录
Contents

编写说明

序　言

第一章　法治的中西源流　001

　第一节　前现代法治观念　003

　第二节　近代西方法治观念　007

　第三节　古代中国的法制观念　010

　第四节　近代中国的法治变革　015

第二章　现代法治的基础与模式　021

　第一节　现代法治的经济基础　023

　第二节　现代法治的文化基础　027

　第三节　现代法治的政治基础　031

　第四节　现代法治的基本模式　036

第三章　现代法治的理念与原则　041

　第一节　法治的核心要素　043

　第二节　法治的价值导向　046

　第三节　法治的程序保障　050

　第四节　法治的基本原则　053

第四章　当代法治的发展与变革　　057

　第一节　当代法治面临的挑战　　059

　第二节　发达国家法治实践的变革　　066

　第三节　转型国家的法治道路　　070

第五章　中国特色社会主义法治道路　　077

　第一节　依法治国是中国的必然选择　　080

　第二节　依法治国的基本方针　　084

　第三节　依法治国的基本原则　　090

第六章　中国特色社会主义法治体系　　097

　第一节　社会主义法治体系释义　　099

　第二节　中国特色社会主义法治体系的构成　　102

　第三节　法治体系的实践机制　　107

第七章　社会主义法治的核心理念与目标　　113

　第一节　党的领导与社会主义法治　　116

　第二节　依法治国的核心理念与价值目标　　120

　第三节　宪法权威与宪法实施　　126

第八章　民法基本原则　　133

　第一节　民事权利的保护与行使　　136

　第二节　意思自治的践行与限制　　140

　第三节　民事责任的构成与负担　　144

第九章　刑法基本原则　　151

　第一节　刑法基本问题　　153

　第二节　罪刑法定原则　　159

　第三节　罪责刑相适应原则　　164

　第四节　刑法适用人人平等原则　　169

第十章　行政法基本原则　175

第一节　依法行政原则　178

第二节　行政公开原则　186

第三节　合法性审查原则　191

第十一章　诉讼法基本原则　197

第一节　"无罪推定"原则　199

第二节　"以事实为依据,以法律为准绳"原则　203

第三节　"依法独立行使审判权、检察权"原则　208

第四节　"诉讼平等"原则　212

第十二章　公民参与政治生活　217

第一节　公民参政的概念与意义　220

第二节　公民参政的基本途径和方式　225

第三节　公民参政的法律保障和限制　232

第十三章　公民参与社会自治　237

第一节　公民参与社会自治的重要意义　240

第二节　公民参与社会自治的多种方式　243

第三节　公民参与社会自治的法律保障　247

第十四章　公民参与网络社会　253

第一节　公民进入网络空间的安全保护　256

第二节　公民获取网络服务的权利边界　261

第三节　公民参与网络信息生产与传播的空间　269

第十五章　公民参与社会纠纷解决　275

第一节　人民调解制度　277

第二节　人民陪审员制度　283

第一章

法治的中西源流

本章要点：

1. 了解法治观念和相应制度在西方的发展，初步理解法治的重要性。

2. 了解古代中国的法制与观念的发展，理解东西方对国家治理的不同理解和原因。

3. 了解近代中国出现的法治思潮，以及在追求法治中取得的经验和教训。

引言

法治是一种古老的政治观念,在诸如经济平等、个人权利等现代社会中重要的观念尚未出现之前,人们已经开始严肃地讨论法治。本章中,我们将探索法治观念的来龙去脉,促进我们对法治重要性和局限性两方面的理解。换言之,一方面,法治对特定社会结构下的人而言,解决了国家治理的根本难题,因此是重要的;另一方面,对不同社会结构的人而言,其他形式的国家治理可能是更妥当的,因此法治作为一种历史中存在的观念,有其产生和发挥作用的条件。我们不应将其绝对化。

第一节 前现代法治观念

法治事件回放：[苏格拉底之死]

苏格拉底因为"不敬神"和"腐蚀青年"的罪名，被雅典的法庭判处死刑。临刑前，其学生克利托告知他，他和苏格拉底一样，深信雅典法庭的判决是不正义的，为此他已经买通了狱卒，可以确保苏格拉底安然逃走。但苏格拉底最终选择了赴死。他认为，法律的权威是根本性的，人们负有服从法律的道德义务。如果每个人都按照自己的好恶选择性地服从法律，那么正义和秩序将不复存在。

一、古希腊的人治与法治观念

今天很多人在论述法治时，大多会上溯到柏拉图或亚里士多德的某些观点，这同古希腊人们的生活环境和文化习俗有很大的关系。今天人们所说的"古希腊"并非是一个现代国家的观念，而是一种可被称之为"城邦国家"的政治社群。它规模非常小，结构也较为单一。例如，即使将妇女、儿童、外邦人和奴隶都算进来，雅典城邦也大约只有 30 万人口，其中拥有政治权利并参加集会的人大约只有 35000 人，他们都是出生在市区内的成年男子。

尽管城邦国家规模不大，但相较于中国古代的国家，城邦国家中氏族制度已经逐渐瓦解了。由于希腊地区靠海的独特地理优势，商业贸易发达，且土地作为私有财产可以相互交换和买卖，因此家族亲属关系弱化，形成陌生人社会。这种社会结构恰恰是日后东西方文明走上不同道路的重要因素。在后面探索中国法制史的章节中，我们可以看到，中国古代的国家和氏族关系相当紧密，其独立性远不如古希腊的城邦国家。

因此，如何让不存在血缘关系的陌生人共同和平生活在一起呢？希腊人的生活中逐渐发展出一种公共文化。希腊早期的公共文化，是一种和公共社会实践、市民节日和公共庆典有关的市民宗教。只要一个人以众人所期待的方式，参与礼仪并认可它们，那么他信仰什么就不再重要——重要的是，去做已经被人做过的事；成为一个值得信任的社会成员；当需要之时，乐于承担一个好市民应该承担的职责。这种"市民宗教"显然和基督教那种拯救性的宗教所不同，也不承诺"永生"或"彼岸世界"之类的观念。

然而，苏格拉底并不认为这种市民宗教是一件好事。例如，一只狗和一个人的朋友，都会作出某种我们称之为"忠诚"的行动，但狗只是机械地作出主人训练的行为，只有理性的人才能真正理解忠诚的意义，也只有人的行动可被视为真正的忠诚。面对既有的习俗和自身的各种欲望，我们总能追问自己，是否真的有理由这么做。因此，真正重要的是我们行动的理由或原则，而不是照搬既定的做法。

由于继承了苏格拉底的一些观念，他的学生柏拉图在《理想国》中，试图完全依赖经过理性审查的正义原则，建立起一种理想的城邦生活。其中最具特色也最受争议的是"哲人王"这个角色。从字面理解，"哲人王"首先是一个哲人，是掌握正确理性之人，而"王"则意味着他被委以统治整个城邦的重任。从广义上说，这的确可被视为一种"人治"的观念，毕竟它公开主张，一些人应当服从于另一些人的意志。不过，既然"哲人王"是一个总能作出正确决定的人，服从他的意志也就意味着去做正确的事。这与基于血缘、家族等因素为统治基础的"人治"观念不同。

通过"哲人王"的统治建立城邦生活固然理想，但这个方案的困难是究竟谁能满足成为"哲人王"的要求呢？人有理性，但同时也有激情和欲望，一个人要在任何情形下都不受后两者的干扰行事是不可能的。尽管柏拉图设计了一套较为详细的培养"哲人王"的方案。但既然激情和欲望是人的属性，不能完全消灭，那就不可能用任何教化或技术手段，把这两者排除在外。因此，古希腊的哲人必须寻找新的治理模式——一种能有效排除人的激情和欲望对治理决策的影响。

此处，法治就被视为一种满足上述要求的理想治理模式而被发明出来。柏拉图在后期撰写的《法律篇》中明确指出，"凡法律从属于某种其他权威、自己一文不值的地方，以我之见，国家的溃败就不远了；但是，如果法律是政府的主人、政府是法律的奴仆，那么，形势就充满了希望，人们沐浴着神赐予国家的一切福分"。① 在柏拉图之后的学者亚里士多德，更明确地指出法治是一种能有效抵御

① ［美］布雷恩·Z.塔玛纳哈：《论法治——历史、政治和理论》，李桂林译，武汉大学出版社2010年版，第10页。

激情和欲望的理想治理模式。

法治经典赏读：

那么，绝对君主制，或者一位最高立法者在一个由平等的人组成的城邦中，对所有公民的专断统治，有些人认为是非常违反自然的……因此，谁说应该由法律实行其统治，就同是说只有神和理智可以统治，而让人来统治，就增添了兽性的因素；既然欲望是一头野兽，激情败坏统治者的头脑，即使他们是人群中最杰出者也是如此；法律是不受欲望影响的理智。

——［古希腊］亚里士多德：《政治学》

对亚里士多德而言，法律之治是一种规则之治，官员只能依规则作决定，这极大地限制了官员个人的激情和欲望对决策的影响。不过，法律总是要人制定，那么法治如何限制最高立法者的欲望和激情呢？其实在古希腊时代，"法"并不只包含由人主动创制的规则，更包括今天我们称之为风俗习惯的社会成规。因此，即便是最高立法者，法治同样能限制他的欲望和激情。这样，我们就能说，在法律之治下，我们没有人单方面服从于任何人的意志，而是共同服从于一些为我们所共享的规则。

我们在古希腊时代停留的时间比较长，主要因为正是在这个时代，法治作为一种理想治理模式逐渐萌发并初具雏形。正是古希腊城邦中商业经济的发展，使得家族亲属关系弱化，造就了一个陌生人社会，导致希腊人必须不断寻找适合陌生人生活在一起的社会治理模式，而法治便是答案。

二、"皇帝处于法律之下"的古罗马遗产

相较于古希腊时代，古罗马时代对法治理想的发展没有太多直接的贡献。但法治的产生和发展与社会结构存在一定的相互关系，越是陌生化、复杂化的社会，法治理想的重要性就越高。古罗马时代由于商品经济的发展，使其社会中血亲、氏族的作用进一步削弱，因此法治始终保持了它在政治生活中的重要地位。

在罗马共和国时代，马库斯·图留斯·西塞罗可被视为倡导法治的旗帜性人物。他在《论共和国》这本著作中明确指出，不遵守法律的国王是"能想象得

到的最可恶、最可憎的动物""任何人,如果他否认一切法律约束,放弃他与他自己的公民,以及整个人类的文明伙伴关系,他怎样能被适当地称为一个人呢?"不过,西塞罗的看法尽管旗帜鲜明,但这些看法更多的是追随亚里士多德的看法,法治本身并无更多的发展。

不同于共和国时代,帝制时代的罗马贡献了某种至今具有争议,但的确值得一提的观念。其中以《王位法》(Lex Regia)为代表。这部法律的基本内容是阐明皇帝统治的正当性。它指出,为了确保国家能长久存在和繁荣,古罗马人民明确授予皇帝绝对的统治权。但历史事实证明,这部法律并非是一部实实在在存在的法律,而是古罗马法学家为了论证皇帝统治的正当性所杜撰出来的。不过,我们不能因此看轻这个事件。要证明皇帝的正当性,古今中外有很多方法,无论是"君权神授",还是"奉天承运",都能解决这个问题。古罗马人选择通过世俗化的法律来解决问题,这本身就证明法治的根本地位。皇帝的权力来自法律,就意味着皇帝必须为世俗政治共同体的每个人服务,罗马的公民依然是这个共同体的主人,因此,人们在理论上依然没有完全臣服于某个人的绝对意志。

三、以"神的理性"为核心的中世纪自然法观念

公元 395 年,当时的罗马帝国皇帝狄奥多西一世,将自己治下的帝国划分成两个部分,分别为西罗马和东罗马。公元 476 年,西罗马帝国在外族的不断攻击下,最终崩溃。尽管中世纪充满了战乱和纷争,但人们对法治的思考并没有停止。其中,以托马斯·阿奎那所提出的自然法理论最具代表性。

从概念上说,自然法是和实在法相对应的概念。实在法是立法者主动创制的,而自然法是一种普遍的理性法则,不需要任何立法者主动制定,并且对所有理性的人具有约束力。那么阿奎那提出的自然法理论是如何推进对法治的理解呢?

之前,亚里士多德已经向我们展示了法治是一种符合理性要求的治理模式,因为它能限制统治者的欲望和激情。其中,法治对最高立法者的限制,则来自法对善良风俗的认可,这些善良风俗体现了大家的共同利益。但问题是,这里所说的共同利益究竟是什么呢?如果我们不能确定判断共同利益的客观标准,那么往往多数人所持有的主流意见就会变成"共同利益",而处于社会边缘的少数族群的声音将被淹没。这实际上会使得法治退化为少数人服从多数人意志的做法,成了一种多数人之治。

阿奎那主要是借助当时普遍接受的基督教观念来解决这个问题。他主张，上帝在《圣经》中确定了根本的自然法，这是世俗的立法者无法否认的，它们始终有效。这些自然法要求人们追求基督教所认可的善好的生活。同时，上帝给予人们理性的能力，使之能主动响应自然法的要求。

不过，无论是《圣经》中的规定，还是理性的能力，都是相当抽象和一般的。要想具体过上善好生活，人们必须进行社会合作；如果你想成为一个画家，就必须去美术学院学习绘画；如果你想成为一个商人，就必须和他人合作开公司；等等。而诸如社会治安、国防等公共服务和公共产品，只能由政治社群提供，因此政治社群是每个人过上合理生活所必须依赖的。既然政治社群的正当性建立在为每个人的合理选择和生活提供支持条件，那么它就必须平等对待所有社群成员的生活。这样，法治就成了一种理想的治理模式，因为这种治理能有效限制官员的欲望和激情，减少专断。因此，法治便是所有人必须承认和尊重的治理模式。阿奎那这部分的论证和亚氏相似，因此不再重复。

 法治思维训练：

1. 法治观念为何会在古希腊出现？它解决了什么问题？

2. 你如何看待古罗马通过法律授予君主统治权的做法？这究竟是一种障眼法，还是表达了古罗马人对法律的根本尊重？

3. 阿奎那对之前法治观念的贡献是什么？

第二节　近代西方法治观念

法治事件回放：［国王与法官］

某日，英王詹姆士一世感到无聊，决定到法院亲自审理几个案件解闷。但普通诉讼法院首席大法官爱德华·柯克爵士则当着国王的面拒绝了他的要求。他主张，法律之治关涉英国臣民的各种切身利益，只有熟稔法律技艺的人，方能裁判案件。最后，英王只能悻悻地返回。

一、洛克：有限政府

随着文艺复兴时代的到来，中世纪神学的观念逐渐退去。人们逐渐意识到，以基督教信仰为核心的生活，并非是理性生活的唯一形式。那么，阿奎那基于基督教观念对法治的理解，就不再合理。人们亟须对法治提出新的见解。

首先，我们需要提到霍布斯。他认为绝对专制才是合理的，而法治则被否定。霍布斯认为作为理性的人，我们每个人都必然会追求自我利益的最大化。既然如此，在没有政府的情况下，人们势必会陷入相互争夺利益的糟糕状态。这种状态霍布斯称之为自然状态。在自然状态下，人们的生活必然是凄惨和短命的，这对谁都没好处。因此，只有绝对专制的政府管理一切公共事务，而所有人都单方面听命于这个专制政府，才能消除因为自利而引起的纷争。

与霍布斯相似，洛克同样不认为基督教对人的看法是正确的，但将人简化为只会基于自利的动机行动，则同样不妥。因此，洛克修正了霍布斯对自然状态的叙述。洛克认为，人们在自然状态下是平等、自由且和平的，受到理性自然法的约束。这里的自然法并不主张只有信仰上帝的生活才是好的（不同于阿奎那）；人们在追求各自生活的时候，只是不能影响到别人相应的自由。

不过，无论你打算过什么样的生活，都需要占有一定的财产，在自然状态下，由于不存在统一的标准，人们会对谁是否有资格享有对某物的财产权产生分歧，因此，有必要引入政府来解决分歧。由于政府的角色只类似于一个经理人，只是合理安排每个人的财产权以避免分歧，因此，它只可能是一个有限政府，只管理与财产权相关的事务。

明确了有限政府的目的，洛克自然地推导出法治。法治意味着我们这些有平等追求自身生活权利之人共同遵守一组规则，不必服从于任何人的反复无常的专断意志。

法治经典赏读：

使用绝对的专断权力，或不以确定的、经常有效的法律来进行统治，两者都是与社会和政府的目的不相符合的。如果不是为了保护他们的生命、权利和财产起见，如果没有关于权利和财产的经常有效的规定来保障他们的和平与安宁，人们就不会舍弃自然状态的自由，加入社会并甘受它的约束……因为，既然

政府所有的一切权力,只是为社会谋幸福,因而不应该是专断和凭一时高兴的,而是应该根据既定的和公布的法律来行使;这样,一方面使人民可以知道他们的责任,并在法律范围内得到安全和保障;另一方面,也使统治者被限制在适当范围之内。

——[英]洛克:《政府论》

二、孟德斯鸠:权力制约学说

孟德斯鸠论证的出发点与洛克相似,他同样意识到,如果不存在统一的标准,人们各行其是,那么就会有陷入混乱的危险。然而,徒法不足以自行,即便有好的规则,如何确保政府同样受到法律的约束,而不是将其置之不理呢?孟德斯鸠想出的办法就是,用权力制约权力。

由此可知,每个机关在行动时,都需要和其他机关协调,而法律就构成了这种协调的准则,它就能真正发挥"把权力关进制度的笼子里"的积极作用。

三、《联邦党人文集》:权利法案与司法审查

《联邦党人文集》是由亚历山大·汉密尔顿、詹姆士·麦迪逊和约翰·杰伊所撰写的文章集结而成的。值得注意的是,这三位撰稿人并不是学院派的学者,而是当时的政治家,擅长用实用的政治结构解决抽象的政治理论难题。其中就包括解决上述法治难题的基本方案。

他们提出的解决方案就是司法审查制度和权利法案。司法审查制度赋予了法院司法审查的权力。该权力使得法院能够审查其他政府分支所作的决定是否符合法律的要求,如果决定不合法,法院则有权宣布其无效。这就使得司法机关对法律争议享有了终局性的裁断权威。权利法案是指列举人们拥有何种基本权利的法案。需要承认的是,《联邦党人文集》并没有明文要求权利法案,但其所倡导的美国宪法中,已经包含了很多基本权利。因此,人们很快意识到,权利法案实际上是《联邦党人文集》所倡导之政治结构的必要组成部分。很快,立法机关就通过宪法修正案的形式,将权利法案补充到了宪法结构之中。

至此,近代的法治观念已经初步成型。它包括了有限政府的观念、权力制约的观念,以及权利法案和司法审查的观念。通过这些观念,我们终于可以不

依赖于任何特定的宗教观念,也能初步确保地位平等的公民在政治生活中不会单方面服从于任何个人或团体的专断意志,而是共同服从于一组稳定和普遍的规则的治理。从下一节开始,我们将进入对中国传统法制思想的探索,以期在对比中深化对法治的理解。

 法治思维训练:

1. 洛克认为,人们组成政府的目的是什么?为什么这种政府需要尊重法治?
2. 孟德斯鸠的权力制约学说重要性何在?
3. 联邦党人对近代法治的贡献在哪里?司法审查制度的核心是什么?

第三节　古代中国的法制观念

法治案例回放:[礼与法]

甲父乙与丙争言相斗,丙以佩刀刺乙,甲即以杖击丙,误伤乙,甲当何论?或曰殴父也,当枭首。董仲舒曰:臣愚以父子至亲也,闻其斗,莫不有怵怅之心,扶杖而救之,非所以欲诟父也。《春秋》之义,许止父病,进药于其父而卒。君子原心,赦而不诛。甲非律所谓殴父,不当坐。

　　　　　　　　　　　　——李昉:《太平御览·刑法部·决狱》

一、法家的"以法而治"

从本节开始将简要回顾古代中国的法制观念。此处使用的是"法制"而非"法治",前者主要指"法律制度",后者则强调"法律之治"。法律之治的前提之一,必然是这个社会存在着一套法律制度,但单纯存在一套法律制度并不等于法律之治,很可能这套法律制度本身就是专断意志的产物。

从思想史上看,法家是首先将法律制度视为治理核心的思想流派,代表人物是韩非子。韩非子对法律制度在治理中之重要性的论证,建立在他对普遍人性的某种看法上。他的看法类似于霍布斯,认为人都是基于自利的动机行动,所谓忠孝仁义之类,都是迂腐之谈。

法治经典赏读:

医善吮人之伤,含人之血,非骨肉之亲也,利所加也。與人成舆,则欲人之富贵;匠人成棺,则欲人之夭死也。非與人仁,而匠人贼也,人不贵,则舆不售;人不死,则棺不买。情非憎人也,利在人之死也。

——韩非:《韩非子》

韩非子意识到,在无政府的环境下,趋利避害的本性会导致人们之间陷入争权夺利之中。唯一的解决方案就是制定明确的法律,并以强制力制裁那些违法之人。因此,他主张将法律公开,并且反对"礼不下庶人,刑不上大夫"的区别对待,主张"不殊贵贱,一断于法"。不过,韩非子的观点终究没有发展到法律之治的地步。他主张借助法律制度实现的治理,并不打算限制官员,特别是君主的专断。

有读者可能会问,韩非子难道对君主可能的专断毫不在乎?或许我们可以从国家在中国的起源上得到答案。前文述及,古希腊时代的城邦国家出现时,氏族关系已经大大削弱。因此,在公共生活领域,让一部分人单方面服从于另一部分人的意志显然不合理,法治自然就成了重要的理想。但在古代中国,国家并非氏族关系削弱之后出现的,而是建立在氏族之间相互征服的基础上。国家的功能主要是通过强制力镇压被征服的氏族。法律作为国家最主要的制度安排,最早在中国是和"刑"——而非"规则之治"——关联在一起。在早期阶段,不存在公开的法律,而主要是秘密法,所谓"刑不可知,则威不可测"。最高统治者在其氏族内部,还是会受到道德习俗约束的。

只有当国家的基础逐渐依赖诸如新兴地主和自耕农等新的生产单位时,要想在战国时代残酷的战争中获胜,就必须将这些新兴阶级纳入国家治理中。这就要求统治者至少要做到在法律上一视同仁,不搞秘密法。而限制最高统治者的专断,在当时的政治环境中,尚且没有意识到是一个问题,因为旧的氏族和家族力量尚未完全瓦解,旧的道德习俗也未完全被否定。人们依然认为,统治者的正当性来自诸如"天"之类的神秘范畴。最高统治者的专断会遭到"天"的制裁,严重者将丧失统治权力,因此统治者并非绝对专制,亦无"如何限制专断权力"的问题出现。韩非子的思想停在了以法而治的阶段,也是情理之中。

二、儒家的"礼"与"法"

由于尚存的旧道德习俗的制约，统治者尚不能专断行事，但由于秦国实行了较为彻底的改革，将旧的道德习俗废除得较为彻底，又根据法家的理论，建立了严密的法律制度，君主能对臣民施加非常严厉的刑罚，以贯彻自己的意志，而对他本人则无有效制约。这导致了严重的个人专断。秦朝最终在公元前207年灭亡。

之后建立的汉朝汲取了前朝的教训，其中一点就是尝试限制君主的专断。所借助的主要是儒家思想。与反对霍布斯观点的洛克相似，儒家注意到，君主专断实际上是法家对人基本属性看法的必然结果，因此要在根本上避免这个结果，就必须修正对人基本属性的看法。儒家认为，人的行动并非完全是趋利避害，人在属性上有趋向于善良的内在动机。

法治经典赏读：

恻隐之心，人皆有之；羞恶之心，人皆有之；恭敬之心，人皆有之；是非之心，人皆有之。恻隐之心，仁也；羞恶之心，义也；恭敬之心，礼也；是非之心，智也。仁义礼智，非由外铄我也，我固有之也，弗思耳矣。故曰：求则得之，舍则失之。或相倍蓰而无算者，不能尽其才者也。

——孟子：《孟子·告子》

建立在这种人性观点上，"国家与消极惩罚人民因忘失本心而引起之恶，不如积极引导人民产生对于规范的服从，以'德化'才是国家治理的最根本手段"。这样，"礼"的概念就变得比"法"更为重要。"礼"是一种类似于西方自然法的规范，并不是由任何人主动制定的，而是建立在儒家所界定的"五伦"（指君臣、父子、兄弟、夫妇、朋友五种人际关系）的自然义务之上，而"五伦"的道德关系则派生自儒家对人性的基本看法上。这里，"法"被视为一种强制执行"礼"的工具。后文中我们可以看到一些具体的法律制度，体会礼对法的影响，以及法对礼的维护和执行。

有人可能会说，主张君主受到礼的约束只具有修辞上的意义，因为即便君主违背了礼，别人也没什么办法。这种看似有道理的主张，其实站不住脚。比方说，一个欠了别人钱的人，即便躲藏起来使得债主无法追索债务，我们也不会认为这个人不再受到自己债务的约束。"受到约束"是一个规范层面的概念，涉及的是一个人应该或者必须如何行动。即使他在事实上没有这样行动，也不会改变他本应该如此行动的事实。当我们说君主受到礼的约束，就意味着他应该如此行动。如果他没有这么做，他就犯了一个道德错误。按照儒家的看法，当一个君主连续犯下严重的错误时，他就成了"独夫"，人民就有权发动革命了。

另一个问题是，既然个人专制的危险已经在秦末变成了现实，那么为什么当时的人们并没有发展出法治的观念？前文述及，礼是建立在"五伦"基础上的一种家族伦理秩序。对当时的中国人而言，家族生活是最合理的生活方式。基于这种根本的好生活，我们的祖先提出了一套独特的限制专断权力的理论。从汉代之后的历史看，这套理论大体上也是行之有效的。与之相对，西方人认为个人化的生活是理想的，并基于这种好生活的观念，发展出了以法治为核心的限制专断权力的理论。这两种好生活并无任何高下优劣之分：让当时的西方人生活在家族中，或让当时的中国人生活在缺少依靠的个人化社会中，他们都不会幸福。只是在现代社会，家族关系已经普遍被削弱，个人化的生活变得普遍，故而法治成了一种普遍化的理想。因此，每个时代的人们都有自己需要面对的问题，也必须拿出自己的智慧和勇气去解决。

三、中国古代的法制发展

本节的前两部分，主要侧重于介绍对中国古代法制发展有重要影响的两种思想，而在这一部分，我们则重点回顾由思想转化而来的制度。

之前提到，在战国时代，很多国家都根据法家的观点对国家治理结构进行了改革，最早进行改革的是魏国。魏文侯在位期间，招贤纳士，进行改革，其中李悝深得魏文侯赏识，被委以改革变法的重任。在李悝的主持下，大约在周威烈王时代，编纂了中国历史上第一部比较系统的刑法典——《法经》。而魏国经过一系列变法，也成为战国七雄之一。

之后，随着秦朝统一全国，战国时代最终落幕。秦朝时期除了之前提到的严刑峻法，将法家的政治学说推向极致之外，也有一些积极的成果。其中最重要的就是，"海内为郡县，法令由一统""明法度、定律令"，凡事"皆有法式"。在中国历史上首次确定了在全国统一实施，也比较完整系统的帝制成文法。

汉代继承了前朝很多制度,并引入了儒家思想。因此,在这个时代,法制最鲜明的特征,就是儒学的渗入,而在制度上则表现为所谓的"春秋决狱"或"春秋折狱"。《春秋》是孔子所著的一部著作,用这本书中的观点和主张裁断案件,就叫"春秋折狱"。这项制度的开创者,也是运用这项制度最著名者,当属董仲舒。本节开篇即为董仲舒用《春秋》裁断的一起案件。

汉代之后另一个长期统一繁荣的王朝就是唐。唐代的法制最主要的成就是儒家观念的全面法制化。黄源盛先生将这种现象概括为"礼本刑用"。简单来说,"礼"是法制的终极目的,而"刑"或"律"只是实现"礼"的手段。举两个明显制度为例。(1)十恶重罪。其中包括谋反、谋大逆、谋叛、恶逆、不道、大不敬、不孝、不睦、不义、内乱。即便不太清楚每种罪的具体含义,单纯从字面上看,即可看出很多罪名与儒家教义之间明确的关系。(2)八议制度。其中包括"一议亲,二议故,三议贤,四议能,五议功,六议贵,七议勤,八议宾"。[①] 这是指亲、故、贤、能、功、贵、勤、宾这八类人,只要没有犯十恶重罪,都享有议、请、减、赎、当免得特权。八议制度直接承袭《周礼》中的内容,对文字也未作任何调整。此外,又本着《礼记》中"刑不上大夫"的观念,论罪科刑都是随身份而定的。

中国古代法制发展的最终形态,出现在明清时代。明代值得一提的是,在县以下的乡里,设立了一个申明教化的场所——"申明亭"。它主要用来张榜说明犯法者的罪过,以告诫世人。同时,对一般的民事纠纷,此处也有里老进行调解。而在清代,虽然不再设立"申明亭",但民间调解不仅没有禁止,反而更广泛地接受和运用。担任调解主持人的,依然还是乡里有威望的人。同时,即便案件已经告至官府,依然会被勒令调解,即所谓"诉讼内调解",而更多的案件尚未诉至官府就已经调解处理了,则为"诉讼外调解"。调解制度是一种典型的东方式的纠纷解决制度,它综合运用了家族、保甲组织的力量来解决纠纷,是个人化的西方社会所不具有的。时至今日,调解依然是解决纠纷的重要途径。

 **法治思维训练:**

1. 法家是如何理解人性的?又是如何理解法律在社会生活中扮演的角色?

---

① 黄源盛:《中国法史导论》,广西师范大学出版社 2014 年版,第 239—240 页。

2. 相较于法家的观点，儒家的观点有哪些不同？从根本上说，这两者之间的分歧在哪里？西方产生的法治观念为何没有出现在儒家的视野中？

3. 通过简要了解中国法制史，对比上一章西方人的法治观念，你认为中国古代的法制有什么独特之处？

第四节　近代中国的法治变革

法治事件回放:[屈辱的治外法权]

凡英商禀告华民者，必先赴管事官处投禀，候管事官先行查察谁是谁非，勉力劝息，使不成讼。间有华民赴英官处控告英人者，管事官均应听诉，一例劝息，免致小事酿成大案。其英商欲行投禀大宪，均应由管事官投递，禀内倘有不合之语，管事官即驳斥另换，不为代递。倘遇有交涉词讼，管事官不能劝息，又不能将就，即移请华官公同查明其事，既得实情，即为秉公定断，免滋讼端。其英人如何科罪，由英国议定章程、法律发给管事官照办。华民如何科罪，应治以中国之法，均应照前在江南原定善后条款办理。

——《五口通商章程》

一、沈家本的努力

时至清末，中国屡屡受到西方列强的侵略，社会结构和文化风气都发生了很大的变化。在鸦片战争之前，中国是一个典型的农业文明社会，以家族为单位组织生产。与之相适应的文化则是以儒家观念为核心的家族本位观念，个人意识并无重要性可言。但鸦片战争之后，西方大量商品和资本涌入，农村家族经济社会生活的破产，使得人们意识到过去认为好的生活已经不复存在，相应的道德政治观念和制度安排也失去了吸引力。同时，人随着商品和资本的流动，也逐渐突破家族的范围而流动，社会逐渐变得陌生化和复杂化，个人意识也逐渐萌生。另一方面，中国在抵御西方入侵的过程中屡屡失败，伴之以西方传教士对西方文化优势的宣传，导致中国的智识重心发生了权势转移。中国既有的伦理道德观念,不仅不再被视为文明,反而被视为需要被改造的野蛮做法,西方的观念则被全盘视为正确。

清末的修订律法就是在这种社会文化背景下展开的,其中,沈家本发挥了核心的作用。沈家本(1840—1913),字子淳,别号寄簃,吴兴(今浙江湖州)人。由于沈氏家学深厚,初次做官即官拜刑部郎中。在之后的四十多年里,绝大多数时间都从事司法实务,更有直接审理地方刑事案件的精力,因此有机会和精力遍览历代法律典章,对中国传统的法律制度有深入的了解,自然也对哪些地方亟待改革心知肚明。从1902年到1911年,他为中国法制的改革和近代化付出大量的心血,堪称"中国法律现代化之父"。

法治经典赏读:

"律者,民命之所系也,其用甚重而其义至精也。根极于天理民彝,称量于人情事故,非穷理无以察情伪之端,非清心无以祛意见之妄,设使手操三尺,不知深切究明,而但取办于临时之检按,一案之误,动累数人;一例之差,贻害数世,岂不大可惧哉?"

——沈家本

沈家本首先对《大清律例》进行了全面的修订,编修为《大清现行刑律》。之后,延聘日本法律专家参与草拟了大量新法草案,如《刑事诉讼律草案》《民事诉讼律草案》以及大部分《大清商律草案》《大清民律草案》等。与商部共同拟定了《破产律》,与民政部共同拟定了《违警律》。为确定法院审判权限,制定了《大理院审判编制法》,拟定了《法院编制法》。同时,在沈家本的主持下,翻译了大量的西方法律法学著作,并开设了新式法律学堂,培养了大量的新式法律人才。

就本书的主题而言,沈家本修律最重要的一个贡献,是他开启了将中国法律中的家族本位观念逐渐转换到个人化观念的进程。在其所修订的律法中,首先将传统家族生活中的个人观念和法律上的人格相区别,并以后者作为修律的基石。进而,删除了诸如"子孙违反教令"之类的传统礼教观念下的罪名,抛弃了包括之前介绍的八议制度在内的,将身份和定罪量刑挂钩的各种制度和做法,主张法律面前人人平等。以"人权尊严"作为新法的核心,逐渐代替旧法中的"家族伦理",并以"法治思想"取代之前的"礼教立法"的做法。通过之前中西方历史的简单对照,我们可以初步看到,个人化的生活方式和观念,乃是法治的最根本基石。沈家本的这些努力,一方面反映了中国的知识阶层已经开始逐渐接受个人化的生活为一种合理的生活方式,另一方面也主动促进和强化了这些观念的传播和发展。

二、武夫当国的北洋时代

随着 1911 年武昌起义的爆发,清王朝结束了统治。1912 年中华民国宣告成立,孙中山任临时大总统,颁布了《中华民国临时约法》的宪法性文件。《中华民国临时约法》在中国法治进程中具有相当重要的意义,它承认了中国的主权属于全体国民,全体国民一律平等。孙中山明确表示,"民国者,民之国也。为民而设,由民而治者也"。从之前的分析看,一旦人们承认相互之间的平等关系,那么法律之治将是唯一合理的治理模式。因此,我们也可以说,《中华民国临时约法》本身代表了一种全新的治理模式。

法律知识链接:

《中华民国临时约法》作为中国第一部资产阶级宪法性文件,具有很高的地位。这部宪法性文件一共七章五十六条。在这部宪法中,包含了很多进步内容,诸如它在第一章中明确指出,中华民国主权属于全体国民;在第二章中规定,全体国民一律平等,直接否定了封建等级制度。这些内容不仅在当时的中国,乃至当时的亚洲都是进步的。

然而一个严酷的事实是,孙中山在就任中华民国临时大总统时,清王朝的统治还未彻底瓦解。为了尽快结束清王朝的统治,革命党人与当时掌握满清军事力量的袁世凯进行了磋商。1912 年 2 月 12 日清帝逊位,清朝统治结束。同年 4 月,孙中山辞去临时大总统,袁世凯就任临时大总统。

为何法治并没有随《中华民国临时约法》的公布而稳固地建立起来?答案并不难说明。在当时的中国,虽然以家族为单位的经济社会生活正在逐渐解体,但毕竟存量很大,受到外来资本主义冲击的地区和人口,则只占很少一部分,且在地理分布上高度不均衡。因此,尽管当时的知识界已经奉西方观念为正确主张,但真正理解和接受个人化的生活方式的人并不多。鲁迅《阿 Q 正传》

中指出,当地的官员只是从县衙的房顶上挑下几片瓦,就算是"革命",而阿Q对革命的理解也只是去地主家少奶奶和小姐闺房里的牙床上打个滚儿。这其中固然有文学上的夸张,但也鲜明地反映出很多观念对当时的中国人而言是抽象和陌生的。当国家治理模式面临根本性抉择的时候,这些民众就会在事实上支持他们熟悉的观念和做法,一个有决断的强权领袖远比闻所未闻的法律之治要可靠得多。

对思考中国法治进程的人而言,这段历史所给予的更多的是教训。它让我们注意到,真正在政治生活中发挥作用的,是那些具体的、鲜活的观念,而非抽象的、教条的观念。人们如果对新的合理观念缺乏切身的体会,那么在运用的时候势必会逐渐走样,滑到旧的、习惯性的做法上去。正因如此,知识阶层中的有识之士发起了新文化运动。白话文的推广,大量报刊的创办,使得更多中国人得以接触新的观念和思想。与此同时,在中国共产党和苏联的帮助下,国民党于1926年从广东出兵北伐,于1928年攻占北京,奉系军阀张作霖在撤往东北的途中,被日本关东军炸死于皇姑屯,之后其子张学良宣布"东北易帜"。国民党遂完成形式上的统一,武夫当国的北洋时代宣告结束。

三、"以党代法"的国民党"训政"

随着1928年12月29日奉系军阀张作霖之子张学良宣布"东北易帜",国民政府最终完成了形式上的全国统一。成为执政党之后,国民党并没有立刻着手建立以法治为核心的国家治理模式,而是宣布进行所谓"训政"。"训政"在某种意义上,可被视为一个过渡阶段。之所以存在这个阶段,是因为孙中山认为,当时国家的经济社会条件,以及国人的素质,并不足以支持建立一个西方式的民主法治社会,因此需要国民党加以训导。当各项经济社会文化条件满足之后,再行宪政。

按照这套理论,国民党开始全面接手国家的治理工作,厉行所谓"以党治国"的基本方略。1928年3月,由国民党控制的国民政府颁布《立法程序法》,其中规定"中央政治会议得决议一切法律,由中央执行委员会之国民政府公布之"。1931年6月公布《中华民国训政时期约法》(以下简称《约法》)作为根本纲领,以这部《约法》为依据,国民党中央牢牢控制了立法权。黄源盛教授指出,"每一部法律都需经过国民党中央政治会议议决后才进入正常的立法程序,而当时立法的最高原则是要把三民主义的内涵或精神尽量包含在各法典中,训政时期的法以实行三民主义为目的,这是国民政府'训政时期'的特有现象"。①其中所谓的"三民主义"就是国民党的根本政治纲领。黄教授的上述这段话,精确地描述了"训政"时期国民党以党代法、实行党治的政治局面。

从理论上看,孙中山的政治设计并非完全没有道理。但如果国民党实施党治的正当性基础是为过渡到宪政法治作准备,那么这种党治和古代的君主之治就存在本质不同。后者在古代被视为最终的良好治理模式,而前者仅仅是一个过渡性和工具性的措施。随着人民的自主意识逐渐萌生,党就应当从人民自主意识比较成熟的领域逐渐撤出,由法律实施治理。这就要求该党对自己的角色有清楚的认识,不能贪恋权力。然而,遗憾的是,国民党虽然经历了几次改组,但组织涣散、派系林立。此外,国民党作为一个整体,也只具有有限的政治影响力。正因如此,北伐战争结束不久,即陷入新的争权夺利之中。就这样,孙中山设计的"训政",最终再次沦为了军阀势力实施独裁专政的借口。

 法治思维训练:

1. 清末为何会进行修律活动? 沈家本对清朝传统法律作了哪些重要修正?
2.《中华民国临时约法》为什么最终会变成一纸空文?
3. "训政"时期的"以党代法"有何历史局限及不合理性?

 参考书目

1. [德]弗里德里希·恩格斯:《家庭、私有制和国家的起源》,人民出版社1972年版。

2. [美]布雷恩·Z. 塔玛纳哈:《论法治——历史政治和理论》,李桂林译,武汉大学出版社2010年版。

3. [美]弗雷德里克·沃特金斯:《西方政治传统:近代自由主义之发展》,李丰斌译,广西师范大学出版社2016年版。

4. 王人博、程燎原:《法治论》,广西师范大学出版社2014年版。

5. [英]约翰·洛克:《政府论(下篇)》,叶启芳、瞿菊农译,商务印书馆2013年版。

---

① 黄源盛:《中国法史导论》,广西师范大学出版社2014年版,第433—434页。

6.［法］孟德斯鸠：《论法的精神（上卷）》，许明龙译，商务印书馆 2012 年版。

7.［美］亚历山大·汉密尔顿等：《联邦论》，谢叔斐译，吉林出版集团有限责任公司 2012 年版。

8. 黄源盛：《中国法史导论》，广西师范大学出版社 2014 年版。

9. 李贵连：《法治是什么：从贵族法治到民主法治》，广西师范大学出版社 2013 年版。

10. 梁治平：《寻求自然秩序中的和谐：中国传统法律文化研究》，商务印书馆 2013 年版。

第二章

现代法治的基础与模式

本章要点：

1. 了解现代法治的经济基础，特别是市场经济的自主自律精神，以及相应的产权私有、契约自由和责任归己原则；

2. 了解现代法治的文化基础，主要包括公共领域和市民社会的概念，以及与之伴生的理性公民文化；

3. 了解现代法治的政治基础，主要是个人权利和两种民主形式；

4. 了解现代法治的基本模式，包括形式法治模式和实质法治模式。

引
言

通过上一章的历史回顾已经看到，人们为了在国家治理领域实现平等，避免个人专制，进行了孜孜不倦的探索。法治作为这个探索的回答，毫无疑问是一种具有高度重要性的人类文明成就。不过，即使对已经普遍承认和接受法治的现代社会而言，法治依然不是一个空中楼阁，而是需要依赖经济、文化和政治上的不同要素作为基础和支撑。在本章中，我们将探索这些基础究竟是什么，包含哪些内容。结合之前对法治的历史探索，我们就能对法治有一个较为全面的理解。

第一节　现代法治的经济基础

法治事件回放：［伊迪丝・梅斯菲尔德的房子］

巴拉德位于美国华盛顿州西雅图市西北部的鲑鱼湾，从 1907 年开始，它就一直是该地的小渔村。到了 2000 年，西雅图掀起了建设热潮。但老太太伊迪丝・梅斯菲尔德直到 2008 年去世，也没有把房子卖掉离开。由于美国宪法第五修正案确立了"私有财产不可侵犯"的观念，因此任何房产开发公司都不得强拆老太太的房屋。尽管这座房屋在老太太去世之后，几经转手，但都获得了保留。现在它成了西雅图一个著名的地标。皮克斯动画《飞屋环游记》中的飞屋的原型，正是这座房子。

一、市场经济的自主自律精神

一般来说，某种观念之所以被人们所重视，总是因为这种观念在人们的生活中扮演了重要的角色，对某种困难提出了有益的解决方案。而从亚里士多德开始，人们就注意到，经济生活是人们生活的关键环节。它在很大程度上塑造了人们的生活环境，以及在这个环境中所需要解决的具体问题。因此，要考察现代法治的基础，势必首先从这种观念所依赖的经济社会生活开始。

从既有的讨论看，绝大多数学者都承认，市场经济是孕育现代法治的经济基础。我们考察法治在古希腊的起源时已经看到，古希腊城邦中较为发达的商品经济，削弱了城邦中氏族关系对人们的束缚。走出家门的古希腊人，都是独立平等的希腊公民，因此让其中一部分人单方面服从于另一部分人的意志，这被认为是显然不合理的，而法治就成了解决城邦治理难题的妥当方案。然而，有读者会指出，在中国古代的很多朝代（如唐宋），也有很丰富繁荣的商品经济，为何这未能导致法治的出现呢？这是因为，今天我们说唐宋的商品经济非常繁荣，是相较于同时代世界的其他地区和文明。而相较于当时中国庞大的自然经济，商品经济只是极少的一部分，且只集中在少数地区。相反，尽管横向比较古希腊罗马时代的商品经济远不如中国繁荣,但它对当地人的生活却有更大的影响力。人们的生活在根本上围绕商业和商品经济展开,自然会在政治观念上有所反映。从定义上说,商品经济的高级阶段就被称之为市场经济,后者是指完全由市场进行资源调配的经济模式。现代法治观念建立在这种高级的商品经济模式上,似乎也就在情理之中了。

不过,这并不是全部解释。商品经济令社会复杂化、陌生化,这只是一个社会事实。面对这个事实,如果人们觉得它是不好的、糟糕的,那么就会自觉抵制它或限制它。在古代,无论东西方都曾经出现过对商业加以抵制的文化倾向。因此,如果不存在一套完全和商业生活相契合的理想生活观念和精神气质,那么商业活动不可能深入发展,现代法治也将不可能出现。市场经济作为较高阶段的商品经济,它对我们最深刻的影响,就在于它包含了某种理想生活观念和精神气质。它的核心就是自主自律的精神。

从最基本的层面看,自主意味着一种能力。这种能力使得我们能够主动地去做正确的事情,而不需要外界的强制。自主的生活则意味着,我们运用自主的能力,去过自己所选择的合理生活,而不服从于任何外在的权威或传统的习俗。有读者会意识到,这非常接近于上一章提到的苏格拉底的观念。市场经济下的现代自主意识,则更具广泛性。不论种族、肤色、社会阶层等,每个人都拥有这种能力去决定自己的理想生活,而无论是古希腊还是中世纪,自主只是一部分人所享有的,如希腊的奴隶主或中世纪的基督徒,其余人等则不被认为拥有这种能力。进而,既然自主意味着主动去做正确之事,那么它同样意味着自律。从字面上就能看出,所谓"自律"就是自我约束,对应的概念是"他律"。我们遵循正确理性的要求,实际上也就是受到正确理性的约束。自主和自律在这个意义上,表达的是同一个意思。

既然自主意味着主动过上合理的生活,而不盲从于任何传统习俗,那么这种观念显然是对市场经济模式强有力的支持。因此,市场经济孕育了自主的精神气质,而它又促进了市场经济的发展。包含自主自律精神的市场经济,则构成了现代法治的经济基础。

二、产权私有、契约自由和责任归己原则

自主精神是市场经济所缔造的基本伦理观念,从这个伦理观念中,我们可

以推导出一些重要的派生性原则。在这里，我们就简要介绍三项原则，即产权私有原则、契约自由原则和责任归己原则。

1. 产权私有原则。所谓"产权"，即财产所有权以及相关权利。市场经济条件下的产权私有原则，就是指财产都是由私人所有。这个原则和自主观念有什么关联呢？这并不难说明。自主的观念要求我们主动去做正确的事，但做任何事情都必须借助一定的手段或工具。我们自身的身体，在这个特定的意义上，就可被理解为一种"手段"。但很显然，单凭自己的体力所能实现的事情很少。此时，我们就必须借助外在的物质条件。要想使得这些物质条件完全服务于我们自主的活动，我们就必须完全占有它们，不然我们难免受到占有这件物品之人的支配。如果你是借别人的电脑工作，别人就可以当然地设置限制，比方说不能连续工作、不能安装更多的软件等，只有当这台电脑完全属于你时，你才能完全支配它去做你打算做的事情。

前面我们说的都是"占有"，而不是产权。前者是一种事实的状态，即你在事实上能支配某些东西时，我们就说你"占有"了它，但既然这是一种事实状态，它就能通过事实上的强制力加以改变。如果我比你强大，我就能把你的电脑抢过来，在事实上占有它。显然，在一个只存在占有概念的社会中，将会导致大量的混乱。解决这种混乱的方案，就是引入所有权的概念。当我们宣布，某个东西你"有权"拥有的时候，单纯事实上占有关系的改变，并不会改变你对该物的所有权。比方说，你的电脑被别人抢走，并不会导致你不再享有对那台电脑的所有权，相反正因为你拥有所有权，你才能报警要求警察追回电脑，并对抢劫犯施加惩罚。这样，结合之前的讨论，我们就能主张，产权私有是自主观念的一个推论，这种权利安排有助于我们实现自主的生活。

法治经典赏读：

"余之物，未经余之同意，不得剥夺。"（That which is mine cannot be taken away without me.）这条名言明示了所有权受到绝对保护的含义，未经所有人的同意，在原则上其所有权不得被任意剥夺。

2. 契约自由原则。契约自由原则，是指个人之间的契约关系，完全是由个人决定的，政府不得干涉。这种自由包括诸如和谁订立契约、契约有哪些内容、以何种方式履行等。该原则如何同自主相关联呢？我们可以将产权理解为人和物之间的关系,所有权能够让我们借助某些物品来实现自己的目的。但一个人能做的事毕竟是有限的,要想达到更多的目标,就必须与别人合作。这就涉及我们和别人之间的关系问题。很显然,只有当我们自己能够自由地选择合作伙伴,确定合作目标时,我们才能真正自主地去做自己想做的事情,而不受别人的支配。相反,如果有外在的力量规定,我们必须和哪些人合作,或者必须以一定的条件合作,那么我们自己确定的目标可能就不能完全实现。例如,如果政府规定,所有的笔记本电脑都只能从 A 公司采购,那么如果 A 公司的电脑不足以实现我的要求,这样我的目标就注定要落空了。契约自由旨在避免上述问题的发生。

3. 责任归己原则。顾名思义,就是一个人必须对自己所作出的选择和行动负责。这里所说的"责任",主要是指道德责任。当一个人负有某种道德责任时,我们就能对他正当地进行批评。例如,当一个人打碎了你家的花瓶,你会严肃地说"你得对这件事负责"。与责任归己原则相对应的是某种连带性的做法,如"父债子偿"等。后者与自主的观念并不相容,因为自主的观念下,每个人都是自己生活的主人;如果甲做的事情,却让乙承担责任,那么乙就不是自己生活的主人,因为他随时可能为别人的错误买单。这并不是说自主的观念排斥任何连带责任。如果你进入某种连带责任关系是出于自愿,那么这并不违背自主的要求。

法治经典赏读:

"任何人就他人行为之结果,不负责任。"(No man ought to be burdened in consequence of another's act.)我国台湾地区法学家郑玉波解释为,"于今法律注重个人主义,故一人行为之结果,无论该行为系合法或违法,他人均不受其拘束或负其责任为原则,法谚明示斯旨"。

尽管从自主观念中可以推导出很多原则,但上述三项原则无疑更重要。它们确定了我们与物和人之间的关系,以及违背这些关系所产生的责任归属问题。因此,从某种意义上说,市场经济可被视为在这三项原则规范下展开的经济模式。

法治思维训练：

1. 什么是自主自律精神？它和市场经济之间是什么关系？

2. 产权私有原则、契约自由原则和责任归己原则是如何从自主自律精神中衍生出来的？你还能想到别的原则吗？

第二节 现代法治的文化基础

法治事件回放：[德雷福斯案]

———————————————————————————————

1894年，法国陆军参谋部犹太籍的上尉军官德雷福斯被诬陷犯有叛国罪，被革职并处终身流放。犹太裔记者拉扎尔对该案的报道促使关注该案已久的埃米尔·左拉于11月25日在《费加罗报》上撰文声援德雷福斯。次年1月13日，军事法庭第二次宣判德雷福斯有罪后的第三天，左拉的《我控诉！》发表在《震旦报》头版，在知识界和政界引起一片哗然，30万份《震旦报》在几小时内抢购一空。文章发表后，无数知识分子签名，要求该案件重审的请愿书也在《震旦报》上发表了，其中仗义执言的人包括后来获得诺贝尔文学奖的作家法朗士和印象派画家莫奈等。这个案件所引起的舆论，显示了法国市民社会中的公共领域对政治的批判作用。今天广为人知的"知识分子"一词正是在此时出现的。

———————————————————————————————

一、公共领域和市民社会的兴起

"公共领域"是很多学者在讨论法治的文化基础时常用的一个概念。这个概念的基本含义并不复杂，我们可以构想一个接受自主观念之人（暂且称之为A先生）的生活，来理解什么是公共领域。首先，要想在这个世界上生活，A先生就必须解决自己的饭碗问题。这样他就必须生产些什么，并拿到市场上出售。在生产领域，如果A先生是个雇工，那么他就必须听从老板的指挥；而如果A先生自己是老板，则需要指挥别人。可以看到，在生产领域，总是存在一定的支配关系。存在各种支配关系的领域，就是所谓的"私人领域"。而当A先生解决了自己的吃穿问题之后,他就要去看看展览、听听公共讲座、参加社区自治或者其他非政府组织、在咖啡馆和别人聊聊政治等。无论是展览讲座,还是社区自治,或是谈论政治,都必然是面向大众的,所处理的事务都是公共的,是"我们"的事务,而不是 A 先生或 B 先生等某个个体自身的问题。同时,在这些活动中,人们之间不存在支配关系,大家都是平等的,相互交流想法、交换意见。发生这些事的领域,我们就称之为"公共领域"。

显然,公共领域是自主观念在文化领域的表现。试想如果人们不认为自己有能力主动过自己的生活,而必须服从于某些外在的权威,比如说教会,那么就不可能存在一个领域,大家相互之间平等的交流想法,共同做一些事情,只可能存在宣讲和布道的场所,其中某个被视为权威的人,完全左右其他人的行动。人与人之间存在支配关系,这显然是"私人领域"中的特征。因此,德国学者哈贝马斯认为,在我们之前提到的中世纪,就不存在公共领域。只有当市场经济孕育出自主的观念,并被人们广泛接受之后,人们才会意识到,可以撇开诸如教会之类外在的权威,相互之间平等地展开交流。

如果一个社会在经济上实现了市场经济,而在文化上则广泛存在公共领域空间,那么此时我们就可以说,这个社会是一个市民社会。为什么这个社会要叫"市民"社会呢?我们知道,在法国革命之前,社会被划分为三个等级,分别为教士、贵族和市民。这里所谓的"市民",是指那些脱离了封建人身依附关系,从事商品经济的人们。当时这些人主要是城市中的市民,这是因为在当时欧洲的封建秩序中,城市具有某种自治权利,成为一个城市的市民,就能豁免于封建关系,成为一个自由人。"市民社会"中的"市民"就是这个意思。随着商品经济逐渐发展到市场经济,以及相应公共领域的拓展,市民社会也就逐渐发展起来了。

市民社会有一个重要的特征,即其中所包含的合理生活是多元化的。这并不难理解。对生活在现代社会中的我们来说,认为这种合理多元的现象并不是一种病态或者错误,相反它是正常的和值得肯定的。一些学者也将这种现象称之为多元秩序的生成与并存。无论如何,这种现象产生了一个根本的困难,即我们应该缔造什么样的文化,使得这些不同观念的人共同生活在一起?此时,我们既不可能依赖善良风俗,也不可能依赖上帝的观念,所需要的是一种新的公民文化。正是这种文化凝结了我们在上一章中看到的洛克、孟德斯鸠和联邦党人提出的近现代法治观念。对此我们将在下文中加以说明。

二、理性公民文化的生成与变革

在市民社会的早期阶段,由于资本主义商品经济处于上升阶段,人们纷纷投入到商业活动中,这就导致在这个时期,形成了一种以自利观念为基础的理性公民文化,其典型的代表就是古典功利主义,代表人物是两位英国的学者——杰里米·边沁和约翰·穆勒。在这种理论下,每个人都是根据自利的动机行动,所谓"理性"或"合理"就是去实现自己的最大幸福,因此对公共生活而言,"最大多数人的最大幸福"就是合理的原则:该原则对任何具体的生活形式和幸福都持开放态度,这就为合理多元的基本事实预留了足够的空间。因此,在市民社会的早期阶段,很多学者都明确或暗地里支持功利主义的看法。

然而,有人会主张,既然现代生活中存在合理多元的基本事实,不同的生活方式和幸福之间很难进行比较——我们很难说,周末和朋友聚会更幸福一些,还是安静地在家中读一本很想读的小说更幸福一些,这样"最大多数人的最大幸福"就是一句空谈。为此,穆勒在自己的名篇《论自由》中提出了一个解决方案。他说,既然我们无法具体衡量每个人的幸福,那么能够促进最大多数人最大幸福的做法就只有一个,那就是在社会生活中倡导和保护个人自由。这样人们可以不断反省和调整自己的生活以获得自己希望的那种幸福。从这个观点出发,他进一步得出一个公共生活的原则,即如果一个人的行为没有直接伤害到别人的人身或财产,那么包括政府在内的其他人,就不得对其加以强制干涉。这就是著名的"伤害原则",它比抽象地谈论"最大多数人的最大幸福"要具体多了。①

法治经典赏读:

唯一名副其实的自由,是以我们自己的方式追求我们自身之善的自由,只要我们没有企图剥夺别人的这种自由,也不去阻止他们追求自由的努力。在无论身体、思想还是精神的健康上,每个人都是他自己最好的监护人。对比被强迫按照他人以为善的方式生活,人们彼此容忍在自己认为善的方式下生活,人类将获得更大的益处。

——[英]约翰·穆勒:《论自由》

---

① 　[英]约翰·穆勒:《论自由》,孟凡礼译,广西师范大学出版社 2011 年版,第 10 页。

　　随着市民社会的逐渐成熟,人们逐渐发现在咖啡馆、艺术馆等公共领域见到的彼此,并非总是如市场上见到的那样在算计利害关系。在有些情况下,人们会为了自己所坚持的原则,作出很强的利他主义行动,牺牲个人利益,甚至牺牲自己的生命。我们在很多文学作品中都会看到这样的桥段,一个艺术家坚持自己的艺术原则,放弃了很多能飞黄腾达、赚取高额回报的机会。生活中,我们可以理解这样的行为,但功利主义无法解释这样的行为。这就要求我们在根本上提出一种与功利主义完全不同的理性公民文化观念,以重新界定什么是合理的。

　　著名的德国学者伊曼努尔·康德就提出了这样一套观念。在康德看来,人之为人最独特也是最宝贵的,并不是我们有自利的动机,任何动物都会趋利避害,寻求安逸,而我们会遵循正确原则行动。前面提到的这个艺术家,无疑就是坚持原则的典型。这里所说的原则,并非是什么神秘的东西,也不一定总是非常高大上的。它其实存在于我们每个人的行动中。我们在作出每个具体行动时,都必然会寻求一种可普遍化的辩护,提供这种辩护的就是原则。A借了B的钱,B要求他偿还,如果A问,"你为什么要求我偿还",B会说,"每个人都应该偿还自己的债务,因此你也要偿还自己的债务"。注意,B所说的"每个人都应该偿还自己的债务"就是一个适用于每个人的普遍原则。

法治经典赏读:

　　在目的王国中,一切东西要么有一种价格,要么有一种尊严。有一种价格的东西,某种别的东西可以作为等价物取而代之;与此相反,超越一切价格,从而不容有等价物的东西,则是一种尊严……自律就是人的本性和任何有理性的本性的尊严的根据。

　　　　　　　　　　——[德]伊曼努尔·康德:《道德形而上学的奠基(注释本)》

　　有读者会问,如果A说"我认为每个人都不应该偿付自己的债务",这也是一项适用于每个人的普遍原则,而按照这项原则A就不必还钱,这难道证明了不还钱是正确的?这就涉及判断原则正确与否的标准。康德的回答是,一项原则要想是正确的,就必须是所有人都能普遍接受或愿意的。这被称之为"可普遍化公式"。这就要求人们必须换位思考,站在别人的立场上,看看自己遵循的原则是否可接受。如果每个人在借钱的时候都不打算还，那么世界上将不再有承诺这件事，而如果没有承诺，你就不可能"借"钱。因此，借钱不还的行动本身就是自我矛盾的，你无法想象一个世界，人们普遍不遵守承诺，却还能从别人那里借来钱。"可普遍化公式"界定了康德所说的理性或合理性，这也就是让人们得以共同生活在一起的基本标准。①

　　康德的观念非常复杂，我们不能在这里一一介绍。但我们可以看到，"可普遍化公式"是康德最具特色的观念，也是他所阐述的公民文化的基石。在这块基石上，一方面我们可以发展真正丰富的生活，而不必将所有的生活抽象为某种实现自利的手段，另一方面它又为人们确定了共同生活的原则。理性公民文化发展到了康德，达到了最成熟的阶段。很多我们今天熟悉的政治理想，如权利、平等、正义等，其当代内涵都是由康德和他的"可普遍化公式"所提供的。他的确是一位值得我们记住的思想家。

 法治思维训练：

　　1. 在你的生活中，有没有可被称为"公共领域"的空间？在你的印象中，人们在这些地方主要做些什么？

　　2. 孔子云"己所不欲，勿施于人"，你认为这是符合康德理论的原则吗？

第三节　现代法治的政治基础

法治事件回放：[柏林墙射手案]

　　20 岁的 S 于 1984 年 11 月 1 日临近 3 点 15 分时试图借助于一个 4 米高的梯子翻越柏林的边界设施。当时 20 岁的下士 W 与当时 23 岁的士兵 H 正在 130 米开外的瞭望塔上放哨。两位边防士兵都清楚，他们只有瞄准开火才能阻止 S 的逃亡。H 倚在墙上，从大约 110 米开外对 S 连续发射了 25 颗子弹，W 从

　　① ［德］伊曼努尔·康德：《道德形而上学的奠基（注释本）》，李秋零译注，中国人民大学出版社 2013 年版，第 40 页。

大约 150 米开外的哨塔上同样对 S 连续射击了 27 次。在 2 个小时之后 S 才被送到医院,在那儿于 6 点 20 分死亡。德国统一后,德国法院审理了该案。法院认为,授权边防士兵以格杀勿论的方式处置一切越境行动的《东德边防法》严重侵犯了个人基本权利,使得该法自始无效。这两名士兵遂被判处了相应的刑罚。

一、作为"王牌"的个人权利

"权利"是一个大家耳熟能详的概念,不过在切入正式的讨论之前,首先应对这个概念予以澄清。事实上,尽管我们每天都能看到很多人在主张自己有各式各样的权利,但似乎很少有人认真思考,权利究竟是什么意思? 在流行的话语中,似乎只要某些利益对"我"而言是重要的,那么它就成了一项权利。但这种看法显然经不起检验,它和我们使用权利所要达到的目标是不一致的。回想一下,自己严肃地主张某项权利时,往往是在和别人争执中,我们强烈地主张对方必须做或者不做某些行为:我们有权保持沉默,意味着你们不得强迫我们开口;我们有权知道国家预算的具体情况,意味着政府必须信息公开等。可是,如果权利只意味着"我"认为重要的利益,那么凭什么要求别人予以尊重和配合呢? 显然这是不可能的。只有当权利是"我们"认为重要的利益时,我们才能要求别人做或者不做某些事情。

不过,主张权利代表了某些重要的共同利益,并不足以界定权利。有人会问,既然我们已经有了"共同利益"这个概念,为什么还要"发明"权利呢? 事实上,只要存在稳定持续的文明社会,人们之间必然会共享某些重要的共同利益,但并不必然存在权利的概念。在第一章中,我们看到儒家描述的理想社会,便是建立在"五伦"的理想化人际关系上,这五伦自然是儒家社会所有成员的共同利益,但儒家更强调"和谐"而不是权利的概念。事实上,中国漫长的文明史也证明了,权利并不是一个根本性的概念,一个没有权利的社会,同样可以稳定和繁荣。

严格来说,权利这个概念是和上一节我们提到的理性公民文化关联在一起的——这是一种由市场经济孕育出的文化形态。我们可以通过对比儒家的观念和理性公民文化加以说明。既然儒家社会理想的核心是"和谐",这就意味着如果某个人做了破坏社会关系和谐的错事,我们就能给予批评,甚至对其施加强制。但是在理性公民文化中,我们承认每个人都有自主的能力,并且认为正确的事情是人们出于正确的理由行动,而不仅仅是作出外在正确的事情。由于人的良心是无法被强制的——这就是说,你不可能强迫一个人违背自己的良心做事,因此我们才会授予人们权利,让他们选择和自己良心保持一致的做法。权利带来了选择的自由,人们可以在涉及共同利益的重要事项上,选择自己真心诚意认可的行动方式去实现这些利益。因此,可以将权利视为以尊重自主的方式促进共同利益的一个概念。

进一步说,既然理性公民文化认为自主是最核心的精神和理想,这就给予了个人权利更强的力量。这种力量体现在,当我们作出了自己的选择之后,权利将保护这种选择,即使另一些做法可能会使得整个社会的福利水平上升(用通俗的话来说,就是"让更多的人受益"),包括政府在内的所有人,也都无权要求我们更改自己的选择,更不能使用强制力达到这个目标。美国的法学家罗纳德·德沃金形象地将权利在当代社会中这种显要的地位称之为"王牌"。在桥牌比赛中,王牌将会无条件压倒其他牌。① 这就是说,如果政府要求我们做×,但我们发现做不做×实际上是我们的权利,那么此时我们只需要主张"这是我的权利",就足以断然拒绝政府的干涉,不需要陷入做×好还是不好的具体论证中。这件事全权由我们自己做主。

法治经典赏读:

个人权利是个人手中的政治王牌。当出于某种原因,一个集体目标不足以证明我们可以否认个人希望什么、享有什么和如何行动之时;不足以证明可以强加给个人某些损失或损害之时,个人便享有权利。

——[美]罗纳德·德沃金:《认真对待权利》

正因为权利具有这种断然性的地位,对享有各种权利的我们而言,政府只可能在一种情况下行动才是正当的,即它的行动受到事先颁布的规则和准则的约束,这些规则和准则是依照合理程序制定出来的,这些程序确保了我们每个人的权利得到充分的尊重,我们的意见和想法得到充分的表达。这些要求只有现代法治才能实现,因此一方面个人权利奠定了现代法治的正当性,另一方面

① [美]罗纳德·德沃金:《认真对待权利》,孙健智译,五南图书出版股份有限公司2013年版,第505页。

现代法治则承诺和保护了个人权利,同时也就保护了个人自主。这两者相辅相成,相互强化。

二、代议制民主与协商民主

对现代法治而言,上文提及的能够尊重个人权利的"合理程序",其中最重要的就是民主程序。从日常经验看,民主程序的核心就是多数决原则,即我们常说的"少数服从多数"。之所以这样做会被人们视为尊重每个人的权利,是因为在多数决中贯彻了"每人一票、每票等值"的平等原则,因此任何人的意见和观点对最后的公共决定,都只具有平等的影响力,不会有任何优先或者特权。当然,通过多数决作出的决定,最终是多数人的意见成为最终的定论,但对少数派来说,民主的决定程序本身给予了少数派一个接受最终结论的理由。这和多数派借助自己的强权暴力,直接将自己的意志施加给少数派,显然有本质的不同。

在制度设计上,让每个公民都能直接通过投票的方式,参与到每个公共决定的制定中,这种制度被称之为"直接民主"。之前我们所介绍的古希腊城邦,实行的就是直接民主制。著名的处死苏格拉底的决定,就是雅典公民通过投票作出的。但在现代国家中实行直接民主,存在效率上的严重缺陷。现代国家地域广阔、人口众多,直接民主会导致国家作出公共决策变得效率极为低下,甚至会导致国家运作的瘫痪。

在这种情况下,代议制民主就孕育而生。顾名思义,所谓"代议制",就是指别人代替我们去参政议政,在立法机关投票作出最终的决定。一般的形式是,基层的民众通过投票,决定代表本地区利益的立法委员/国会议员,不同地区的议员则汇聚到最高立法机关,通过投票作出全国性的立法或其他公共决定。这显然能极大地提高民主政府的运作效率。当然,不同的国家在具体制度设计上有所差别。在最高立法机关的设计上,一些国家采取两院制,即由两个独立的议院组成立法机关,如美国的参议院、众议院,英国的上议院、下议院等;一些国家则采取一院制,由单一的议院构成最高立法机关,如中国的全国人民代表大会。在议员的资格、任期等方面,各国也会依据自己的文化传统作出具体的规定。

"代议制"民主并非是一种完美的公共决策制度,问题出在多数决原则上。

试想宿舍中的六个人准备出去玩,其中五个人提前串通好决定去 A,但你坚持去 B,此时有人提议,我们民主表决。你显然不会接受这种所谓的"民主",因为很显然"民主"的结果就是去 A。在一个国家中,如果民主意味着多数人为所欲为,甚至剥夺少数人作为自主的人应当获得的基本权益,那么这种民主就是自相矛盾的——它是以理性的公民文化为基础,承诺保护作为自主的人的权利,但它可能会导致一种"多数人的暴政"的危险,在这种局面下,理性的公民文化将不复存在,少数人的权利也将被剥夺。这就是"自相矛盾"的意思。

法治经典赏读:

当一个人或一个党在美国受到不公正的待遇时,你想他或它能向谁诉苦呢? 向舆论吗? 但舆论是多数制造的。向立法机构吗? 但立法机构代表多数,并盲目服从多数。向行政当局吗? 但行政首长是由多数选任的,是多数百依百顺的工具。向公安机关吗? 但警察不外是多数掌握的军队。向陪审团吗? 但陪审团就是拥有宣判权的多数,而且在某些州,连法官都是由多数选派的。因此,不管你所告发的事情如何不正义和荒唐,你还得照样服从。

——[法]阿历克西·德·托克维尔:《论美国的民主》

因此,很多理论家提出了一种所谓"协商民主"的民主形式。如果说之前"代议制"民主的核心是多数决原则,那么审议民主的核心则是"大家协商 + 多数决定"。为什么这样做能限制多数人保证的可能呢? 通过协商,公共舆论中的少数派得以有机会主张,占主流地位的意见可能对他们的权利造成侵害。之前提及,权利并不仅仅是个人的利益,而是大家都认为重要的公共利益,因此少数派的发言,可能会引起所有人的注意,将这种侵犯个人权利的方案,直接排除其候选方案的资格。人们只需要在各种尊重个人权利的方案中,作出公共决定,此时多数决本身就代表了一种公平和尊重各方的决定方式,而少数就会有理由接受与他们意见相左的方案,毕竟社会总是需要一些集体决定,如果每个人都坚持己见,那么每个人都将丧失合作带来的利益,而这是每个理性自主的行动者都不会接受的。

从实践上看,协商民主作为一种新兴的民主形式,并不总是采取制度化、法律化的形式。它更多的是和公共舆论相互交织在一起而发展的。在互联网高度发达的当代社会,人们可以通过各种形式表达自己的看法,相互协商和交流观点。例如,发生在 2003 年的孙志刚事件,引起了国内舆论的广泛关注,而这强有力地推动了相关的国家机关废止了《城市流浪乞讨人员收容遣送办法》。

 法治思维训练:

1. 在你看来,最重要的个人权利有哪些? 理由是什么? 为什么即使减损这些权利能获得更大的经济利益,我们依然不能这么做?

2. 单纯的多数决原则为何不一定能产生合理的结果? 你认为协商民主能不能真正纠正多数决原则的弊病? 为什么?

第四节　现代法治的基本模式

法治事件回放:[溯及既往的恐怖法律]

1934 年,希特勒判断纳粹党中围绕罗姆而发展起来的某些势力对他的政权构成了妨碍。一个独裁者在面临这样的事情时,惯常伎俩应该是命令展开一系列装模作样的审判,然后定罪、处决。但是,时间是如此的紧迫,因此,希特勒和他的随从匆忙巡游到南方,并在这期间枪毙了将近一百人。返回柏林之后,希特勒立即安排通过了一部溯及既往的法律,将这些谋杀转变成合法处决。随后,希特勒宣称在这起事件中"德国人民的最高法院由我本人组成"。

一、形式法治

从原则上说,法治的基本模式是指法治的结构、原则和条件。当一个法律体系满足了这些要素之时,就可以说它实现了法治。从主流的观点看,人们是以法治模式中是否包含实质内容为标准,划分出逻辑上截然二分的两种模式。其中,形式法治主要关注法律的合理形式和渊源,不关心法律的内容;而实质法治则不仅关注形式和渊源,而且对法律的内容也有所规定。既然实质法治包含了形式法治的关切,那就让我们先考察一下形式法治吧。

支持形式法治理论家的关切非常直接。他们注意到,即便一个社会包含了发达的市场经济、健全的市民社会及其理性公民文化、承认个人权利并通过民主的方式制定法律解决问题,这对法治来说依然不充分。比如说,在满足上述全部条件的情况下制定出来的法律不公布,或者朝令夕改,或者前后矛盾(如同时规定"机动车必须靠右行驶"和"靠右行驶的机动车,其驾驶员永久吊销驾驶资格"),或者规定某些不可能的事情(如"为了实现男女平等,男人也必须生育孩子")等等。这些糟糕的法律显然不可能用来治理社会。因此,这些理论家主张,要想实现法律之治,法律自身必须满足一定的形式性条件。在当代,最著名的形式法治理论家,应该是美国学者朗·L. 富勒。他提出了以下八项法治原则:

(1)法律应具有一般性;

(2)法律应当公布;

(3)不得制定溯及既往的法律;

(4)法律应当清晰;

(5)法律不应自相矛盾;

(6)法律不得要求不可能之事;

(7)法律应具有连续性;

(8)官员行动与公布的规则应保持一致。①

不过,也有学者认为,富勒的八项原则并不足以实现法律之治。我们可以设想,法律满足了上述七项要求,而官员也按照第八项要求严格执法,但他们从来不说明自己执行的是什么法律,法官在判决时也不进行法律论证。这显然令我们不安,因为我们会怀疑,官员是不是其实并不懂法,只是这回我们偶然运气好,他误打误撞正确执行了法律。为了解决这个问题,这些学者认为,官员不仅在行动上要和公布的规则保持一致,还必须给出说理论证,并且回应人们对他行动的合理质疑。这些说理、论证和回应质疑,都依赖于法律程序的存在。美国法学家杰里米·沃尔德伦列举了一些相关的程序性规定:

(1)一次由公道审判机构进行的听证,该审判机构根据提交给它的正式证

---

① ［美］朗·L. 富勒:《法律的道德性》,郑戈译,商务印书馆 2005 年版,第二章。

据和论证作出判断,这些证据和论证则应以相应的法律规范为根据;

(2)一个受过法律训练的司法裁判官员,其地位独立于其他政府机构;

(3)一项获得律师代理的权利,并有相应的时间准备辩护材料;

(4)一项出席所有关键审判阶段的权利;

(5)一项当庭询问证人的权利;

(6)一项确保政府所搜集的证据都符合法律要求的权利;

(7)一项举出自己所获得之证据的权利;

(8)一项当庭举证质证,并进行法庭论辩的权利;

(9)一项获得判决理由的权利,该判决理由应当基于提交法庭的证据和论证作出;

(10)上诉的权利。[①]

一些读者会问,这些原则显然要求法律规定某些具体的权利,自然应被视为对内容的规定,为何还会被视为形式法治? 诚然,这些原则涉及某些程序性权利,但它们并不直接规定法律必须要求我们做什么(如"法律必须保护私有财产"),而是确定了法律如何规定我们具体做什么的程序和步骤。这是对法律来源的约束,因此依然属于形式法治的范畴。

总之,我们可以设想,在一个符合上述法治原则要求的法治体系中,官员必然要对自己的决定依法给出说理论证。这样我们就能确保自己获得合法的待遇,并不是运气好,而是法律真的在约束官员的行动。此时,在形式法治理论家看来,法律之治也就大体上实现了。

二、实质法治

不过,支持实质法治的理论家并不这样认为。他们承认,形式法治理论家的看法都是合理的,但他们认为这对实现法治而言依然不充分。这些理论家的担心,很类似于之前处在官员对自己的行动不进行说理论证情形下的人们会有的那种担心。只是形式法治论者是对法官或执法者的担心,而实质法治论者的担心是针对最高立法者。他们担心,最高立法者制定出来的法律,背离了前几节介绍的法治的基础,这样法律之治就会逐渐遭到削弱。这种担忧即使在一个

---

① Jeremy Waldron, "The Rule of Law and the Importance of Procedure", in *Getting to the Rule of Law*, eds. James E. Fleming. New York University Press, 2011.

健全的民主社会中也可能发生。人们在某些特定的环境下,因为偶然的因素(诸如煽动),很可能作出错误的决定。

为了避免这种糟糕局面的发生,实质法治的支持者认为,我们有必要将某些实质性的内容规定为法律制度内部运转中必须满足的条件。比如说,一些学者认为,美国法学家罗纳德·德沃金实际上就支持了一种包含个人权利的实质法治观。这种观念在美国和德国都不同程度地转化成了现实的制度安排。

法律知识链接:

德国基本法于1949年5月23日获得通过,次日生效,标志着德意志联邦共和国的成立。1990年10月3日,东西两德统一后成为整个德国的宪法。著名的"尊严条款"是该法的第1条。其中第1款明确规定了人的尊严不可侵犯,而尊重并保护人的尊严,是国家机关的义务;第2款将尊严具体化为人权,并主张这些权利是"和平与正义"的根基;第3款则将人权进一步具体化为各项基本权利,并主张这些权利对立法、司法、行政有直接的约束力。总的来说,尽管很多国家的宪法中都包含了权利清单,但在宪法中明确规定人的尊严,并将其作为法治体系基础,这是德国基本法及其"尊严条款"最鲜明的特色。

另一些实质法治理论家则向法治模式中注入了更丰富的内容。例如,英国法学家艾伦就认为,法治除了形式法治理论家所主张的内容,还必须包括法治的完整政治基础,即个人权利和民主。尽管艾伦本人认为,自己作为一个宪法学家,其理论主张仅限于英国的法律实践,但他的观点依然获得了不同国家人们的认可。

 法治思维训练:

1. 区分形式法治和实质法治的标准是什么?

2. 你认为在当今的中国社会中,法治应当包含哪些内容,才能实现它的基本目标?

 参考书目

1. 马长山:《国家、市民社会与法治》,商务印书馆2002年版。

2. 马长山:《公共领域兴起与法治变革》,人民出版社 2016 年版。

3. [美]布雷恩·Z. 塔玛纳哈:《论法治——历史、政治和理论》,李桂林译,武汉大学出版社 2010 年版。

4. 王人博、程燎原:《法治论》,广西师范大学出版社 2014 年版。

5. [德]康德:《道德形而上学的奠基(注释本)》,李秋零译注,中国人民大学出版社 2013 年版。

6. [英]约翰·穆勒:《论自由》,孟凡礼译,广西师范大学出版社 2011 年版。

7. 谈火生编:《审议民主》,江苏人民出版社 2007 年版。

8. [美]杰里米·沃尔德伦:《法律与分歧》,王柱国译,法律出版社 2009 年版。

9. [美]富勒:《法律的道德性》,郑戈译,商务印书馆 2005 年版。

10. [美]罗纳德·德沃金:《认真对待权利》,孙健智译,五南图书出版股份有限公司 2013 年版。

第三章

现代法治的理念与原则

本章要点：

1. 通过学习宪法法律至上、权力制约、权利保护等概念，理解法治的核心要素。

2. 通过学习自由、平等、公平、正义等概念，理解法治的价值导向。

3. 通过学习正当程序、审判独立等概念，理解法治的程序保障。

4. 通过学习普遍性、稳定性、明确性、公开性、不溯及既往等概念，理解法治的基本原则。

引言

　　法治是人类政治文明的重要成果,是现代社会的一个基本框架。大到国家的政体,小到个人的言行,都需要在法治的框架中运行。什么是法治? 英国思想家洛克说:个人可以做任何事情,除非法律禁止;政府不能做任何事情,除非法律许可。法治,是给公民以最充分的自由,是给政府以尽可能小的权力。法治社会的真谛在于:公民的权利必须保护,政府的权力必须限制,与此背离的就不是法治社会。

　　在关于法治的基本理论之中,法治的理念与原则至关重要。本章重点介绍法治的核心要素——宪法法律至上、权力制约、权利保障,法治的价值导向——自由平等、公平正义、保障人权,法治的程序保障——正当程序、审判独立,法治的基本原则——普遍性、一致性、公开性、明确性、可预期性、稳定性、不溯及既往、官方行为与法律的一致性。

第一节　法治的核心要素

法治事件回放:［磨坊主诉威廉一世案］

　　1866 年 10 月 13 日,普鲁士国王威廉一世登上仿照巴黎凡尔赛宫式样建造的桑苏西宫眺望美景。然而,行宫旁侧的一座旧磨坊挡住了他眺望美景的视线,这让他大为扫兴。磨坊不属于王室,威廉一世只好派人去协商购买磨坊事宜,但倔强的磨坊主坚决不同意转让磨坊。威廉一世一怒之下派人强拆了磨坊。

　　磨坊主一纸诉状将威廉一世告上了柏林高等法院,要求赔偿一切损失。这成为世界法律史上第一宗"市民诉国王案"。高等法院的法官最终裁定:威廉一世擅用王权,侵犯了磨坊主的私有财产权,触犯了 1849 年《帝国宪法》第 79 条第 6 款之规定,应当立即恢复原状并赔偿磨坊主经济损失 150 马克。

　　在法律至上等法治传统的影响下,磨坊主用法律捍卫了自己的财产权,法官用公正的判决树立了宪法和法律的权威。威廉一世重建的磨坊至今仍矗立于桑苏西宫旁侧,成为德国私有财产不可侵犯公理的象征。本案使德国民众深受洗礼:宪法和法律应当将国王的行宫与穷人的磨坊一视同仁地予以保护。从某种意义上说,本案为 1900 年《德国民法典》的起草和颁行营造了良好的法治氛围。

一、宪法法律至上

　　宪法法律至上是指法律在整个社会规范体系中具有最高的权威,任何社会活动主体都必须服从宪法和法律、遵守宪法和法律的规定,而不能超越宪法和法律;任何权力都必须接受宪法和法律的约束,受到宪法和法律的制约。它包含三层含义:一是在整个社会规范体系中,宪法和法律至上,法律高于道德、纪律、政策、教规等,其他任何社会规范都不能否定宪法和法律的效力或与宪法和法律相冲突;二是所有社会成员包括自然人和法人,都必须遵守宪法和法律,宪法和法律至上,任何人或者组织都不能享有违法的特权;三是相对于任何公共权力,宪法和法律至上,任何权力的拥有和行使都必须具有法律上的根据并服从法律的规则。①

二、权力制约

权力制约是法治的核心要义。权力的根据并不在权力的自身。权力的根据在于民众对权力行使的认可。所谓选举、推举,不过是权力获得的过程而已。由于权力获得的过程不可能让所有的人都参与,甚至绝大多数人都无法直接参与,因此,怎么保证权力的赋予是正当的就成为十分困难的问题,就存在一个对权力赋予过程的监督问题。人民将权力的一部分让渡给公共管理者的过程,从民众的角度是权力的赋予,从管理者的角度是权力的获得。赋予与获得是权力转移过程的两面。如果权力赋予和权力获得的过程没有制约,就不能保障这一过程的正当性,就不能保障权力赋予者和权力获得者在这一过程中的行为并未违反公众的意愿,甚至一定是公众意志的反映。至于权力行使,更不可能由每一个人来完成。它必须由公众依靠一定的程序认可的人代为进行。那么这些由公众认可而行使管理社会权力的人,其行为是否符合公众利益,如何保证他们永远为公众的利益而工作? 这就使对权力获得者的约束成为必要。

在权力的约束机制中,最有效的手段当然是法律制度。这主要由两个因素决定:一是任何权力的行使一般都以法律制度作为根据,并以法律制度作为权力行使的标准与模式;二是在制约权力的规范中,唯有法具有国家强制力作保证的特点。能否用法律制度科学而有效地制约权力,是一个社会管理状况的评价标准之一,也是一个社会制度优越程度的标志。

法治经典赏读:

"一切有权力的人都容易滥用权力,这是万古不易的一条经验。有权力的人们使用权力一直到遇有界限的地方才休止。""要防止滥用权力,就必须以权力制约权力。"②

这是权力制约领域的经典名言,也几乎是该领域引证率最高的名言。这句

---

① 卓泽渊:《社会主义法治国家的基本特征》,载《重庆行政》2003 年第 4 期。
② [法]孟德斯鸠:《论法的精神(上册)》,张雁深译,商务印书馆 1961 年版,第 154 页。

话之所以名闻遐迩,最根本的原因在于它揭示了权力制约的精髓之所在,那就是以权力制约权力。而且,它也昭示着一个现实,那就是对于权力制约不能抱有侥幸心理。掌握权力的人几乎不会在没有充分制约的情况下和环境中自觉约束自己的权力,而一定要在被制约和限制的边界上停下它富有侵略性的脚步。

三、权利保障

法律是权利和义务的载体,也是一定权利义务规则的总和。无论是强调权利还是强调义务,在逻辑上都具有同等的效果。但在实践中,由于权利、义务的不同属性及人们对权利、义务的不同心态,情形迥然有别,保护权利更能调动人们在法律上的主动性和积极性。强调权利还是强调义务,正是法治国家与非法治国家的重要区别。权利保护是法治国家的明显特征。

权利的实现受到两个方面的制约:一是权利受义务的制约;二是权利受权力的制约。权利保护要求以权利的实现带动义务的履行。权利与义务是构成法律的两大要素。在权利与义务之间作何种选择,是任何法律都存在的价值抉择。在权利与义务的关系上,从不同的侧面来认识,其结论自然就有所不同。在价值意义上,我们所应提倡的是权利先导。因为权利和义务在总量上是相等的,所以在理论上似乎强调义务或者权利都是一样的,都能达到二者实现的目的。然而强调义务和强调权利的实际后果是不同的。权利对于大多数人来说,具有比义务更大的号召力。因此,从保障权利出发带动义务的履行,比从义务出发更加有效,也更能使一个社会处于开放的状况、积极向上的状态。

法律法规速递:

《中华人民共和国宪法》第34条:中华人民共和国年满十八周岁的公民,不分民族、种族、性别、职业、家庭出身、宗教信仰、教育程度、财产状况、居住期限,都有选举权和被选举权;但是依照法律被剥夺政治权利的人除外。

第35条:中华人民共和国公民有言论、出版、集会、结社、游行、示威的自由。

第36条:中华人民共和国公民有宗教信仰自由。

任何国家机关、社会团体和个人不得强制公民信仰宗教或者不信仰宗教,不得歧视信仰宗教的公民和不信仰宗教的公民。

国家保护正常的宗教活动。任何人不得利用宗教进行破坏社会秩序、损害公民身体健康、妨碍国家教育制度的活动。

宗教团体和宗教事务不受外国势力的支配。

 法治思维训练：

1. 2017年，反腐大剧《人民的名义》热播，引起人们的广泛关注和讨论。请观看此电视剧或者小说，并查阅权力制约的材料，试从任一角度分析我国当前权力制约之道。

2. 试思考权力制约与权利保障之间的关系。

第二节　法治的价值导向

法治事件回放：[布朗诉教育局案]

布朗诉教育局案是一个由堪萨斯州、南卡罗来纳州、弗吉尼亚州和特拉华州的四个有关的案件合并审理的案子。布朗的家位于堪萨斯州的托皮卡市，当地的学校实行种族隔离政策，他家的孩子不得不到一英里外的黑人学校上学。1950年9月，布朗的女儿林达要上三年级了，他带着女儿到附近的白人学校试图注册，遭到拒绝。布朗遂向美国全国有色人种促进协会求助。该判例虽几经波折，但最终顺应了美国当时民权运动的历史潮流，推翻了最高法院先前确立的"隔离但平等"的原则，最终导致了一场美国人生活中的社会与文化革命。

一、自由平等

法律上的自由就是对自由的设定和保障。权利和自由永远不能超出社会的经济结构，以及由经济结构所制约的社会文化的发展。自由虽然也否定别人的任意干涉，但同时不得损害他人和社会的利益。自由不可放纵，须限自由于法律许可的范围之内。孟德斯鸠写道:在一个法治社会里"自由仅仅是:一个人能够做他应该做的事情,而不被迫去做他不应该做的事情……自由是做法律许可的一切事情的权利;如果一个人能够做法律所禁止的事情,他就不自由了,因为其他人也同样有这个权利"。这就意味着:"自由不是人人喜欢怎样就可怎样",而是"人人应该怎样就可怎样"。在国家生活中,自由是以法律的形式存在的。人总是通过一定的社会并作为社会的人来获得和实现自由的。其中,自由总是通过法律设定的自由。这种设定自由的范围、内容,是由一定的社会制度的政治、经济条件来决定的。因而,从社会的角度看,自由就是个人的自由权与他人、社会的权利(权力),以及个人的独立性与社会的统一性的关系。

法律与平等是一个历久弥新的话题。从理论禁区到理想化的憧憬,无不体现了人们对法律与平等问题的关注。平等观念是历史的产物,在不同的时代有其不同的内容。现代平等的要求更应当是:一切人,或至少是一个国家的一切公民,或一个社会的一切成员,都应当有平等的政治地位和社会地位。[①]法律在确认社会成员平等的权利主体地位的基础上平等地分配权利义务。孟德斯鸠有言:"平等的真实精神含义并不是每个人都当指挥或者都不受指挥,而是我们服从或者指挥同我们平等的人们。这种精神并不打算不要主人,而是仅仅要和我们平等的人去当主人。""公民在法律面前一律平等"是资产阶级在反对封建主义斗争中提出来的。在资产阶级革命取得胜利之后,他们就把这一口号确立为资产阶级法制的一项重要原则,并用宪法这一根本大法的形式把它肯定下来。这一原则最早记载在法国 1789 年的《人权宣言》里。法律平等是实体权利上的平等,更是程序权利上的平等。所有人都受法律的约束,同等情况同等对待,不同情况不同等对待。任何人无论在实体权利和程序权利上,都应平等,不享有法外特权。

法治经典赏读:

我们是法律的仆人,以便我们可以获得自由。[②]

这句名言是对于自由和法律之间关系最为经典也最为通俗生动的表达。这句话意味着:第一,法律是保护自由而非限制自由的;第二,自由是存在边界

---

① 《马克思恩格斯全集》(第 20 卷),人民出版社 1965 年版,第 133 页。
② [美]乔治·霍兰·萨拜因:《政治学说史(上册)》,盛葵阳、崔妙因译,商务印书馆 1990 年版,第 214 页。

的,自由不是毫无限制、肆意泛滥的;第三,遵从法律是公民获得自由的必由之路。故而,萨拜因这句生动的话深入浅出地表达了该领域最为核心的几个道理。

二、公平正义

公平是指按照一定的社会标准、正当的秩序合理地待人处事,是制度、系统、大型活动的重要道德品质。公平包含公民参与经济、政治和社会其他生活的机会公平、过程公平和结果分配公平。正义对政治、法律、道德等领域中的是非、善恶作出的肯定判断,包括社会正义、政治正义和法律正义等。公平正义是法律的精神与理论依据。法律不能违背公平正义的精神,法律的制定和实施都应符合正义的精神。公平正义作为法律的核心思想起着指导法律制定和实施的作用,是衡量法律优劣的重要尺度和标准。

公平正义是每一个现代社会孜孜以求的理想和目标。公平与正义在内涵上有所不同。公平侧重于利益均衡,正义侧重于利益对等;正义有利于鼓励竞争,扬善抑恶,公平则有利于缩小差距,保持平衡;针对个人利益分配应注重正义,而社会宏观调控应注重公平。构筑一个公平正义的社会,需要全社会进行长期努力,要提高全体公民的文化、道德、法制等方面的素质,使人们有渴求公平正义的意识、参与公平正义的能力和依法追求公平正义的行为。[①]

法律知识链接:

正义是伦理学、政治学的基本范畴。在伦理学中,通常指人们按一定道德标准所应当做的事,也指一种道德评价,即公正。"正义"一词,在中国最早见于《荀子》:"不学问,无正义,以富利为隆,是俗人者也。"正义观念萌于原始人的平等观,形成于私有财产出现后的社会。

在汉语里,正义即公正的道理,与公平、公道、正直、正当等相联。在西方语言中,"正义"一词源自拉丁语 justitia,由拉丁语中"jus"演化而来。"jus"是个多义词,有公正、公平、正直、法、权利等多种含义。法文中的"droit"、德文中的"re-

---

[①] 王桂芬:《多元文化时代价值观变迁与社会核心价值观共识》,载《南京政治学院学报》2010 年第 6 期。

cht"、意大利文中的"diritto"等,都兼有正义、法、权利的含义。在英文中,"justice"一词,具有正义、正当、公平、公正等意思。

三、保障人权

人权是人所应当享有的权利。人权的权利范围与保护程度是一个国家进步与文明程度的表现,是不同类型国家的重要差别。国家由奴隶制国家向封建制国家、资本主义国家和社会主义国家过渡的过程,其实也是人权内容不断丰富、发展的过程。国家由非法治国家向法治国家的转换,也是人权内容与保护的一次飞跃。人权保障状况是法治国家与非法治国家的重要区别之所在。

并非任何时候、任何人都能实实在在地享有人权。侵犯人权的事件在有史以来的任何时代都未绝迹。在所有国家中,法治国家是人权最有保障的国家,它本身就是以国家对于公民人权的充分保障作为标志的。法治国家与非法治国家的区别,不是法治国家中没有侵犯人权的事件发生,而仅仅在于:法治国家侵犯人权的事件相对较少;侵犯人权的事件一旦发生,即能获得依法处理——侵权者必将受到法律的应有制裁,受害者必能获得法律的应有保护。也就是说,在法治国家中,人权能够获得相对较好的法律保障。[①]

法律法规速递：

《中华人民共和国宪法》第33条:凡具有中华人民共和国国籍的人都是中华人民共和国公民。

中华人民共和国公民在法律面前一律平等。

国家尊重和保障人权。

任何公民享有宪法和法律规定的权利,同时必须履行宪法和法律规定的义务。

第37条:中华人民共和国公民的人身自由不受侵犯。

任何公民,非经人民检察院批准或者决定或者人民法院决定,并由公安机关执行,不受逮捕。

禁止非法拘禁和以其他方法非法剥夺或者限制公民的人身自由,禁止非法搜查公民的身体。

---

① 卓泽渊:《社会主义法治国家的基本特征》,载《重庆行政》2003年第4期。

第 38 条：中华人民共和国公民的人格尊严不受侵犯。禁止用任何方法对公民进行侮辱、诽谤和诬告陷害。

法治思维训练：

1. 查阅美国司法历史上关于同性恋婚姻合法化的几个代表性案例，比如，巴赫诉列文案、劳伦斯诉得克萨斯州案、合众国诉温莎案、奥贝格费尔诉霍奇斯案，分析和总结同性恋者"为权利而斗争"的历史进程。

2. 试评析下图的漫画。

第三节　法治的程序保障

法治事件回放：[最低限度司法独立标准]

1982 年国际律师协会通过的《关于司法独立最低标准的规则》以及 1983 年世界司法独立会议通过的《世界司法独立宣言》都对"最低限度司法独立标准"作了规定。在吸收上述两个文件大部分内容的基础上，联合国通过了《关于司法独立的基本原则》。根据以上法律文件可知，国际社会对审判独立的认识侧重于两个方面：法官的实质独立和身份独立，即法官在履行职务时，除受到法律及良知的拘束外，不受任何干涉；其职位及任期应有适当的保障，不受行政管理。

一、正当程序

正当法律程序,是指"要求一切权力的行使在剥夺私人的生命、自由或财产时,必须听取当事人的意见,当事人具有要求听证的权利"。在《布莱克法律辞典》中,正当法律程序的中心含义是指:"任何其权益受到判决影响的当事人,都享有被告知和陈述自己意见并获得听审的权利。"正当法律程序原则起源于英国古代《自由大宪章》,是西方古代"法的统治"观念与自然法学说的产儿。程序的正当性包含的价值是程序的中立、理性、排他、可操作、平等参与、自治、及时终结和公开;通过正当程序达到宪法的至信、至尊、至上,从而实现宪法权威。

就正确适用法律及法律指引行为的能力而言,正当法律程序的遵守是必不可少的。它不仅适用于司法领域,而且也适用于行政决策、行政执法行为等领域。它主要包含以下三个方面的要求:首先,它要求程序规则公开以及案件公开审理。公开的程序规则是程序参与者规划行为、预见结果的依据,公开的案件审理则防止审理者的"黑箱操作"。就行政决策而言,除依法需要保密的以外,均应向社会公开,广泛听取社会公众的意见,必要时还应召开座谈会、论证会或听证会,就决策涉及的专门性问题展开讨论、辩论。其次,任何人不得自己做自己的法官。就某一案件或事项而言,如果法院要作出判决或其他公共机构作出决定,判决者或决定者与本案有利害关系,则应实行回避制度。否则,该判决或决定无效。这一制度旨在防范裁判者不能客观地对待双方当事人,以保证该判决或决定的中立性。最后,行政、司法机关在作出对当事人不利的决定或判决时,任何人都应有获得告知、说明理由和提出申辩的机会。也就是说,通过保障当事人平等参与的机会,使裁判者能够获得充分的信息,在遵循不偏听偏信原则的基础上,作出公平的判决或决定。

法律法规速递:

《中华人民共和国行政许可法》第5条:设定和实施行政许可,应当遵循公开、公平、公正的原则。

有关行政许可的规定应当公布;未经公布的,不得作为实施行政许可的依据。行政许可的实施和结果,除涉及国家秘密、商业秘密或者个人隐私的外,应当公开。

符合法定条件、标准的，申请人有依法取得行政许可的平等权利，行政机关不得歧视。

第8条：公民、法人或者其他组织依法取得的行政许可受法律保护，行政机关不得擅自改变已经生效的行政许可。

行政许可所依据的法律、法规、规章修改或者废止，或者准予行政许可所依据的客观情况发生重大变化的，为了公共利益的需要，行政机关可以依法变更或者撤回已经生效的行政许可。由此给公民、法人或者其他组织造成财产损失的，行政机关应当依法给予补偿。

第47条：行政许可直接涉及申请人与他人之间重大利益关系的，行政机关在作出行政许可决定前，应当告知申请人、利害关系人享有要求听证的权利；申请人、利害关系人在被告知听证权利之日起五日内提出听证申请的，行政机关应当在二十日内组织听证。

申请人、利害关系人不承担行政机关组织听证的费用。

二、审判独立

审判独立亦称"独立审判"，是指每个法院独立审判案件。当下级法院没有进行完审判活动前，上级法院不得干预，同时下级法院也不得请示。

审判独立主要包括三个方面：一是外部独立，二是内部独立，三是精神独立。（1）外部独立指司法系统相对于司法系统之外的权力、影响的独立，主要体现在两个方面：一是司法职能的独立。司法职能属于居中裁判、适用法律的职能，而非制定规则、管理职能。二是司法机构的独立。这一点与司法职能的独立相辅相成。（2）内部独立。它是指司法系统内部作出裁判的法官、法官合议体（比如，我国的独任制、合议庭、审判委员会等）之间以及它们所属机构之间的相互独立。内部独立的内容主要包括三项内容：一是不同法院之间的独立，即同级法院之间、上下级法院之间在各自的管辖范围内的相互独立。二是法官合议体之间的独立，即合议庭、审判委员会之间在各自的权限范围内相互独立。三是法官之间的独立，即法官裁判案件时不受其他法官的影响。（3）精神独立。精神独立实质上就是指法官个人人格方面的独立。法官应当具备独立思考的精神，有独立承担责任的勇气，有独立分析和处理问题的能力。这一要求不容易衡量或量化，但这是法官个人魅力的核心，自然也应当成为审判独立的重要部分。

法治思维训练：

1. 请观看电视剧《包青天》中包拯审判的过程,找出违反现代正当程序的方面和环节。

2. 以"李刚案""药家鑫案""聂树斌案"为例,试分析审判过程中媒体与司法之间的关系。

第四节　法治的基本原则

法治事件回放:［铸刑鼎］

春秋时期,上层贵族社会认为刑律越秘密越好,绝不能让国人知道。这样才有利于贵族随意处置老百姓,增加专制的恐怖和神秘,号称"刑不可知,则威不可测"。这当然是一种古老专制时代的遗迹。公元前536年,郑国执政子产命令把郑国的法律条文铸到鼎上,公布于众,令国民周知这是国家常用的法律,这也是子产对他所进行的诸项改革的总结。子产此举,开启了中国古代公布成文法的先例。春秋时期,宗法贵族减弱了气势,新的地主阶层兴起。各利益集团、社会阶层以及经济条件都在发生变化,"铸刑鼎"这一重大改革措施符合社会发展的需求。

一、与法律规则相关的基本原则

第一,普遍性。即一般性。如果要使人类行为根据规则来加以治理,一个不言而喻的前提是要有规则可循,这也就是法律一般性的要求。法律不是针对特定人的,而是对一般人都适用,而这也就意味着它为人们的行为提供了一个基本界限,在这一范围内他们可以自由行动,而不是一举一动都要受人指挥。同时,一般性也就意味着同样的情况应受同样的待遇,因而这也就包括了通常所说的法律面前人人平等的原则。

第二,一致性。以上讲的仅是同一法律中包含的矛盾,更困难的是在不同时期制定的几个法律之间发生的矛盾。一个公认的解决原则是"后法胜于前法"。但有的情况下也可适用前面所说的将相互矛盾的条款加以调整的办法，但这种办法也会带来不少困难。总之，由于立法的草率而造成法律中的矛盾对法治极为有害，而且也没有消除这种危害的简单原则。

第三，公开性。法律需要公布有很多理由。首先，一个法律公布后，即使一百个人中仅有一个人去了解，这也足以说明必须加以公布，因为至少这个人有权了解法律，而这个人是国家无法事先认定的，所以法律必须加以公布。其次，人们遵守法律一般并不是因为他们直接了解了法律，而是仿效了解法律的人的行为方式，少数人的法律知识间接地影响着许多人的行为。再次，法律只有在公布后才能由公众加以批评，包括对不应制定的那些法律的批评，同时也才可能对适用法律的人的违法行为加以制约。最后，大量现代法律的内容是专门性的，它们是否能为公民所了解，这无关紧要，法律应公布绝不是指望每个公民都坐下来阅看全部法律。

第四，明确性。有的人错误地认为只有法官、警察、检察官才会侵犯法治，立法机关却不可能，除非它们违反宪法对其权力的限制。事实上，制定一个模糊不清、支离破碎的立法也危害法治。当然，强调法律的明确性并不是一般地反对在立法中使用法律原则。[①]

二、与法律实践有关的基本原则

第一，可预期性。人们往往认为，任何一个神智健全的立法者，甚至一个邪恶的独裁者，也不会有理由制定一个要求人们实现不可能实现的事情的法律。但现实生活却与这种认识背道而驰。这种法律可以微妙地甚至善意地加以制定。一个好的教员往往会对他的学生提出超过他们能力的学习要求，其动机是扩大他们的知识面。一个立法者很容易将自己的角色误解为那个教员。但是差别在于：当学生没有完全实现那个教员的不切实际的要求时，教员可以向学生为他们已实现的要求真诚地表示祝贺，但一个政府官员却仅能面临这种困境：或者是强迫公民去实现他们不可能实现的事情，从而构成十分不正义的行为；或者是对公民的违法行为视而不见，从而削弱对法律的尊重。

---

① 沈宗灵：《现代西方法理学》，北京大学出版社 1992 年版。

第二,稳定性。法律的稳定性,就是法律保持不变,反对法律朝令夕改。法律的稳定性是法律权威性的要求。法律的权威,不仅取决于国家的强制,还有赖于法律的稳定性。后者对法律权威有巨大的制约性。如果因人废法、徇私枉法,那么,法律就会失信于民,丧失其权威性。法律的稳定性也包括三个不同层次。其一,法律的稳定性首先指法律本质的稳定性,它是法律稳定性中最根本的层次。同一历史类型的法律,反映同一阶级属性,因而具有质的稳定性。从一种历史类型进入另一种历史类型,法律就发生了本质的变化。其二,法律稳定性的第二层次是指法律内容的稳定性。在一定时空范围内,法律的权利和义务保持不变,法律具有内容稳定性。其三,法律形式的稳定性。法律形式与法律内容相对应,是法律的权利和义务的表现方式。它以法律内容为依托,并相对独立于法律内容。法律形式不变,从这个意义上说法律具有稳定性。

第三,不溯及既往。"法不溯及既往"是一项基本的法治原则。通俗地讲,就是不能用今天的规定去约束昨天的行为。法律制度一般是适用于将来的。一个溯及既往的法律,的确像一个怪物。因为法律是指以规则来治理人们的行为,如果说以明天制定的法律来治理今天的行为,那完全是一句空话。《法国民法典》规定:法律仅仅适用于将来,没有溯及力。在我国,"法无溯及力"同样适用于民法、刑法、行政法等方面。

第四,官方行为与法律的一致性。法律除了具有支配普通公民的行为的职能外,还有为官员执法和司法提供指南的职能。所以,官员的行为必须符合已公布的法律。特别是当他们把法律适用于公民时,必须忠实地解释法律规则的真意。这是法律原则中最复杂、最关键的要求。危害官方行动和法律一致性的原则的形式是多种多样的。例如,对法律的错误解释、使人们难以接近法律、不注意维护法律制度的完整,贿赂、偏见、漠不关心、愚蠢以及争权夺利等。[①]

法治经典赏读:

"法治的实质必然是:在对公民发生作用时(如将他投入监牢或宣布他主张有产权的证件无效),政府应忠实地运用曾宣布是应由公民遵守并决定其权利和义务的规则。如果法治不是指这个意思,那就什么意思都没有。"[②]

---

① [美]富勒:《法律的道德性》,郑戈译,商务印书馆 2005 年版,第 242 页。
② [美]富勒:《法律的道德性》,郑戈译,商务印书馆 2005 年版,第 242 页。

这句话之所以在法治理论中占据一席之地，是因为：与私人行为相比，公权力更容易对法治构成威胁。法治的本质固然也约束私权利，但是更在于约束公权力背后的政府行为、官方行为。如果对公权力不能形成实质性制约，那么法治是不可能实现的。

 法治思维训练：

1. 1944 年，一德国军官在部队服役，其妻在家与人通奸。她为摆脱丈夫，竟向当局密告其夫曾发表诋毁希特勒与当局的言论和书信（对 1944 年 7 月 20 日刺杀希特勒未遂事件的遗憾），结果其夫被判死刑（并未立即处决）。第二次世界大战结束后该德国军官被无罪释放，并将其妻告上法庭。1949 年，这位妇女在联邦德国法院被指控犯有非法剥夺他人自由和意图杀人的罪行。而这位妇女则辩护说，她当时的行为是依法进行的，其夫也是当时被依法判刑的，因而，她认为自己无罪。联邦德国法院坚持认为：（1）被告依据的法令违反了基本道德原则，因而无效；（2）被告不是心怀义务或良知和正义感，而纯粹是出于个人的卑鄙目的。因此，应依据 1871 年《德国刑法典》判定有罪。试以法治为视角谈谈你对这个案件以及判决的理解和感受。

2. 新中国第一部宪法是 1954 年宪法，1975 年宪法是第二部宪法，1978 年宪法是第三部宪法，1982 年宪法即现行宪法是第四部宪法。试以法治的基本原则为视角分析宪法变更对法治的影响。

 参考书目

1. 沈宗灵：《现代西方法理学》，北京大学出版社 1992 年版。

2. 张文显：《法学基本范畴研究》，中国政法大学出版社 1993 年版。

3. ［法］孟德斯鸠：《论法的精神（上）》，张雁深译，商务印书馆 1961 年版。

4. ［美］富勒：《法律的道德性》，郑戈译，商务印书馆 2005 年版。

5. 王人博、程燎原：《法治论》，广西师范大学出版社 2014 年版。

6. 张文显：《法理学》，高等教育出版社、北京大学出版社 2012 年版。

7. 卓泽渊：《社会主义法治国家的基本特征》，载《重庆行政》2003 年第 4 期。

8. 王桂芬：《多元文化时代价值观变迁与社会核心价值观共识》，载《南京政治学院学报》2010 年第 6 期。

第四章

当代法治的发展与变革

本章要点：

1. 把握现代法治与近代法治的差异，了解当代法治面临的新问题和新挑战。

2. 把握法治实践的动态性，了解第二次世界大战以来西方发达国家所经历的法治变革。

3. 把握法治道路的多样性，分析并比较转型国家对不同法治道路的探索。

引言

20 世纪以来,特别是第二次世界大战后,福利国家逐渐兴起,全球化进程不断加速,信息时代悄然到来。21 世纪初,恐怖主义活动日益猖獗,反恐和安全成为国家和国际社会的重要议题。在这日新月异的变革时代,当代法治面临着个人自由与社会福利的紧张、个人自由与国家安全的再平衡、国内法治与国际法治的协调等多重挑战。为了回应经济社会的发展,西方发达国家的法治实践经历了新权利形成、行政权扩张、司法权强化等变革。转型国家则试图走出符合自身历史和国情的法治道路。其中,印度受漫长的殖民历史影响,走上了全盘移植型的法治道路;新加坡受西方法治和中国传统法家思想影响,走上了威权主义的法治道路;俄罗斯为了提升国家权威和能力,走上了国家优位型的法治道路。通过历史维度和比较法的思考,有助于打破法治的意识形态,认识到法治实践的动态性和法治道路的多样性,为探寻符合中国实际的法治道路提供启示。

第一节　当代法治面临的挑战

法治事件回放:["奥巴马医改法" 合宪性审查案]

　　奥巴马就任总统前,美国有 4000 多万人不在医保覆盖范围内。奥巴马 2009 年上任后,着手医改方案。在其推动下,2010 年 3 月 21 日,国会通过《患者保护及平价医疗法》(又称为"奥巴马医改计划"),被认为是建立全民医保制度的重要步骤。然而,反对声音也很大。其中最具争议的内容有两项:一是所谓"个人强制"购买保险的规定,即从 2014 年起,所有个人都必须购买医保,否则将面临缴纳"医保税"的"惩罚";二是有关"提高医疗补贴"的规定,即联邦政府为了让更多的低收入家庭能够享受到医疗福利,决定增加补贴费用。反对者对这两项规定提出了挑战,官司一直打到联邦最高法院。2012 年 6 月 28 日,最高法院发布判决意见,9 位大法官以 5:4 的投票结果认定"个人强制"条款合宪,同时以 7:2 的投票结果认定"提高医疗补贴"的条款违宪。多数意见的理由是,按照"个人强制"条款的规定,不购买医保不等于犯罪,因不购买医保所应缴纳的"医保税"也不是惩罚措施,而是联邦权限范围内可征收的一种税,因此合宪。但是,根据"提高医疗补贴"条款,如果各州不接受新的方案,将受到失去所有联邦医疗补贴款的惩罚,尤其是联邦部门可截留原先已实施多年的联邦医疗补贴款,这就构成了对各州的"强制"和"恐吓",因此违宪。①

一、个人自由与社会福利的紧张

　　法治不仅仅指依法而治,而且要求所依的法乃是良法,所行的治乃是正当的过程。然而,就良法的标准而言,除了法律的公开性、一般性、明确性等形式方面的要求取得了广泛共识外,在法律所应追求的实质价值方面,存在不同的主张。有的认为,保护财产、隐私等个人自由和权利方面是法治的核心目标,有

---

　　①　National Federation of Independent Business v. Sebelius, 132 S. Ct. 2566 (2012).

的则认为,保护公共利益、促进社会福利是法治的核心价值。如果说前者反映了近代法治的理想图景,那么后者反映了现代法治予以认可的新精神。西方国家资产阶级革命后,大都在宪法上确立了"三大自由",即经济自由、人身自由和精神自由,其中又以经济自由尤其是财产权为其整个自由概念的核心。近代宪法所确立的平等,也是"机会的平等"或"形式上的平等",而非"条件的平等"或"实质的平等"。① 19世纪末20世纪初,西方国家进入了垄断资本主义时期,社会经济不平等突出,阶级矛盾加剧,着眼于防止政治国家对个人自由的侵害,严格区分市民社会与政治国家的近代法治观念越来越不适应经济社会的发展,支持"福利国家"的现代法治观念应运而生。然而,这一强调社会利益和实质平等的观念在法律中的实现并非一帆风顺,而是充满了曲折和斗争。

在1905年美国最高法院的"洛克纳诉纽约州案"中,涉及违宪争议的是纽约州劳动法关于面包店工人最高工时的一项规定:"在饼干、面包或蛋糕店,任何职员不得被要求或允许每星期工作超过60小时,或每天超过10小时。"洛克纳因允许他的工人每周工作60小时以上而被州政府罚款50美元。洛克纳在州法院败诉后,上诉至联邦最高法院,控告纽约州的规定违反了宪法第14条修正案的"正当程序"条款所保障的"契约自由"。最高法院支持了洛克纳的诉求,理由是该法律侵犯了面包坊主洛克纳和他的雇工之间的契约自由。② 此后30年间,最高法院固守自由资本主义时期的"契约自由"原则,频频否决经济立法,直至遭遇20世纪30年代的经济大萧条,以及与罗斯福总统的"新政"发生正面冲突。

在罗斯福的新政期间,联邦政府不仅加强了对经济资源分配的控制和管理,还发起了社会救济和再就业的项目,尤其是建立了一定的社会保障和劳工权益保障制度。1935年,国会通过《社会保障法》,推动各州建立失业人员的保障计划,建立老年保险基金制度。同年,国会通过《全国劳工关系法》,明确规定雇员有权组成和加入工会,选举自己的代表就工资、福利、工作条件等与雇主进行集体谈判。1938年的《公平劳工标准法》建立了最低工资制和最高工时制,并禁止雇佣16岁以下的童工。此外,国会推进了社会财富分配方面的改革。1935年的联邦《税收法》对年收入超过5万美金的人征收附加税,将年收入超过500万美金的人的税收提高了75%。1937年,国会通过《国民住房法》,为城

---

①　林来梵:《从宪法规范到规范宪法》,法律出版社2001年版,第23页。

②　Lochner v. New York, 198 U. S. 45 (1905).

市建造廉价房屋计划提供低息贷款。① 联邦最高法院面对政治部门的压力,同时随着内部人事的变化,在 1937 年后,终于改变了严格审查的立场,对《全国劳工关系法》《社会保障法》等新政法律予以支持。

尽管当代法治已经接纳了福利国家的理念,但是在经济社会立法实践中,国家自上而下地介入市民社会的具体界限,仍存在广泛的争议。"奥巴马医改法"的宪法争议,可以说是个人自由与社会福利之间紧张关系在 21 世纪西方国家的集中再现。当然,二者的紧张关系,不仅存在于西方国家,非西方国家同样面临着如何平衡二者关系的问题。非西方国家由于没有西方自由主义的深厚传统,通常不难接受福利国家的政策举措。对于社会主义国家而言,社会福利和实质平等更是其所应着力追求的价值。但是,国家通过税收、社会保障等制度调节乃至再分配社会财富的过程中,如何保证经济的效率性和社会的自主性,以及如何防范权力的滥用,侵害公民的"消极自由",考验着法治实践主体的智慧。

法律知识链接:

英国学者伯林在《两种自由概念》一文中将自由分成"消极自由"和"积极自由"。②"消极自由"指主体不受外在压制和束缚的状态,可表述为"免于……的自由(be free from)",其实现以不受外在干预为首要条件。"积极自由"指主体具有依自己独立意志行事的能力,可表述为"有……的自由(be free to do)",其实现以外在干预(或帮助)为首要条件。这两种自由存在一定的紧张关系。

二、个人自由与国家安全的再平衡

21 世纪初,包括美国在内的很多西方发达国家,都遭受了恐怖主义的袭击和威胁。在这一新形势下,保护国家安全的需求骤升。国家基于反恐的理由对个人自由的限制越来越多。2001 年,美国遭受"9·11"恐怖袭击后的第 45 天,在没有实际辩论的情况下,美国国会通过了《爱国者法》,扩大了监视范围,限制了一些传统的宪法权利。比如,在没有令状且没有相当理由的情况下,联邦调

---

① 王希:《原则与妥协:美国宪法的精神与实践》,北京大学出版社 2014 年版,第 401—408 页。
② [英]伯林:《自由论》,胡传胜译,译林出版社 2003 年版,第 186 页。

查局有权秘密接触私人医疗记录、图书查阅记录和学习研究记录。2004 年 4 月,美国公民自由联盟和一家网络服务商起诉联邦调查局,挑战它的这项权力。2004 年 9 月,联邦法官马莱洛裁定这个条款违宪,其指出:民主痛恨不正当的秘密。一项不受限制的、容许秘密侦查的授权,在我们开放社会中,没有立足之地。① 恐怖主义活动致使个人自由与国家安全的冲突加剧,因此,需要在二者之间寻求新的平衡。《爱国者法》是出于保护国家安全的目的制定的,有其正当性,但其中有些条款授予了政府过大的权限。侦查机关须在获得法院的令状后才能从事秘密侦查,是对侦查权的重要限制,若取消该限制,个人自由易受伤害,因此,法官判定违宪。

　　面对立法机关和行政机关加强国家安全的举措,公民尚可诉诸享有司法审查权的法院,因此,法院在个人自由与国家安全的再平衡过程中能发挥一定的作用。不过,面对国家安全需求的提升大势,法院不大可能采取激烈的对抗态度。比如,"9·11"恐怖袭击后,《航空和运输安全法》要求运输安全局必须确保联邦各部门"分享可能对运输或国家安全构成威胁者的身份数据""将这些人的身份通知机场或航空安全官员",并且"设立政策和程序,要求航空公司防止这样的人登机,或者对其采取其他适当措施"。这些要求通过一系列"安全指令"加以落实,其中包括一份名单,被列入名单者,或者被禁止登机,或者登机前须接受额外检查。但是,这些指令并不向公众披露,因为"禁飞名单"和"监视名单"被认为是"敏感安全信息"。美国公民吉尔莫曾诉诸法院,认为所谓"敏感安全信息"实际上是"秘密法",违背了正当程序原则。但是,政府方面主张法律的指令与法律的实施技巧有所不同,即乘客有权知道法律的要求是什么,但无权知道政府执行法律和检测违法的具体措施。对于这一论点,有巡回上诉法院予以采纳,因而拒绝了公开信息的请求。②

　　在美国"反恐战争"中,行政权力的扩张是显著的。国会授权总统使用武力打击其所认定的应负责的任何人或组织。一旦被认定为恐怖分子及其协助者,其人权就可能不再被给予应有的保障。比如:为了获取情报,将抓获的嫌疑人移送至第三国,在那里给予恶劣的待遇或酷刑。出生在叙利亚,但已是加拿大公民的阿拉尔,2002 年 9 月在美国肯尼迪机场被抓。其在被扣留 12 天后,被移送至约旦,再被移送至叙利亚,在那里,他被监禁,受到折磨、侮辱和非人的待

①　[美]彼得·德恩里科、邓子滨编著:《法的门前》,北京大学出版社 2012 年版,第 216—217 页。
②　[美]彼得·德恩里科、邓子滨编著:《法的门前》,北京大学出版社 2012 年版,第 211—214 页。

遇,长达一年。后来却被认定是无辜的。① 2002 年 1 月,美国军方在古巴关塔那摩美军基地设立监狱,关押恐怖分子嫌疑人,大约有 800 人曾被关押在那里,并被媒体曝光存在着虐囚行为,因而被国际社会批评。其实,之所以选择非美国本土的军事基地,就是因为不经审判无限期关押嫌疑犯在美国本土明显是违法的。

关塔那摩监狱外景

美国政府认为:关押在非美国本土的嫌疑犯,不拥有关押在美国领土上时所能享有的宪法权利。但是,在 2008 年的"布迈丁诉布什案"中,联邦最高法院判定,被关押者具有申请人身保护令的宪法权利,以废除该项权利为目的的立法是违宪的。肯尼迪大法官在判决意见中指出:制宪先贤汉密尔顿说过,"随意监禁的做法,从古至今都是暴君的至爱和最可怕的工具""法律和宪法原本有意在非常时期也是存续的并且保持效力。自由和安全可以协调一致;在我们的制度里,它们是在法律内得到协调一致"。②肯尼迪大法官宣告了自由与安全相协调的法律理想,但要在现实中达至平衡,并不是件容易的事。

三、国内法治与国际法治的协调

第二次世界大战以来,随着全球化进程的加快,并基于国际社会无法治的惨痛教训,国际领域的法治得到了很大发展。首先,建立在多边关系基础上的区域

---

① ［英］汤姆·宾汉姆:《法治》,毛国权译,中国政法大学出版社 2012 年版,第 193—196 页。
② Boumediene v. Bush, 553 U. S. 723 (2008).

性一体化组织获得了长足的发展。欧盟就是其典范。欧洲委员会、欧洲议会和欧洲法院对成员国保持独立性,其在欧盟法的发展中起到了很大的推动作用。其次,世界性组织在战后纷纷建立起来,在国际治理中发挥越来越重要的作用,如联合国体系、世界贸易组织、国际货币基金组织和世界银行。世界性组织的发展,是为了应对单个主权国家、双边协议乃至区域性组织都难以解决的全球问题,如核武器控制、反恐、环境、经济危机、劳工问题、难民、人道主义灾难等。2004 年 8 月23 日,联合国秘书长给安理会的报告中明确指出:法治是本组织的核心宗旨。

国际法与国内法是相互补充的,它们都建立在类似的原则上,追求类似的目的。在国际领域内遵守法治,如同在国内领域,同样是重要的。国际法治要求国家遵守国际法上的义务,如同遵守国内法一样。但现实是,一些强势国家,当事关重大且认为对于维护国家利益或者维持当权者的统治必不可少时,即便是对于自己先前同意遵循的国际法,仍会置之不理。一个经常被引用的例子是"尼加拉瓜诉美国案"。① 1984 年 4 月 9 日,尼加拉瓜向国际法院提起诉讼,对美国政府指使美国军人和拉丁美洲国家的国民在尼加拉瓜港口布雷、破坏尼加拉瓜的石油设施和海军基地、侵犯尼加拉瓜的主权以及在尼加拉瓜组织和资助反政府集团等军事和准军事行动提出指控。美国最初反对国际法院拥有对本案的管辖权。但法院审理后驳回了美国的抗辩主张,确立了法院对此案的管辖权。美国于1985 年 1 月 18 日宣布退出此案的诉讼程序。法院决定,根据《国际法院规约》第 53 条继续对此案进行缺席审判。1986 年 6 月 27 日,法院就此案的实质性问题作出判决,要求美国停止侵害尼加拉瓜主权,并向尼加拉瓜支付损害赔偿金。尼加拉瓜虽然胜诉,但裁决没有得到执行。美国作为常任理事国行使否决权,拒绝执行。

法律知识链接:

国际法院是联合国主要司法机关,根据 1945 年 6 月 26 日在旧金山签署的《联合国宪章》设立,以实现联合国的一项核心宗旨:"以和平方法且依正义及国际法之原则,调整或解决足以破坏和平之国际争端或情势"。国际法院依照《国际法院规约》(以下简称《规约》)等规范性文件运作。《规约》第 53 条中规定:"一、当事国一造不到法院或不辩护其主张时,他造得请求法院对自己主张为有

---

① Nicaragua v. United States, 1986 I. C. J. 14 (27 June).

利之裁判……"国际法院具有双重作用:依照国际法解决各国向其提交的法律争端,并就正式认可的联合国机关和专门机构提交的法律问题提供咨询意见。

根据1945年通过的《联合国宪章》的规定,除了自卫,只有得到安理会授权,才能使用武力。代表所有成员国的安理会的集体决策,取代了单方诉诸战争。但是,美国经常绕过安理会采取单独的军事行动,如2003年美国领导的入侵伊拉克的军事行动,其合法性备受争议。

法律法规速递:

《联合国宪章》第2条第(4)项:各会员国在其国际关系上不得使用威胁或武力,或以与联合国宗旨不符之任何其他方法,侵害任何会员国或国家之领土完整或政治独立。

第51条:联合国任何会员国受武力攻击时,在安全理事会采取必要办法,以维持国际和平及安全以前,本宪章不得认为禁止行使单独或集体自卫之自然权利。会员国因行使此项自卫权而采取之办法,应立向安全理事会报告,此项办法于任何方面不得影响该会按照本宪章随时采取其所认为必要行动之权责,以维持或恢复国际和平及安全。

第94条:一、联合国每一会员国为任何案件之当事国者,承诺遵行国际法院之判决。

二、遇有一造不履行依法院判决应负之义务时,他造得向安全理事会申诉。安全理事会如认为必要时,得作成建议或决定应采办法,以执行判决。

在国际条约的实施上,美国奉行"自我执行"的概念。联邦最高法院曾指出:《联合国宪章》第94条"对国内法院来说不是指令",它既没有要求美国"应该"或"必须"遵守国际法院判决,也没有提出参议院的批准行为会为国内法院带来此类判决的拘束力。① 在涉及对外事务或对外交往事务的案件中,法院通常采取遵从政治机构的立场,所运用的司法审查标准是非常宽松的。可见,尽管当代法治已经扩展为国内法治与国际法治并存的局面,但如何进一步提高国际法治,使国际法能够反映国际社会的共同利益,同时又能有效约束强

① 贾兵兵:《国际公法:和平时期的解释与适用》,清华大学出版社2015年版,第196页。

大的国家,使国际法治与国内法治协调发展,也是当代法治所面临的重要问题。

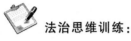 **法治思维训练:**

1. 英国学者哈耶克认为,分配正义内在地与法治不一致,实质平等违反法治。你认同其观点吗? 理由是什么?

2. 个人自由与国家安全这两种价值间有无高低之分? 我们是否可能一劳永逸地解决二者之间的冲突? 如何协调二者之间的冲突?

3. 南海仲裁案的裁判机构是哪一个? 其组成有何瑕疵? 你如何看待这一裁决的效力?

第二节　发达国家法治实践的变革

法治事件回放:[格里斯沃尔德诉康涅狄格州案]

格里斯沃尔德是康涅狄格州计划生育协会的执行主任,其于 1961 年 11 月 10 日被捕,原因是:其为已婚人士提供有关避孕方法的信息、指导和医学建议,为妇女体检并开具避孕器具和药物。逮捕所依据的是当时康州的两条法律规定:"任何人,为避孕而使用药物、医疗器械或工具的,应被处以不少于 50 美元的罚金或 60 天以上 1 年以下的监禁,或同时处以罚金和监禁。""任何人,协助、教唆、劝导、促使、雇佣或命令其他人犯罪的,可以像主犯一样被起诉和惩罚。"1962 年 1 月 2 日,格里斯沃尔德作为共犯被认定有罪,并被处以 100 美元罚金。因此,其以康州法律违宪为由起诉康州政府,官司一直打到联邦最高法院。最高法院支持了其请求,认定康州法律违反隐私权。① 美国宪法中没有明文规定隐私权,但最高法院认定隐私权隐含在宪法中。20 世纪中叶以来,美国最高法院通过此类判决加强了对宪法隐私权的保障,起到了限制政府权力的作用。

---

① Griswold v. Connecticut, 381 U. S. 479 (1965).

一、新权利的形成

法国 1789 年《人权和公民权利宣言》开篇即指出宣言的宗旨是"阐明自然的、不可转让的和神圣的人权",并将人权具体化为五类权利:自由权、平等权、财产权、安全权和反抗压迫权。1791 年美国《权利法案》生效,成为联邦宪法的一部分,前八条规定了宗教自由、言论自由、住宅不受侵犯、人身不受无理搜查、接受陪审团审判、不得强迫犯罪嫌疑人自证其罪、未经正当法律程序不得剥夺任何人的生命、自由和财产等基本权利。这些列举出来的权利往往是历史上曾经受到公权力严重侵害的权利,或是基于历史经验对于个人自由的保障和政府专制的防范来说特别重要的权利。

20 世纪以来,随着福利国家的兴起,具有"积极自由"性质的社会权逐渐被各国所接受。社会权又称经济社会权利,是公民要求国家给付或提供帮助的权利,如就业、医疗保健、住房的权利和生病、失业以及年老时维持收入的权利。罗斯福在 1944 年 1 月 11 日国情咨文演讲中指出:没有经济安全和独立,就没有真正的个人自由;"贫穷的人不是自由的人。"于是他阐明了每个美国公民所应享有的经济社会权利,包括有报酬的工作的权利、得到适当住房的权利、获得充分的医疗条件和享受健康的权利、获得社会救济与保障的权利、获得良好教育的权利等。这些权利被罗斯福称为美国的"第二权利法案"。①

法治经典赏读:

我们期望世界建立在四种基本的人类自由之上:第一种是言论和表达自由;第二种是每个人按照自己的方式信神的自由;第三种是免于匮乏的自由,解释为通用语言,就是在经济上每个国家保障其居民的健康和平生活;第四种是免于恐惧的自由,解释为通用语言,就是在世界范围内减少军备,以使各国都不能实施以武力侵犯邻国的行为。② 这是罗斯福于 1941 年 1 月 6 日国情咨文演讲中提出的"四大自由"。其中前两大自由是传统意义上的自由权,后两大自由

---

① [美]富兰克林·德·罗斯福:《罗斯福选集》,关在汉编译,商务印书馆 1982 年版,第 467 页。

② [美]凯斯·R. 桑斯坦:《罗斯福宪法:第二权利法案的历史与未来》,毕竞悦、高瞰译,中国政法大学出版社 2016 年版,第 76 页。

是新的权利。免于匮乏的自由相当于经济社会权利,罗斯福阐明的"第二权利法案"是对"免于匮乏的自由"的具体化。

二、行政权的扩张

在资产阶级建国之初,行政权的运用领域非常狭窄,主要致力于保护个人财产、维护社会秩序和保护国家安全,这与当时奉行的"小政府"就是好政府的观念相一致。19 世纪末 20 世纪初以来,西方国家进入到垄断资本主义阶段,社会矛盾日益突出,世界大战、经济危机对各国造成前所未有的挑战,福利国家逐渐兴起,科学技术迅猛发展,信息时代悄然而至。这些社会变革促使行政权不断扩张。如今,行政权已经深入人们生活的方方面面,生老病死,衣食住行,处处可见行政的触角,以至于产生了"行政国家"现象。"行政国家"是指:"行政从过去较为单一的执行代议制机关的意志(法律),到开始以积极的、主动的姿态全方位地介入各个社会领域,逐渐形成了一个以行政为中心的国家。"[1]

首先,政府职能不断增长。政府不仅处理传统上的治安问题,还须管理经济事务,甚至直接从事经营活动,提供最低的社会保障和福利,以及处理环境等公共问题。在这些新兴的经济社会行政领域,政府享有的自由裁量权往往很大。其次,政府机构不断扩大。目前美国政府有 14 个部和数百个署和局,其中国防部、住房和城市发展部、交通运输部、教育部、卫生和公众服务部都是第二次世界大战后新设的。再次,委任立法大量出现。传统上的行政机关只负责执行议会制定的法律,而不享有立法权,但 20 世纪以来,议会授权行政机关立法已经成为普遍现象。议会授权立法后,对行政立法的控制往往有很大的难度。最后,享有裁决权的特殊行政机构的出现和增多,使行政机关具有了一定的司法职能,如美国的独立规制机构。

法律知识链接:

美国独立规制机构是伴随着政府职能的扩张而产生和发展的。它既有制定行政规章、制定标准和提出立法建议的权力,又有对其管辖的对象是否违反

---

[1] 章剑生:《现代行政法总论》,法律出版社 2014 年版,第 8 页。

法律有裁决权。例如,成立于 1887 年的州际商业委员会有权对铁路公司的某项收费是否公平作出裁决。20 世纪 30 年代,由于政府对经济的控制加强,独立规制机构迅猛发展。20 世纪 60 年代后,独立规制机构的发展进入一个新阶段,规制的对象从经济领域转向社会领域。[①]

在总统制国家,行政权扩张还体现在传统行政职权的扩张和非正式影响力的增强上。如美国从罗斯福"新政"起,特别是第二次世界大战后,总统对国会的议事日程能够产生重要影响。总统通过向国会提出"国情咨文""预算咨文""经济报告"和各种专门咨文来影响国会立法活动。比如,20 世纪 70 年代末,国会每年根据总统的建议而提出的法案,占国会通过的全部法案的 80%。[②] 自第二次世界大战以来,美国总统在外交事务上也越来越频繁地用行政协定替代国际条约,以回避参议院的否决,从而加强总统在外交领域的权力。在战争权方面,尽管根据美国宪法规定,宣战权属于国会,但第二次世界大战后历届总统认为,当国家安全处于紧急状态时,总统有权独自采取战争行动,并把这一权力看作是总统权所固有的。面对总统权的扩张,国会试图通过立法予以限制,如1973 年国会制定《战争权力法》,但事实表明此类立法限制并不是很奏效。

三、司法权的强化

20 世纪以来,人们认识到,由于立法与行政往往由同一政党掌控,议会无法有效制约不断扩张的行政权,尤其是第二次世界大战后,基于对法西斯专制的反思,西方国家普遍设立司法审查制度,以强化对立法权和行政权的制衡作用。

法律知识链接:

司法能动主义,是指法官对政治部门(立法和行政部门)持较大的怀疑态度,倾向于介入"政治问题",广泛运用自由裁量权,创设规则和判例,不避讳对立法和行政行为作违宪判断的一种司法哲学。

---

① 王名扬:《比较行政法》,北京大学出版社 2006 年版,第 200—202 页。
② [美]西德尼·M. 米尔奇斯、迈克尔·尼尔森:《美国总统制:起源与发展(1776—2007)》,朱全红译,华东师范大学出版社 2008 年版,第 182 页。

在1962年的"贝克诉卡尔案"中,城市选民贝克等人将州务卿卡尔诉至地区法院,要求法院宣布该州1901年的《议席分配法》违宪。原来,随着美国的城市化进程,大量人口向城市转移,田纳西州没有根据人口分布的变化重新分配州议会的议席,导致各议员所代表的选民数量差异过大,农村选民的选票价值远远大于城市选民。但是,地区法院以"政治问题"为由驳回了请求,案件最终到了联邦最高法院。最高法院推翻了地方法院的判决,判定司法机关对议席分配案件拥有管辖权。判决意见指出:不能仅仅因为诉讼寻求的是对一项"政治权利"的保护,就认定它是个"政治问题"而应予回避,这无异于在"玩弄文字游戏"。① 传统上,议席分配问题被视为"政治棘丛",最高法院运用"政治问题"回避原则不予介入。该案的开创性意义就在于,最高法院首次认定此问题适合司法裁决,并认定国会制定的《议席分配法》违宪。这种由最高法院掌握最终的宪法解释权,并被其他机构服从的现象,被称为"司法至上"的传统。②

 法治思维训练:

1. 新权利的形成与司法权的强化之间有什么联系?
2. 什么是"行政国家"? 其兴起的原因是什么?
3. 什么是司法审查的"反多数难题"?

第三节　转型国家的法治道路

法治事件回放:[印度街头小贩状告政府案]

2010年英联邦运动会在印度举办。政府为了向世界展示其整洁有序的国家形象,以无证经营的流动摊贩对运动会造成"重大安全威胁"为由将其驱逐。"印度全国街头小贩联合会"将新德里政府告上了印度最高法院,要求其维护全

---

① Baker v. Carr, 369 U. S. 186 (1962).

② [美]基斯·威廷顿:《司法至上的政治基础:美国历史上的总统、最高法院及宪政领导权》,牛悦译,北京大学出版社2010年版。

国摊贩的合法权利,停止无理的驱逐活动。印度最高法院判决新德里政府的驱逐行为违宪。法院认为:"街头叫卖是人们谋生的一项基本权利,政府需要制定一项成文法来规范街头小贩,而非打压。"同行人的自由行路权一样,街头摊贩的谋生权利同样需要保障,"政府需要在两者间平衡……而只有在法律的框架下,通过合理的规范,才能使这两种相互冲突的权利达成平衡"。法院敦促政府"到 2011 年 6 月 30 日,必须通过一部法律,规范路边摊贩以及他们的基本权利"①。印度最高法院同美国最高法院类似,享有针对立法和行政行为的违宪审查权,其在公益诉讼和宪法修正案的合宪性审查方面,颇具特色。

一、印度:全盘移植型法治

古代印度的法制相当发达,公元前 3 世纪到公元 3 世纪的《摩奴法典》是其代表性法典,对当时南亚次大陆和东南亚广大地区的法律产生了重要影响。古印度法是一种宗教法,宗教教义具有法律效力。古印度法以不平等的种姓制度为基础,其思想依据是因果报应和轮回教义。根据这种教义,每个人在尘世所做的善或恶的总和决定来世的果,来世的等级是由前世的功德和所欠的伦理上的"债"所决定的。

中世纪后期,随着伊斯兰教的扩张,印度社会呈现出印度教与伊斯兰教共治的局面。17 世纪后,印度逐步沦为英国殖民地。在英国统治下,印度开始走上工业化与市场化的道路,自由、平等的法治思想逐渐在印度社会传播。尽管印度也曾发生一些暴动和兵变,但近代印度主要是通过和平、渐进方式走向独立和法治的。1950 年印度独立,《印度宪法》宣告印度共和国是一个非宗教性的民主共和国,实行联邦制,中央和地方立法机关都有权在宪法许可的范围内制定法律。《印度宪法》确认了公民所享有的言论自由、结社自由、集会自由、宗教自由、迁徙自由等一系列基本权利。尽管印度的经济发展相对落后,社会和政治领域存在贫穷、歧视、腐败等诸多问题,但是印度普遍被认为是一个法治国家。议会民主、限权政府、法律至上等原则已经确立,平等、自由和人权在宪法上得到了确认,独立的司法制度以及针对立法和行政行为的违宪审查制度已经建立起来。印度的法治主要是通过对西方法律的学习、吸收和移植实现的,因

---

① 《印度最高法院:政府驱逐街头小贩违宪》,载《新京报》2010 年 10 月 24 日。

而具有全盘移植型法治的特点,这与其长达几个世纪的英国殖民统治的历史密切相关。早在英国殖民统治时期,就以英国的行政法治原则为基础,建立起了一套现代文官制度。后来在政治上引入西方议会民主政治,建立了权力分立的宪政制度。其法律的表现形式既有制定法,也有判例法,司法制度呈现出英美法的特色。

法律法规速递:

《印度宪法》第 1 条第 1 款:印度为联邦制。

第 14 条:在印度领土内,国家不得拒绝给予任何人法律面前的平等或法律的平等保护。

第 17 条:废除"贱民制",禁止以任何形式实行"贱民制",因"贱民制"而剥夺他人权利的行为属于犯罪行为,应依法惩处。

二、新加坡:威权主义法治

新加坡于 1824 年沦为英国殖民地,受英国统治 100 多年,因此深受西方法治的影响。不过,1965 年新加坡独立后,被称为"新加坡之父"的李光耀并没有照搬西方模式,而是建立了一个行政主导型的政府制度。政府权力实际由政府内阁行使,总统权力限于国家象征方面的礼仪,没有实权。李光耀还反对西方自由主义价值观,提出并积极宣传"亚洲价值观"。在他看来,亚洲社会有不同于西方社会的文化背景,因此,为了振兴经济,使国家摆脱贫穷,必须建立强有力的执政党和政府。同时,其强调执政者的道德操守,主张"尊重"人权而不"放纵"人权,"秩序"先于"民主","公益"重于"私利"。[①] 李光耀的治国方略接近法家"以法治国"的富国强兵思想,注重政府的权威、法律的严明和执法的严格,从而呈现出威权主义色彩。

政府的权威体现在执政党的独大上。新加坡在法律上并不禁止反对党,李光耀所领导的人民行动党,主要是通过掌握各种政治资源,维持其执政地位,避免大众政治参与的过度和政治多元主义的发生。比如,人民行

---

① 陈新民:《反腐镜鉴的新加坡法治主义:一个东方版本的法治国家》,法律出版社 2009 年版,第 39 页。

动党善于选拔优秀人才进入政府,反对党因为吸收不到人才而无法与之竞争。新加坡威权主义的基础不仅在其殖民统治的长久历史,更在于"好人政府"的深厚理念,即认为政府应该由精英组成,且强而有力,反对美式的分权制衡。

法律的严明典型地反映在鞭刑和反腐上。依《新加坡刑事诉讼法》,鞭刑适用于 50 岁以下的男性,以 24 鞭为限,对于青少年犯(7 岁以上,未满 16 岁)则以 10 鞭为限。鞭刑的执行方式不公开,每次执行以 3 鞭为限,没有严重受伤可继续执行,如有受伤,则需待伤势恢复后继续执行。① 新加坡政府很早就明确以"高效廉洁"为追求。早在 20 世纪 60 年代,新加坡就颁布了《反贪污法》,并设立反贪调查局。为保障公务员的清廉,政府还为公务员提供优厚的薪酬及福利。

法律法规速递:

> 《新加坡刑法典》第 53 条:本法典规定的犯罪应判处的刑罚:(1)死刑;(2)徒刑;(3)没收财产;(4)罚金;(5)鞭刑。

在新加坡,执法严格闻名于世。1993 年,18 岁的美国青年人迈克尔·费伊(Michael Fay)伙同他人,暗中破坏公路交通指示牌,并在 20 多辆轿车上喷漆涂鸦。查获后其被法官判处徒刑 4 个月、3500 元新币罚金及鞭刑 6 下。美国媒体普遍认为,鞭刑是一种"残酷的"刑罚,因此予以声援。美国多名参议员通过决议要求美国政府阻止新加坡执行鞭刑。时任美国总统克林顿去函恳请新加坡总统王鼎昌赦免费伊。新加坡政府基于法律尊严,依旧执行,但为了响应美国总统的请求,以及考虑两国关系,内阁通过决议,建议总统特赦两下鞭刑。内阁同时表示,这种减刑特赦仅此一次,下不为例。1994 年 5 月 5 日,费伊接受了四下鞭刑。1995 年,有人检举李光耀父子非法购得两栋廉价房屋,引发朝野议论,当时的总理吴作栋下令调查资政李光耀以及时任副总统的李显龙。对此,李氏父子表示支持,并希望将调查结果公之于世。后调查结果显示,李氏父子购房时并无"特殊优惠"。②

---

① 潘光政:《新加坡法治社会的透视与思考》,中国政法大学出版社 2014 年版,第 5 页。
② 陈新民:《反腐镜鉴的新加坡法治主义:一个东方版本的法治国家》,法律出版社 2009 年版,第 26 页。

三、俄罗斯：国家优位型法治

1990 年 6 月 12 日，俄罗斯宣布独立。1991 年 12 月 25 日，苏联总统戈尔巴乔夫宣布辞职，俄罗斯继承了苏联在国际法上的地位，随后苏联解体。俄罗斯在国家建构和转型过程中，一开始试图走西方的自由主义法治模式，建立了类似西方的宪政体制。1993 年通过的《俄罗斯联邦宪法》，确立了政治多元化和意识形态多样性原则、权力分立原则、人权原则，建立了多党制、总统制，在联邦和地方都实行两院制议会，并设置宪法法院。俄罗斯的这次宪政改革彻底告别了苏联的政治体制模式。但是，由于 20 世纪 90 年代初经济改革的失败以及国家权威的丧失，俄罗斯的政治经济状况逐渐恶化，中央对地方的控制能力日益削弱，社会失序严重。

普京在 2000 年当选俄罗斯总统后，开始探索一条强调国家能力和权威的法治道路。普京认为，为了应对经济、政治、精神等方面的困境，必须依靠一套严格和公认的法律体系，所有公民和国家机关都应当守法。同时，普京提出了"俄罗斯新思想"，试图以此重塑俄罗斯的民族精神，为俄罗斯法治奠定文化基础。"俄罗斯新思想"以"爱国主义""强国意识""国家权威"和"社会互助精神"四个方面为核心，在推动俄罗斯法治转型过程中发挥了积极的作用。[1] 在制度改革和执行层面，具体表现为：严厉打击车臣民族分裂主义，维护俄罗斯的领土完整和国家统一；废除同中央法律相抵触的各种地方法规；将全国划分为七大联邦区，责成总统的全权代表监督各联邦主体；"整肃"寡头势力，剪除反对派，加强对传媒、石油天然气和本国经济命脉的控制；颁布《政党法》，利用"多数党"确立总统对议会的控制等。[2] 普京通过改革扩大了总统权力，实现了政治上的集权，加强了中央对地区的控制。

2004 年，普京连任总统，他再次强调，俄罗斯目前最重要的任务是捍卫国家统一、加强国家机构建设、恢复公民对政府的信任和重塑维护国内安全的有效机制。2008 年，基于总统连任不得超过两届的宪法限制，在普京的支持和推荐下，梅德韦杰夫成功当选俄罗斯总统，普京则担任俄罗斯总理。2012 年，普京第

---

[1] 杨昌宇：《从"宗法—专制"到"威权—法制"：当代俄罗斯法治文化模式的实践转向》，载《学术交流》2015 年第 12 期。

[2] 张树华：《普京道路与俄罗斯政治的未来》，载《俄罗斯研究》2012 年第 6 期。

三次执政,梅德韦杰夫转任总理。"梅普组合"的形成以及普京的重新执政,既显示了普京的个人权威,也反映了俄罗斯民众对"大国"地位的渴求和对强人治国的信赖。

法律法规速递:

《俄罗斯联邦宪法》第 80 条第 1 款:俄罗斯联邦总统是国家元首。

第 80 条第 2 款:俄罗斯联邦总统是俄罗斯联邦宪法的保障,是人和公民权利与自由的保障。俄罗斯联邦总统按照俄罗斯联邦宪法规定的程序采取措施,捍卫俄罗斯联邦的主权、独立和国家完整,确保国家权力机关之间协调一致地工作和相互配合。

第 81 条第 3 款:同一个人担任俄罗斯联邦总统职务,连续任职不得超过两届。

俄罗斯转向国家优位型的法治,有着深厚的社会文化基础。长期以来,俄罗斯民众拥有强烈的国家观念,认同国家是社会利益的保护者且拥有至高无上的权威。俄罗斯国家观念的形成既有长期实行集权主义的历史基础,又根源于宗教及民族的救世主义。在俄罗斯人看来,俄罗斯需要一个中央集权的国家来实现其宗教理念和民族理想,因此,需要一种强大的"国家思想"。[1] 在 2013 年国情咨文中,普京再次强调国家强大的重要意义:"只有强有力的、有效的和民主的国家才能保护公民的政治和经济自由,能够为人们的幸福生活,为我们祖国的繁荣昌盛创造条件。"这里所谓"民主",不是西方的自由主义民主,而是"可控的民主",其实质是强调国家控制能力。[2]

四、总结

各国的法治道路并非铁板一块,而是多种多样的。因为,任何国家的法治发展都不单纯是理念的产物,而是与该国的经济社会和历史文化条件以及国际政治环境密切相关。印度、新加坡和俄罗斯,只是转型国家探索法治道路的三个案例,并没有穷尽转型国家法治道路的所有可能。我国正在"全面推进依法

---

[1] 刘洪岩:《内省与契合:当代俄罗斯法治秩序的变塑》,载《俄罗斯学刊》2011 年第 3 期。

[2] 苗梅华:《俄罗斯市民社会发展的当代困境及其对法治进程的影响》,载《俄罗斯中亚东欧研究》2010 年第 3 期。

治国",为"法治中国"建设而殚精竭虑,在这个过程中,我们应坚持:法治道路的选择,应立足于本国实际情况,由自己选择,选择自己最适合的。同时,我们还应认识到:法治的形成是一个漫长的过程,不可能"毕其功于一役"。

法治思维训练:

1. 印度司法制度有什么特色?

2. 你认为新加坡的鞭刑制度违背法治吗?

3.《俄罗斯联邦宪法》为什么规定总统连续任职不得超过两届?

参考书目

1. 王希:《原则与妥协:美国宪法的精神与实践》,北京大学出版社 2014 年版。

2. 陈新民:《反腐镜鉴的新加坡法治主义:一个东方版本的法治国家》,法律出版社 2009 年版。

3. [美]彼德·德恩里科、邓子滨编著:《法的门前》,北京大学出版社 2012 年版。

4. [英]汤姆·宾汉姆:《法治》,毛国权译,中国政法大学出版社 2012 年版。

5. [美]布雷恩·Z. 塔玛纳哈:《论法治》,李桂林译,武汉大学出版社 2010 年版。

6. [美]凯斯·R. 桑斯坦:《罗斯福宪法:第二权利法案的历史与未来》,毕竞悦、高瞰译,中国政法大学出版社 2016 年版。

第五章

中国特色社会主义法治道路

本章要点：

1. 了解法治的政治、经济、文化、社会和国情基础，理解法治的核心理念和原则。

2. 根据《中共中央关于全面推进依法治国若干重大问题的决定》，系统阐释坚持走中国特色社会主义法治道路的必要性，深入分析"中国特色社会主义法治"与法治一般原理的辩证关系，深刻解析全面推进依法治国的重大意义、指导思想、总目标、原则，明确全面推进依法治国的战略目标、道路选择和社会主义法治体系建设的内容与机制。

3. 理解中国特色社会主义法治，坚持中国共产党的领导、坚持人民主体地位、坚持法律面前人人平等、坚持依法治国和以德治国相结合、坚持从中国实际出发五项原则的必要性和优越性。

引言

1978 年党的十一届三中全会召开后,党和国家高度重视社会主义法治建设,逐步确立起了法律的地位和权威,在"有法可依、有法必依、执法必严、违法必究"的方针指导下,我国现行基本法律相继出台。1997 年党的十五大报告正式把"依法治国"确立为党领导人民治理国家的基本方略。1999 年"依法治国,建设社会主义法治国家"又被写入宪法,上升为国家意志。多年以来,我国积极将法治的一般原理与中国的具体国情相结合,走出了一条具有中国特色的社会主义法治道路。这条法治道路不仅坚持法治的一般原理——公平、平等、法律至上、依法行政,而且相比较其他国家而言,它更关注社会大众对法治的建设意义,更强调司法的灵活性,更彰显法治的人民性,更注重权力之间的互相配合,从而提高权力运行的效率。

2014 年 10 月,党的十八届四中全会鲜明地提出,要"坚定不移走中国特色社会主义法治道路"。面向未来,我们要从中国的实际情况出发,继续积极稳妥地推进法治改革与法治发展,努力建构一个既与人类法治文明的普遍准则相通,又具有鲜明中国特色的法治模式,确立中国法治发展在全球法治发展进程中的自主地位。

第一节　依法治国是中国的必然选择

法治事件回放：[杭州市民上书全国人大常委会]

2015 年 10 月，杭州市民潘洪斌骑着一辆电动自行车途经环城北路莫干山路口时，被拱墅区交警大队民警依据《杭州市道路交通安全管理条例》第 48 条第 1 款，以"实施驾驶营运人力三轮车，和公安机关交通管理部门规定的其他非机动车在禁止通行的道路上行驶"为由，将电动自行车扣留。潘洪斌不服，理由之一是：《中华人民共和国道路交通安全法》（以下简称《道路交通安全法》）第 89 条明确规定，行人、乘车人、非机动车辆驾驶人违反道路交通安全法律、法规关于道路通行规定的，处警告或者 5 元以上 50 元以下罚款，而《杭州市道路交通安全管理条例》作为地方法规，却赋予了交警部门可以作出扣留非机动车的行政强制措施的权力，这显然与《中华人民共和国行政强制法》第 11 条第 1 款的规定"法律对行政强制措施的对象、条件、种类作了规定的，行政法规、地方性法规不得作出扩大规定"存在冲突。潘洪斌最后上书全国人大常委会，全国人大常委会明确支持潘洪斌。杭州市人大常委会委托专家学者，对本届人大任期内制定的全部地方性法规的合法性问题，进行全面审查。

一、中国法治的社会背景与路径

中国法治系统地展开始于改革开放以后，中国法治的社会背景可以从两个方面来理解：其一，改革开放之前，我国并未建立起完备的法律制度，人们对法治的重视程度相对不够，法治的不健全导致人们的利益无法得到完善和保障。为了尽快与国际接轨，保障人民大众的切身利益，以邓小平同志为代表的中国共产党领导人对我国的法治建设倾注了大量心血，并从出台各类部门法开始，逐步完善我国的社会主义法治建设事业；其二，改革开放之初，为了尽快恢复经济，发展生产力，我国逐渐形成了社会主义市场经济体制，而市场经济又天然地呼唤着规则之治，呼唤着法治经济。经济基础决定上层建筑，我国市场经济的飞速发展促使国家必须加快法治的进程,为社会主义市场经济保驾护航。

在具体的法治路径问题上,改革开放以后,我国长期走的是一条"政府推进型"法治道路,即政府在法治的发展过程中起到了最为主要的作用——政府制定法治的发展目标,并负责推动法治在各个方面的全面发展。"政府推进型"法治道路有着深刻的内在合理性:

第一,中国政府本身乃是法治成长的巨大政治资源。它不仅强大而稳定,更可贵的是它在执政的过程中觉悟了自身对于整个国家的现代化责任,包括觉悟了法治之于国家现代化的重大意义,甚至认识到法治本身就是一个国家现代化的重要组成部分。

第二,法治任务的确立对中国而言是伴随着社会的经济快速发展而衍生的政治需求,经济的快速发展决定了法治的快速跟进。市场经济的生产方式通过经济体制改革逐步确立之后,市场经济运行所必需的法治要求自然形成;经济体制转型要求政府在一个较短的时间内尽快建立起一种新的行为规范体系予以应对,而不应坐等制度规则随着社会经济条件的成熟自然生长。

第三,20世纪70年代以来,政府推进型法治道路已经是一些后发展国家走过的法治现代化的成功道路,例如,韩国、新加坡、巴西、智利等,这为我国提供了很好的范例。

第四,作为一个幅员辽阔的国家,中国社会的经济、文化发展极不平衡,法治基础在不同的地区、城市和乡村之间存在很大差异,而国家法治的统一性要求我们不能无视这些差异的存在,这就需要一个能够充分行使公共管理功能的强大的国家的存在。

第五,政府推进型法治道路可以避免西方法治经历过的政府更迭、人民贫困、资源浪费、社会动荡的老路,避免付出一个百年沧桑的时间代价,避免把几代人的幸福与权利作为法治实现的祭品。①

而在当下,中国的法治发展路径除了依靠政府以外,社会的力量也逐步参与了进来。2012年12月,习近平总书记在纪念现行宪法公布施行30周年大会上首次明确提出法治国家、法治政府、法治社会一体建设的命题。2013年2月,习近平总书记在中共中央政治局集体学习时再次强调要坚持依法治国、依法执政、依法行政共同推进,坚持法治国家、法治政府、法治社会一体建设。随后,党

---

① 庞正:《法治的社会之维:社会组织的法治功能研究》,法律出版社2015年版,第39—41页。

的十八届三中全会提出"建设法治中国,必须坚持法治国家、法治政府、法治社会一体建设"。党的十八届四中全会更是于《中共中央关于全面推进依法治国若干重大问题的决定》中提出要"坚持法治国家、法治政府、法治社会一体建设"。可以说,当下我国的法治发展路径乃是一条政府与社会(社会中的人民群众)共同努力、协同促进的道路。

二、中国特色社会主义法治道路

法律知识链接:

在法治的相关学术理论中存在着两种法治理论:形式的法治与实质的法治。形式的法治并没有赋予法治太多的道德内涵,它更关心法律是否明确、公开、稳定、普遍、可行、前后一致、溯及既往;实质的法治更加注重法律的道德性质,实质的法治理论促使法治成为了一个拥有民主、自由、平等、人权、理性、文明、秩序、效益的完美综合观念。在二者的关系上,形式的法治是实质的法治的基础,没有形式的法治作为前提,人权、尊严、民主是不可能实现的。

中国特色社会主义法治道路是在中国共产党领导下所形成的一条具备中国特色的法治发展模式,这条法治道路既具备法治的一般特征,又富有极其鲜明的中国特色。

第一,中国特色社会主义法治道路符合法治理论的最普遍的要求。在"中国特色社会主义法治"这一词汇中,"中国特色社会主义"是用来修饰"法治"的,因此,我们所追求的法治必须要符合法治最为普遍的要求。亚里士多德给"法治"下过一个经典的定义:成立的法律获得普遍的服从,而大家所服从的法律又应该本身是制定的良好的法律。简言之,法治就是:普遍守法与良法之治。围绕着何为"良法",产生了形式主义法治和实质主义法治两种法治观,而不管是形式主义法治,抑或是实质主义法治,它们都是中国特色社会主义法治所应当包含的内容。实践中,我国也确实是这样做的。可以看到,全国人大制定的法律,国务院制定的行政法规,地方各级人大、政府制定的地方性法规、规章,基本都在形式上遵循了公开、稳定、易于执行的原则;同时,这些法律、法规也体现了对公平、正义、自由的追求,这从"依法治国入宪""人权入宪"、人权被写入刑事诉讼法等事例中便可得到明证。

　　第二,中国特色社会主义法治道路在满足法治的一般理论的基础上,还具有中国独特的特点。首先,中国的法治乃是在中国共产党的领导下进行的,这与西方以自发演进为特色的法治有着鲜明的区别。其次,中国的法治事业以大规模立法为开端,具有很强的目标性和计划性色彩。再次,中国的法治不仅注重权力的适度分立,还注重权力之间的互相配合,注重提高权力运行的效率,这避免了西方因过度侧重权力制约而带来的权力运行低效的局面。复次,中国的法治始终与德治相配合,在法治无法解决的领域中,我们通过道德来实现对社会关系的调整。最后,当下中国的法治事业是在政府与社会的共同努力下予以建构的,社会力量广泛参与到了法治的建设进程中,这与西方只侧重于社会力量形成了对比。

　　当然,这里需要着重指出的是,当我们在谈论中国特色社会主义法治道路的时候,我们不是在"目的意义"上谈论这个问题,而是在"结果意义"上予以谈论。通俗地说,中国特色社会主义法治并不是一个预先的、刻意的目标,而是一个渐进的、自然的结果,我们并非从一开始便预先设定我们的法治一定要和其他国家的法治有所不同,一定要"标新立异",而是说,我们在进行法治建设、向法治最普遍的要求——公平、平等、法律至上、依法行政——奋进的过程中,由于中国特有的国情的作用,最终形成当下有中国特色的社会主义法治道路。

　　实际上,世界上任何两个国家之间的法治道路都不可能是一模一样的,即使是同为西方国家的英国和美国,其法治的具体形式也存在多种差别。因此,客观地说,世界上任何国家的法治道路都会在追求法治的过程中形成各自独有的特色,这是一个无法避免的结果。之所以要强调这一点,是为了说明以下两个问题:

　　第一,中国特色社会主义法治道路绝不是也不应当是对法治的一般原理的背离,中国特色社会主义法治道路容纳了法治的所有要求,它是对人类法治文明的进一步补充,它在人类法治文明进程中贡献出了中国力量与中国气派。或者换句话说,中国特色社会主义法治不是"特"在对法治最普遍的要求的取舍上,而是"特"在对法治这些要求的具体应用上。

　　第二,"特色"是一件水到渠成的结果,因此,我们在法治的进程中不需要刻意突显特色,因为中国的国情一定会让我们的法治呈现出中国面貌,我们只需认真地去追求法治的最为一般或普遍的要求便足够了。

法律法规速递:

《中华人民共和国宪法》第5条:中华人民共和国实行依法治国,建设社会主义法治国家。

国家维护社会主义法制的统一和尊严。

一切法律、行政法规和地方性法规都不得同宪法相抵触。

一切国家机关和武装力量、各政党和各社会团体、各企业事业组织都必须遵守宪法和法律。一切违反宪法和法律的行为,必须予以追究。

任何组织或者个人都不得有超越宪法和法律的特权。

第33条:凡具有中华人民共和国国籍的人都是中华人民共和国公民。

中华人民共和国公民在法律面前一律平等。

国家尊重和保障人权。

任何公民享有宪法和法律规定的权利,同时必须履行宪法和法律规定的义务。

法治思维训练:

1. 上文已介绍了形式法治与实质法治的概念及其二者的关系,你认为在中国当下,哪一种更是我们亟需的? 为什么?

2. 有人认为,法治不如人治,因为法是"死"的,而人是"活"的,遇到特殊问题,人可以作出特殊的变通,而法律却无法这样。你如何看待这样的观点?

第二节 依法治国的基本方针

法治事件回放:[" 人权"被写入刑事诉讼法]

2012 年第十一届全国人大五次会议通过了新修正的《中华人民共和国刑事诉讼法》(以下简称《刑事诉讼法》)。我国在新《刑事诉讼法》总则第 2 条中明确规定了"尊重和保障人权"原则,并在侦查、起诉阶段和法院审判阶段作出了一系列重大修改。可以非常直观地看出对诉讼参与人人权保护的高度重视,反映了我国将人权保障的宪法原则贯穿于刑事诉讼过程中的坚定决心。这对于促进司法公正,进行依法治国,建设社会主义法治国家,具有极为重要的意义。

一、全面推进依法治国的重大意义

2014 年 10 月 23 日,党的十八届四中全会提出了"全面推进依法治国"的重要任务。全面推进依法治国其实就是让中国成为一个现代的法治国家,全面推进依法治国的意义可以从法治的必要性上予以分析。综合来看,法治的必要性可以从三个方面来审视:法治是实现人的自由和解放的需要;法治是现代市场经济稳定发展的需要;法治是实现社会良好秩序的需要。

首先,全面推进依法治国,可以促进人民大众的自由,实现人民当家作主的目标。当下我国全面推进的法治,首先要求法律本身是良好的,是维护人权的,是以促进人的自由发展为己任的,这是当代法律与古代的严刑峻法的本质区别,也是全面推进依法治国最重要的意义。

其次,全面推进依法治国有利于我国社会主义市场经济的发展。因为市场经济首先就体现为法治经济,一个成熟、稳定的市场是最需要规则的,没有规则的约束,诚实信用就无法生根发芽,市场秩序也就会出现紊乱。因此,全面推进依法治国将会为我国的社会主义市场经济提供稳定的外部环境与内部机制,促进经济的繁荣。

最后,全面推进依法治国也会促成良好的社会秩序的形成,这对于优化人们的生活环境具有重要意义。无规矩,不成方圆。一个社会要想实现稳定,人们就必须服从规则之治,这些规则并不是高高在上的金科玉律,而是深入到生活中的具体的细节规则,例如,遵守红绿灯、购票须排队、喝酒不驾车……这些规则虽然烦琐、细小,但却是社会稳定秩序形成的必要条件,也是人们的利益得以保障的前提。法治,就是要在全社会推行规则之治。可以看到,当下我国的部分民众仍然无视规则,这不仅给法治带来了破坏,也严重侵害了他们自身的利益,例如,媒体曝光的游客在野生动物园私自下车被老虎咬死咬伤的事件,再如,游客不购票翻越动物园围墙却被园内老虎咬死的事件……实际上,法治并不是一件"高大上"的事物,法治就是要让每一个公民,不分年龄、身份、职业,都要服从规则(当然包括国家制定的法律)的治理。只有这样,一个社会才能维持基本的秩序,个人的权益才能得到充分的保障。全面推进依法治国,对于规则之治的建立,对于良好社会秩序的形成,具有重大的促进意义。

法律知识链接:

"法治"(rule of law)与"法制"(rule by law)有着本质区别:"法制"是法律制度的简称。法律制度就是指宪法、刑法、民法、行政法等一套法律规则的总和。任何一个国家在任何一个时期都会有自己的法律制度,因此,但凡一个有一定法律制度的国家,不管其法律本身是好是恶,都可以称得上是"法制"国家。例如,纳粹德国也是一个"法制"国家,尽管其法律本身比较邪恶,但这些邪恶的法律确实得到了遵守。而"法治"的范畴则包括法制但又不限于法制,"法治"的内涵是指,通过正义之法来治理社会,从而使权力和权利达致平衡的社会状态。它不仅要求法律制度的存在,还要求法律本身是良法,要求法律获得至上的地位。总之,"法制"是静态的,"法治"是动态的;"法制"与人治不冲突,"法治"则是对人治的替代。

二、全面推进依法治国的指导思想

全面推进依法治国,必须贯彻落实党的十九大精神,以马克思列宁主义、毛泽东思想、邓小平理论、"三个代表"重要思想、科学发展观、习近平新时代中国特色社会主义思想为指导。

综合来讲,全面推进依法治国的指导思想可以从三个方面来理解:

第一,服从法律。服从法律是建设法治国家的基础,法治国家追求的就是规则之治,即社会全体民众都能够以法律以及各类团体规则作为自己行动的指南,在行使权利的同时,不逾越法治的界限,不侵犯他人的权益。尤其是政府工作人员,更应当严格遵守法律,依法行政,做到"法无规定不可为",确保行政权行使的规范性、可预测性、透明性、公正性。

第二,法律至上。在任何国家,法律都只是国家调整社会生活的众多工具中的一种,因为在法律以外,道德、习惯、风俗也都可以对社会生活发挥调整的作用。然而在法治国家,相较于其他规范,法律必须获得至上的地位。原因在于,国家治理要求规则的确定性、可预期性、可操作性和外在强制性决定了法律规范比其他规范更适于治国理政。法律是所有规范中最直观、最易于预测、最易于具体操作、最不具有争议性的规范。因此,法律必须获得至上的地位,才能最大限度地确保社会拥有稳定的秩序。全面推进依法治国,必须确保法律的至上地位。

第三,保障人权。中国特色社会主义法治必须是以维护人民大众的权利为终极指向的,这就要求立法者在立法的过程中必须始终将人民的利益放在首要位置,注意法律对权利的维护。这就是人权被写入我国宪法以及刑事诉讼法中的原因所在。同时,执法者在执法过程中也要以人为本,注意执法的手段与态度,不能让为了保障人民利益而存在的执法权走到民众的对立面。

最后,司法者也要司法为民,公正、中立地司法,拒绝司法腐败。

法治经典赏读:

"法律至上,排除政府的专断、特权乃是宽泛的自由裁量权的存在。"[1]

这是英国著名宪法学家戴雪的一句名言,也是戴雪提出的法治三原则中的一项原则,它表明了法律的至上地位对于现代法治的重要意义。法治固然包含多种要素,但其中法律的至上则是一个必要条件。中国古代也存在法律,甚至其中的《唐律疏议》在立法技术上都达到了极其完备的地步。但是,古代中国却并非今天意义上的法治国家,因为古代中国的法律始终都无法获得至上的地位。当下我国全面推进依法治国,目的之一就是要让法律获得至上的地位,让任何组织与个人都必须服从法律的规定。只有法律获得至上的地位,只有所有的个人与组织都服从规则之治,法治方得以真正建立。

三、全面推进依法治国的总目标

全面推进依法治国的总目标就是建设社会主义法治国家。当下,实现法治国家这一目的的方法有两个:一是建设法治政府,二是建设法治社会。因为法治国家是一个上位概念,它指的是一个国家整体的、全面的法治状态,而法治政府和法治社会则是法治国家之下的两个属概念。法治政府和法治社会作为法治国家的两翼,是法治在一个国家的公域(权力机关主导的领域)和私域(社会大众主导的领域)的分别体现,公域与私域是一个国

---

[1] 钱弘道:《中国法学何处去》,法律出版社 2003 年版,第 137 页。

家的两大组成部分。可以说,法治政府与法治社会的共同建设,体现了浓郁的中国特色。

　　相比较而言,法治政府内涵比较明确而具体。法治政府这一概念中的"政府"是一个"大政府"的概念,它包含了立法、执法、司法等各个公权力部门。因此,法治政府是指国家公权力机关在法律设定的制度框架内运行,按照法律的规定来立法、执法、司法,充分做到有法可依、有法必依。事实上,自改革开放以后,我国向来注重法治政府的建设,因为政府是法治建设最为坚实的力量,政府是否守法,直接关乎法治的成败。

　　然而,法治社会这一概念与实践却长期被人们所忽视。即便是在今天,法治社会仍然被很多人理解为国家自上而下地依法对社会进行管理、规制,或理解为身处社会中的人们被动地等待国家来管理社会的方方面面。其实这种理解误读了法治社会,这种误解将法治社会与法治政府画上了等号。实际上,法治社会的主体是人民大众,而不是政府。法治的一个特点或要求就是"社会自治"——社会成员对社会事务进行自我管理,所以,法治社会能否建设成功,关键在于人民大众是否亲自投身于法治的建设事业中。具体来说,"法治社会"要求社会成员成为法治的主体,要求社会大众以积极主动的姿态运用法律及各类社会规则来实现对社会生活的自我管理,从而维护私权利、监督公权力。尤其是在当下,随着我国社会力量的逐渐成熟,法治社会这一概念和实践将更加重视经济组织,特别是各类人民团体、社会基层自治组织的作用,这些组织可以吸纳不同的利益诉求,建立组织化、制度化的利益整合与表达机制,从而让人民群众更好地实现自我管理。

　　建设法治国家为何要注重法治社会?我们可以从两个方面来理解:

　　第一,国家立法无法全面容纳社会的多元利益,这就需要民众在社会中通过求同存异的方式达成共识,对多样的利益诉求进行自我实现或满足,从而弥补国家立法存有空白的缺陷。而社会中的各类组织则恰恰为众多不同的利益诉求提供了制度化、组织化的表达与整合机制,并为这些诉求的解决提供了众多渠道,甚至直接让这些诉求进入政府的公共政策议程,弥补了国家立法在整合社会利益方面存在遗漏的缺陷。

　　第二,相较于政府,社会成员与社会的接触是直接的,社会的任何变化对他们而言更为利益攸关,故而他们对社会问题的把握有时要比政府把握得更加精确,他们对社会良好秩序的期冀也要比政府工作人员更胜一筹,由他们来处理社会问题也更具效益。

总之,实现法治国家这一目标,需要法治政府与法治社会共同建设,这不是中国刻意选择的"特色",而是由我们的社会发展阶段所决定的必然结果。其中,法治政府强调政府依法行政、简政放权;法治社会则强调挖掘社会潜力、激发社会活力、健全社会组织、发展社会事业。

法律法规速递:

《中华人民共和国宪法》第131条:人民法院依照法律规定独立行使审判权,不受行政机关、社会团体和个人的干涉。

第136条:人民检察院依照法律规定独立行使检察权,不受行政机关、社会团体和个人的干涉。

《中华人民共和国政府信息公开条例》第6条:行政机关应当及时、准确地公开政府信息。行政机关发现影响或者可能影响社会稳定、扰乱社会管理秩序的虚假或者不完整信息的,应当在其职责范围内发布准确的政府信息予以澄清。

 法治思维训练:

1. 上文已有介绍,"法治"与"法制"是不同的。当下很多人主张从中国古代法家(例如,商鞅、韩非子)那里汲取法治的本土资源。结合古代法家的一系列主张与措施,你认为我国古代的法家思想是否是"法治"思想? 为什么?

2. 在法治国家,行政机关通常是"法无规定不可为",而普通公民却是"法无禁止皆可为"。你认为为何要作出这种区分? 这种区分对法治有何积极意义?

3.《中华人民共和国政府信息公开条例》实施以来,各地各部门政府信息公开范围不断扩大,公开方式不断创新,迈出了新步伐。你认为政务公开对法治会有哪些促进作用?

第三节　依法治国的基本原则

法治事件回放：[依法治国要从中国实际出发]

新华社北京 2017 年 5 月 3 日电：中共中央总书记、国家主席、中央军委主席习近平 3 日上午来到中国政法大学考察。习近平指出，我们有我们的历史文化，有我们的体制机制，有我们的国情，我们的国家治理有其他国家不可比拟的特殊性和复杂性，也有我们自己长期积累的经验和优势。

一、坚持五大原则的必要性

党的十八届四中全会《中共中央关于全面推进依法治国若干重大问题的决定》提出，全面推进依法治国，必须坚持以下五大原则：坚持中国共产党的领导，坚持人民主体地位，坚持法律面前人人平等，坚持依法治国和以德治国相结合，坚持从中国实际出发。

在法治的理论中，法律规则和法律原则都是非常重要的内容——没有法律规则，则具体的法律制度便失去了载体，法治当然无法建立；但如若没有法律原则，那么法律规则将失去灵魂，失去方向。因此，法律规则和法律原则的关系就如同躯体和灵魂的关系。任何规则背后都有原则，同样，任何法律规则的背后也都体现着一定的法律原则，生活中常见的"不得随地扔烟头""不得践踏草坪""垃圾要分类回收"等规则的背后就是"保护环境"这一原则。所以，法律原则的价值取向将直接影响法律规则的价值面貌，决定法律规则在"权利导向"和"权力导向"二者之间将会如何进行取舍。可以看到，法律原则对法治而言具有重要的影响力量，法治是否完备，很大程度上就取决于法律原则是否维护权利，是否以人为本。法律原则在通常情况下反映了社会共同体成员的一般政治要求和道德准则。具体到当下，坚持中国共产党的领导，坚持人民主体地位，坚持法律面前人人平等，坚持依法治国和以德治国相结合，坚持从中国实际出发，这五大原则实际上已经成为了中国特色社会主义道路上的法律原则。只有坚持这五大原则,才能保证我国法律的权利本位的特质,也才能保证中国特色社会主义法治的权利面貌。

法治经典赏读:

法治就是"指在特定社会中由某一权威制定和执行的有系统的规范结构;或者简单地说就是公共秩序的存在。它与任何意识形态是无关的,无论哪一种政治制度的秩序都包括在内"①。

上述观点出自美国学者弗里德曼。这句话的核心在于,法治作为一种现代的、基本的治理社会的方式,它与意识形态是没有关系的。不管是资本主义国家,还是社会主义国家,它们都可以实行法治。申言之,法治本身具备工具属性或工具意义,它是国家规范社会生活的一种工具,任何现代国家都需要良好的社会秩序,都需要稳定的经济环境,都需要人们的权益获得充分的保障,资本主义和社会主义国家都概莫能外。因此,达到上述目标的法治自然也就无关乎意识形态了。

二、五大原则的丰富内涵

坚持中国共产党的领导,坚持人民主体地位,坚持法律面前人人平等,坚持依法治国和以德治国相结合,坚持从中国实际出发这五大原则绝不是一种简单的罗列,它们都分别对应着法治的一些重要特质。

坚持中国共产党的领导,坚持从中国实际出发,这两者其实说的是我们的法治建设要结合中国的本土资源。中国共产党的一大优良作风就是实事求是,从中国的实际出发谋发展。同样,法治的建设也要以国情为本,结合本国的本土资源。19 世纪历史法学派代表萨维尼就论证过:"在人类历史的早期阶段,法律已经有了该民族的固有的特征,就如同他们的语言、风俗和建筑有自己的特征一样。不仅如此,而且这些现象并不是孤立存在的……把他们联结成一体的是民族的共同信念和具有内在必然性的共同意识。"列宁也曾经告诫:"为了解决社会科学上的问题,为了真正获得正确处理这个问题的本领而不被一大堆细节或各种争执意见所迷惑,为了用科学的眼光观察这个问题,最可靠、最必

① 沈宗灵:《现代西方法理学》,北京大学出版社 1992 年版,第 478—479 页。

需、最重要的就是不要忘记基本的历史联系。"例如,中国自古以来就是一个"熟人社会",尽管改革开放以后我国的社会格局发生了巨大变化,城市越来越多地向"陌生人社会"转变,但"熟人社会"的影响依旧无处不在。因此可以看到,我国一直在民事诉讼中大力推广调解制度,调解制度的存在有效地缓和了当事人双方的矛盾,使他们不至于在打了官司后老死不相往来。这就是我国法治紧密结合本土资源进行发展的一大特色,包括美国在内的一些国家也曾到我国广泛学习我们的调解经验。

坚持人民主体地位,坚持法律面前人人平等,这两者强调的是法治的权利本位。用权利来限制权力的法治观来自社会的现代性及其制度设计。根据现代法治主义的各种理论,国家权力的行使必须依照通过某种民主程序订立的宪法,并且要求所有的社会活动在形式和实质这两个方面都符合宪法精神,不仅对于个人的违法行为,而且对于任何违反宪法的政府举措和法规都可以通过司法救济或司法审查的方式来纠正,以保障每一个公民的尊严、自由、权利和社会正义以及法律体系的安定性。在具体的法律制度设计上,维护权利这一目的不仅要求权力之间进行分工,而且要求权力之间的互相配合。

坚持依法治国和以德治国相结合,其实这就是在承认法治也存有不足的事实,同时,这也说明了法律和道德不可分离的事实。从法治的发展史来看,人类最初调解社会生活的规范是道德、风俗、习惯,在人类社会进入国家以后,为了解决社会矛盾,统治者将大家所公认的道德转化为强制性规定,即法律。因此,法律脱胎于道德,这种现状在人类社会早期尤为明显。由于这个原因,法治永远不可能成为一个国家唯一的治国手段,尽管它可以是最具权威、力量的手段,但至上性不等于唯一性,道德在法律无法触及的领域,或者在单纯依靠法律调节会捉襟见肘的领域,发挥着重要的补充作用。法治国家不代表只重视法律而忽视其他社会调解手段,真正的法治国家会在保证法律至上的同时,充分发挥道德、风俗等规范的作用,促进社会治理手段的多元化、人性化与高效化。

法律知识链接:

法治包含若干原则,1959 年在印度新德里召开的国际法学家会议,征询了7500 名法学家及 30 个国家法学研究机构的意见,形成了《德里宣言》,该宣言归纳了若干法治原则:(1)立法机关的职责在于创造和维持个人尊严得到维护

的各种条件,并使"人权宣言"中的原则得到实施;(2)法治原则要规范行政权力的滥用,赋予行政机关以委任立法权要有限度,它不能取消基本人权;(3)要有正当的刑事程序,充分保障被告辩护权、受公开审判权,取消不人道和过度的处罚;(4)律师自由。1961年尼日利亚首都拉各斯的"国际法学家大会"上重申了《德里宣言》,因此上述要求又被称为"拉各斯法则"(Law of Lagos)。

三、五大原则的优越性

具体来说,坚持中国共产党的领导,将会为中国特色社会主义法律体系的不断完善提供源源不断的动力;坚持人民主体地位,则会始终让我国的法律坚守权利本位的价值观,始终以维护权利作为终极目的,而不至沦为权力互相内斗的工具;坚持法律面前人人平等则可以防止特权思想和特权作风对干部队伍的侵蚀,防止冤假错案的发生;依法治国与以德治国相结合的原则可以弥补单纯依靠法律来治理社会的不足,因为法律无法对社会的方方面面作出调整;从中国实际出发这一原则可以让我们在法治的进程中避免盲目地移植或崇拜西方的制度,因为各国的国情使得任何一个国家的制度都不可能完全适合于其他国家。

坚持这五大原则的优越性,就在于保证中国特色社会主义法治可以在满足上述形式法治的基础上,更符合实质意义上的法治的要求,保证我们的法治以维护民众权利为终极目标,而不是沦为权力之间进行斗争的工具。

实际上,西方的法治也存在其固有的问题,西方法治的一大弊端就在于,其往往会因过度重视权力之间的相互制衡而忽视法治维护权利的本质,从而出现本末倒置的局面。例如,2016年10月高永泰在接受韩国JTBC电视台访问时,曝出崔顺实最爱做的事情就是修改总统朴槿惠的讲稿。此后,韩国JTBC电视台顺势挖出总统朴槿惠的闺蜜崔顺实修改讲稿的新闻,随后新闻媒体发现,朴槿惠曾长期受到崔顺实的掌控,甚至一些国家重要决定的通过,其背后都有崔顺实的身影。2016年12月9日下午,韩国国会针对总统朴槿惠的弹劾动议案投票表决。299人投票,同意234票。总统朴槿惠被停止执行职务,由国务总理黄教安替代主政。而代行总统职权的韩国总理黄教安在2017年年初拒绝延长特检组调查期限的做法又引起了韩国在野党阵营的猛烈批评。2月27日,韩国在野四党紧急召开会议,谋求对黄教安总理职务的弹劾。可以看到,这一事件导致了韩国政坛发生了严重的动荡。这就说明,西方的法治存在其固有的缺陷,我们在建设法治的进程中,要坚持符合我国国情的基本原则,坚持道路自信、理论自信、制度自信、文化自信,维护我国法治保障权利的终极目标。

法律法规速递:

《中华人民共和国行政复议法》第4条:行政复议机关履行行政复议职责,应当遵循合法、公正、公开、及时、便民的原则,坚持有错必纠,保障法律、法规的正确实施。

第5条:公民、法人或者其他组织对行政复议决定不服的,可以依照行政诉讼法的规定向人民法院提起行政诉讼,但是法律规定行政复议决定为最终裁决的除外。

《中华人民共和国行政处罚法》第16条:国务院或者经国务院授权的省、自治区、直辖市人民政府可以决定一个行政机关行使有关行政机关的行政处罚权,但限制人身自由的行政处罚权只能由公安机关行使。

 法治思维训练:

1. 你认为以德治国在具体哪些方面会对依法治国产生补充或促进作用?

2. 坚持人民主体地位是全面推动依法治国需要坚持的五大原则之一,这一原则保证了我国的法治事业始终是以维护公民权利为价值导向的。你认为应当如何进行具体的制度设计才能符合这一原则的要求?

 参考书目

1. 沈宗灵:《现代西方法理学》,北京大学出版社1992年版。

2. [法]孟德斯鸠:《论法的精神(上卷)》,许明龙译,商务印书馆2012年版。

3. 钱弘道:《中国法学何处去》,法律出版社2003年版。

4. 公丕祥:《法理学(第二版)》,复旦大学出版社2008年版。

5. 张千帆:《宪在:生活中的宪法踪迹》,中国民主法制出版社2011年版。

6. 刘哲昕、王丹编:《依法治国的理念与实践》,人民出版社2012年版。

7. 本书编写组编:《依法治国七讲(图解版)》,人民出版社 2014 年版。

8. 庞正:《法治的社会之维:社会组织的法治功能研究》,法律出版社 2015 年版。

9.《新华文摘》杂志社编:《依法治国大家谈》,人民出版社 2015 年版。

10. 中国法学会编:《全面推进依法治国的地方实践》,法律出版社 2016 年版。

第六章

中国特色社会主义法治体系

本章要点：

1. 正确把握社会主义法治体系的概念与内涵、社会主义法治体系与"坚持依法治国、依法执政、依法行政共同推进，坚持法治国家、法治政府、法治社会一体建设"战略部署之间的密切关系。

2. 掌握中国特色社会主义法治体系五个子系统，即完备的法律规范体系、高效的法治实施体系、严密的法治监督体系、有力的法治保障体系、完善的党内法规体系的基本内涵。

3. 正确理解"科学立法、严格执法、公正司法、全民守法"这一新"十六字"方针的内涵、运作机制及其与社会主义法治体系的内在关联。

引言

　　为加快建设社会主义法治国家,2014 年党的十八届四中全会通过的《中共中央关于全面推进依法治国若干重大问题的决定》(以下简称《决定》)首次提出要建设"中国特色社会主义法治体系"。《决定》提出:"全面推进依法治国,总目标是建设中国特色社会主义法治体系,建设社会主义法治国家。这就是,在中国共产党领导下,坚持中国特色社会主义制度,贯彻中国特色社会主义法治理论,形成完备的法律规范体系、高效的法治实施体系、严密的法治监督体系、有力的法治保障体系,形成完善的党内法规体系,坚持依法治国、依法执政、依法行政共同推进,坚持法治国家、法治政府、法治社会一体建设,实现科学立法、严格执法、公正司法、全民守法,促进国家治理体系和治理能力现代化。"对此,应正确把握社会主义法治体系的概念与内涵、社会主义法治体系与"坚持依法治国、依法执政、依法行政共同推进,坚持法治国家、法治政府、法治社会一体建设"战略部署之间的密切关系。此外,还应准确理解社会主义法治体系的基本构成以及"科学立法、严格执法、公正司法、全民守法"这一新"十六字"方针的内涵和运作机制。

第一节 社会主义法治体系释义

法治事件回放：[《中华人民共和国民法总则》获得通过]

历经四次审议后，2017 年 3 月 15 日上午，第十二届全国人大第五次会议表决通过了《中华人民共和国民法总则》（以下简称《民法总则》）。当天下午，中国人大网公布了《民法总则》全文，该法共十一个章节，总计二百零六条，2017 年 10 月 1 日起施行。《民法总则》明确胎儿有遗产继承、接受赠与等权利，下调了限制民事行为能力的未成年人的年龄标准，赋予"非法人组织"以民事主体地位，对网络虚拟财产、数据信息等新型民事权利客体作了规定。此外，还将现行二年的一般诉讼时效期间延长为三年。《民法总则》正式公布开启了我国民法法典化的进程。民法是市场经济最重要的基础性法律，也是法治国家保障公民人身权、财产权最重要的制度规范之一。改革开放以来，随着我国市场经济体制建设的进程，民法各部门法也在不断地向着法治的方向发展和完善。民法法典化在使民法规范体系化、系统化的同时，也将进一步确认和完善我国改革开放四十年来在保障公民私权利方面所取得的成果，必将对我国公民私权利的保护、划清公权力与私权利的界限产生深远影响。

一、法治体系的概念与内涵

法治体系是描述一国法治运行与操作规范化有序化程度，表征法治运行与操作各个环节彼此衔接、结构严谨、运转协调状态的概念，也是一个规范法治运行与操作，使之充分体现和有效实现法治核心价值的概念。[①] 中国特色社会主义法治体系，指的是立足中国国情和实际，适应全面深化改革和推进国家治理现代化需要，集中体现中国人民意志和社会主义属性的法治诸要素、结构、功

---

① 张文显：《建设中国特色社会主义法治体系》，载《法学研究》2014 年第 6 期。

能、过程内在协调统一的有机综合体。①中国特色社会主义法治体系由完备的法律规范体系、高效的法治实施体系、严密的法治监督体系、有力的法治保障体系、完善的党内法规体系构成。

法律政策速递：

《中华人民共和国宪法》第 5 条第 1 款：“中华人民共和国实行依法治国，建设社会主义法治国家。”

2014 年党的十八届四中全会通过的《中共中央关于全面推进依法治国若干重大问题的决定》首次提出要建设“中国特色社会主义法治体系”，提出全面推进依法治国，总目标是建设中国特色社会主义法治体系，建设社会主义法治国家。

准确理解中国特色社会主义法治体系要把握如下几点：第一，中国特色社会主义法治体系在构成要素上具有多样性，是由法治诸要素、结构、功能、过程等多元要素构成。第二，中国特色社会主义法治体系的诸多要素并非简单并列的关系，而是科学配置、有机统一的，共同建构了社会主义法治的功能体系。第三，中国特色社会主义法治体系具有面向实践的品质，体现一个动态的过程，不仅包括法律规范体系本身，还包括法律规范的制定、实施、监督和保障等阶段性过程的衔接。第四，中国特色社会主义法治体系体现中国特色社会主义的本质属性，其形成在根本上是为了解决中国的实际问题。

二、法治体系与“一体建设”战略部署

中国特色社会主义法治体系与“坚持依法治国、依法执政、依法行政共同推进，坚持法治国家、法治政府、法治社会一体建设”战略部署之间是密切联系在一起的。中国特色社会主义法治体系建设与依法治国、依法执政、依法行政共同推进。依法治国是党领导人民治国理政的基本方式，其要求国家各项工作的法治化，人民群众根据宪法和法律的要求，通过各种途径和形式，管理国家事务，管理经济和文化事业，管理社会事务。

---

① 江必新：《江必新：怎样建设中国特色社会主义法治体系——认真学习党的十八届四中全会〈决定〉》，载《光明日报》2014 年 11 月 1 日。

全面推进依法治国的总目标就是建设中国特色社会主义法治体系。依法执政就是中国共产党及其代表依照宪法和法律规定,进入国家的各级政权机关执掌和行使国家权力,履行领导和支持人民当家作主,最广泛地动员和组织人民群众依法管理国家和社会事务,管理经济和文化事业,维护和实现人民群众根本利益的职责。①依法执政是依法治国的关键,而中国特色社会主义法治体系建设为在制度和法律上坚持和保证党的执政地位提供了重要保障。依法行政是依法治国的重点,依法行政要求职权法定,严格规制执法程序,做到合法行政、合理行政、高效便民和权责统一。中国特色社会主义法治体系建设为依法行政、建设权威高效的依法行政体系提供了重要的制度保障。

法律知识链接:

行政执法要符合国务院2004年颁布的依法行政原则,合法、合理、程序适当、诚实守信、权责统一,不能采取预谋设圈套方式的钓鱼执法。钓鱼执法,英美叫作执法圈套(entrapment),是指当事人原本没有违法意图,在执法人员的引诱之下,才从事了违法活动。2012年,西安某地警察被曝"钓鱼抓嫖"。随后,设伏抓嫖钓鱼执法的相关警察被检察机关提起公诉。

中国特色社会主义法治体系建设与法治国家、法治政府、法治社会一体建设、相互促进、相辅相成。法治国家、法治政府和法治社会是全面推进依法治国的"一体双翼"。法治政府和法治社会是法治国家的两翼,法治国家是一个总目标,是一个国家方方面面建成法治的最终状态。而法治政府和法治社会则分别代表了一个国家公和私两个领域的法治化。法治国家、法治政府、法治社会一体建设是中国特色社会主义法治体系建设的必然要求。

 法治思维训练:

1. 思考一下,法治体系与法制体系有什么区别和联系?
2. 中国特色社会主义法治体系中的"中国特色"体现在哪些方面?
3. 中国特色社会主义法治体系建设与依法执政具有哪些联系?

---

① 肖扬:《坚持依法执政　提高执政能力》,载《求是》2005年第1期。

第二节 中国特色社会主义法治体系的构成

法治事件回放:[辽宁贿选案]

2016年9月17日,辽宁省第十二届人民代表大会第七次会议筹备组发布公告称,辽宁省第十二届人民代表大会第一次会议选举全国人大代表过程中,有45名当选的全国人大代表拉票贿选,有523名辽宁省人大代表涉及此案。

2017年3月28日至30日,沈阳、鞍山、抚顺15个基层法院分别对辽宁45名涉拉票贿选人员作出一审宣判。审理法院综合考虑各案被告人的犯罪事实、犯罪情节以及悔罪表现等因素,对营口港务集团有限公司原董事长高某某等41名被告人分别以破坏选举罪、贪污罪、受贿罪、行贿罪判处有期徒刑等刑罚。在案件审理过程中,审理法院依照法定程序,对案件事实、证据以及适用法律严格把关,依法保障被告人的诉讼权利。部分省人大代表、政协委员和社会各界群众旁听了庭审。

中国特色社会主义法治体系由完备的法律规范体系、高效的法治实施体系、严密的法治监督体系、有力的法治保障体系、完善的党内法规体系五个子系统构成。

一、完备的法律规范体系

法律规范体系是由宪法、法律、行政法规、地方性法规、自治条例、单行条例和规章等法律规范构成的规范体系。完善的法律规范体系是社会主义法治体系的必要组成部分。全面推进依法治国,首先需要为全社会依法办事提供充分的规范供给。党的十八届四中全会通过的《决定》把形成完备的法律规范体系,作为建设中国特色社会主义法治体系的重要任务,为新的历史条件下进一步加强和改进立法工作,完善法律体系指明了方向。

法律知识链接：

2011年3月10日,第十一届全国人民代表大会第四次会议庄严宣布,一个立足中国国情和实际、适应改革开放和社会主义现代化建设需要、集中体现党和人民意志的,以宪法为统帅,以宪法相关法、民法、商法等多个法律部门的法律为主干,由法律、行政法规、地方性法规与自治条例、单行条例等层次的法律规范构成的中国特色社会主义法律体系已经形成。

建设法律规范体系要求恪守以民为本、立法为民理念,贯彻社会主义核心价值观,使每一项立法都符合宪法精神、反映人民意志、得到人民拥护,实现立法和改革决策相衔接,做到重大改革于法有据、立法主动适应改革和经济社会发展需要。形成完备的法律规范体系要做到如下几点:

第一,要完善立法体制。根据《决定》的要求,应当健全有立法权的人大主导立法工作的体制机制,发挥人大及其常委会在立法工作中的主导作用。加强和改进政府立法制度建设,完善行政法规、规章制定程序,完善公众参与政府立法机制。

第二,要加强重点领域立法,尤其要强化基本权利的制度保障。《决定》指出,要依法保障公民权利,加快完善体现权利公平、机会公平、规则公平的法律制度,保障公民人身权、财产权、基本政治权利等各项权利不受侵犯,保障公民经济、文化、社会等各方面权利得到落实,实现公民权利保障法治化。

第三,要加快完善法律、行政法规、地方性法规体系,完善包括市民公约、乡规民约、行业规章、团体章程在内的社会规范体系。

二、高效的法治实施体系

法治实施体系是一个由宪法实施、依法执政、严格执法、公正司法、全民守法等诸多环节构成的,能够确保法律规范在实践中贯彻实现的系统。"法律的生命力在于实施,法律的权威也在于实施",法治实施体系对于法治有着决定性的作用。

建立高效的法治实施体系首先应当维护宪法尊严、树立宪法权威。宪法规定,全国各族人民、一切国家机关和武装力量、各政党和各社会团体、各企业事业组织,都必须以宪法为根本的活动准则,并且负有维护宪法尊严、保证宪法实施的职责。《决定》指出,要完善以宪法为核心的中国特色社会主义法律体系,加强宪法实施,要求完善全国人大及其常委会宪法监督制度,健全宪法解释程序机制。加强备案审查制度和能力建设,把所有规范性文件纳入备案审查范围,依法撤销和纠正违宪违法的规范性文件,禁止地方制发带有立法性质的文件。其次,高效的法治实施体系要求建设法治政府,推进政府依法行政。对此要完善行政组织法、行政程序法和行政责任法,保证政府公正、公开、公平行使公权力,防止和扼制其滥用权力。再次,应当保障法律规范本身的可操作性,为法律实施提供强有力的体制、设施与物质保障。最后,应当提高法律实施所需要的执法和司法人员的素质与能力,为法律实施创造必要的执法和司法环境。其中,尤其要重视排除"人情""关系""金钱""权力"对法律实施的干扰。

三、严密的法治监督体系

法治监督体系是指由人大监督、纪检监察监督、审计监督、行政机关督查监督、法律监督、司法监督以及舆论监督等各种监督形式构成的有机联系的系统。其中,人大监督是法治监督体系中最重要的监督。人大及其人大常委会经常使用的监督方式是对官员的质询。法治监督体系对于法治的运行至关重要。

法律法规速递:

《中华人民共和国宪法》第 3 条:中华人民共和国的国家机构实行民主集中制的原则。

全国人民代表大会和地方各级人民代表大会都由民主选举产生,对人民负责,受人民监督。

国家行政机关、监察机关、审判机关、检察机关都由人民代表大会产生,对它负责,受它监督。

中央和地方的国家机构职权的划分,遵循在中央的统一领导下,充分发挥地方的主动性、积极性的原则。

第 134 条:中华人民共和国人民检察院是国家的法律监督机关。

　　强化对公权力的监督和制约是法治的基本要义。法治不仅是一种制度设计和运行机制,更是一种秩序状态和生活方式,它虽然没有一个固定不变的统一模式,然而,"把权力关进制度的笼子里"却是它的根本标志。① 建构严密的法治监督体系,首先需要强化对行政权力的监督。根据《决定》的要求,应当强化对行政权力的制约和监督,加强党内监督、人大监督、民主监督、行政监督、司法监督、审计监督、社会监督、舆论监督制度建设,努力形成科学有效的权力运行制约和监督体系,增强监督合力和实效。其次,应当加强对司法活动的监督。根据《决定》的要求,应当完善检察机关行使监督权的法律制度,加强对刑事诉讼、民事诉讼、行政诉讼的法律监督。完善人民监督员制度,重点监督检察机关查办职务犯罪的立案、羁押、扣押冻结财物、起诉等环节的执法活动。最后,应当加强对立法活动的监督。《决定》要求明确立法权力边界,从体制机制和工作程序上有效防止部门利益和地方保护主义法律化。对部门间争议较大的重要立法事项,由决策机关引入第三方评估,充分听取各方意见,协调决定。

四、有力的法治保障体系

　　法治保障体系是指法律制定、实施和监督全过程中所需要的结构完整、机制健全、资源充分、富于成效的保障要素构成的系统。法治保障体系是中国特色社会主义法治的重要保障,是确保法治高效运行的重要支撑。②

　　首先,法治保障体系是全面推进依法治国的重要依托。建构有力的法治保障体系需要高素质的法治工作队伍。《决定》提出:"全面推进依法治国,必须大力提高法治工作队伍思想政治素质、业务工作能力、职业道德水准,着力建设一支忠于党、忠于国家、忠于人民、忠于法律的社会主义法治工作队伍,为加快建设社会主义法治国家提供强有力的组织和人才保障。"其次,有力的法治保障体系需要强化法律纠纷、争议化解机制。《决定》提出,健全社会矛盾纠纷预防化解机制,完善调解、仲裁、行政裁决、行政复议、诉讼等有机衔接、相互协调的多元化纠纷解决机制。加强行业性、专业性人民调解组织建设,完善人民调解、行政调解、司法调解联动工作体系。完善仲裁制度,提高仲裁公信力。健全行政裁决制度,强化行政机关解决同行政管理活动密切相关的民事纠纷功能。再

---

① 马长山:《"法治中国"建设的问题与出路》,载《法制与社会发展》2014 年第 3 期。
② 付子堂:《形成有力的法治保障体系》,载《求是》2015 年第 8 期。

次,有力的法治保障体系需要培养公民的法治意识,增强全民的法治观念。法律的权威源自人民的内心拥护和真诚信仰。《决定》指出,应当推动全社会树立法治意识,坚持把全民普法和守法作为依法治国的长期基础性工作,深入开展法治宣传教育,引导全民自觉守法、遇事找法、解决问题靠法。坚持把领导干部带头学法、模范守法作为树立法治意识的关键。最后,要加强和改进党对法治工作的领导,坚持依法执政,各级领导干部要带头遵守法律,带头依法办事,不得违法行使权力,更不能以言代法、以权压法、徇私枉法。

五、完善的党内法规体系

党内法规体系是法治的基础和前提。党内法规体系是指由党章及相关法规、党的领导和党的工作方面的党内法规、党的思想建设、组织建设、作风建设、反腐倡廉建设方面的党内法规、党的民主集中制建设方面以及党的机关工作方面的党内法规构成的党内规范体系。党内法规既是管党治党的重要依据,也是中国特色社会主义法治体系的重要组成部分。

执政党既要依国法执政,也要依党规管党和执政。完善的党内法规体系首先需要加强党内法规的清理工作。及时废止与宪法、法律相抵触或不一致的党内法规和明显不适应现实需要、已被新规定涵盖或替代的党内法规,以确保党内法规与国家法律和社会现实需要相协调。其次,需要在对现有党内法规进行全面清理的基础上,制定和修订一批重要党内法规,加大党内法规备案审查和解释力度,完善党内法规制定体制机制,形成配套完备的党内法规制度体系,使党内生活更加规范化、程序化,使党内民主制度体系更加完善,使权力运行受到更加有效的制约和监督。①此外,建设党内法规体系要求健全党内法规体制、强化党内法规与法律、政策的关联,为管党治党提供法治保障。

以上五个子体系相互衔接、相互联系、相互作用,共同构成中国特色社会主义法治体系的总体框架。

 法治思维训练:

1. 中国特色社会主义法律体系已经形成,是否意味着完备的法律规范体系

---

① 江必新:《江必新:怎样建设中国特色社会主义法治体系——认真学习党的十八届四中全会〈决定〉》,载《光明日报》2014 年 11 月 1 日。

也已经形成？

2. 中国特色社会主义法治体系中的"法治监督体系"和"法治保障体系"有哪些区别和联系？

3. 如何理解党内法规体系在中国特色社会主义法治体系中的地位和作用？

第三节 法治体系的实践机制

法治事件回放：[聂树斌案]

1994 年 8 月 5 日，河北省石家庄市液压件厂女工康某在该市西郊孔寨村附近一块玉米地里被强奸杀害。一个月后，原鹿泉市综合职业技校校办工厂工人聂树斌被警方以该案嫌犯名义抓捕。1995 年 3 月 15 日，石家庄中院作出一审判决，以故意杀人罪及强奸妇女罪判处聂树斌死刑。聂树斌提出上诉。1995 年 4 月 25 日，河北高院作出二审判决：聂树斌犯故意杀人罪，判处死刑；犯强奸妇女罪，改判 15 年，合并执行死刑。两天后，聂树斌被枪决。2005 年，河南省荥阳市警察抓获河北省公安厅网上通缉逃犯王书金。王书金供述称多次强奸、杀人，并称石家庄西郊玉米地的奸杀案也是他所为。2014 年 12 月 12 日，最高人民法院根据河北省高级人民法院申请和有关法律规定的精神，决定将河北省高级人民法院终审的聂树斌故意杀人、强奸妇女一案，指令山东省高级人民法院进行复查。2016 年 11 月 30 日，最高人民法院第二巡回法庭作出了《聂树斌故意杀人罪一案再审刑事判决书》，判决原审被告人聂树斌无罪。

《决定》指出，建设中国特色社会主义法治体系，要实现"科学立法、严格执法、公正司法、全民守法，促进国家治理体系和治理能力现代化"。与党的十一届三中全会提出的"有法可依，有法必依，执法必严，违法必究""十六字"方针相比较，"科学立法、严格执法、公正司法、全民守法"这一新"十六字"方针有了新的发展，在立法上由"有无立法"问题转向强调立法的科学性问题，更加强调司法公正的价值和全民守法在法治建设中的重要性。"科学立法、严格执法、公正司法、全民守法"是全面落实依法治国基本方略的新方针，是建设中国特色社会主义法治体系的基本标准。

一、法治体系与"十六字"方针

"科学立法、严格执法、公正司法、全民守法"是中国特色社会主义法治体系建设的基本要求。

第一,科学立法是建设法治体系的基本前提。完备的法律规范体系的建构离不开科学立法。对此,全国人大及其常委会要加强重点领域立法,拓展人民有序参与立法途径,通过完备的法律推动宪法实施,保证宪法确立的制度和原则得到落实;国务院和有立法权的地方人大及其常委会应当抓紧制定和修改与法律相配套的行政法规和地方性法规,保证宪法和法律得到有效实施。

第二,建设中国特色社会主义法治体系需要严格执法。法律的生命力在于实施,法律的权威也在于实施。国务院和地方各级人民政府作为国家权力机关的执行机关,作为国家行政机关,负有严格贯彻实施宪法和法律的重要职责,要规范政府行为,切实做到严格规范公正文明执法。各级审判机关、检察机关是法律实施的重要主体,应坚决纠正有法不依、执法不严、违法不究现象,坚决整治以权谋私、以权压法、徇私枉法问题,严禁侵犯群众合法权益。

第三,建设中国特色社会主义法治体系需要公正司法。司法机关是维护社会公平正义的最后一道防线。司法机关公正司法有助于强化司法监督,建构严密的法治监督体系。

第四,建设中国特色社会主义法治体系离不开全民守法。要加强法治宣传教育,提高全体人民特别是各级领导干部和国家机关工作人员的宪法意识和法治观念,尤其是领导干部要带头依法办事。

法律知识链接:

《决定》强调建设中国特色社会主义法治体系,必须深入推进科学立法、民主立法,使每一项立法都符合宪法精神、反映人民意志、得到人民拥护。所谓"民主立法"是指立法要为了人民,依靠人民,使法律真正反映广大人民的共同意愿、充分保障广大人民的各项权利和根本利益。实现民主立法,必须坚持人民的主体地位,在立法工作中贯彻党的群众路线,通过各种方式使立法更好地汇聚民意、集中民智,体现人民的利益和需求。

二、"十六字"方针的运作机制

科学立法是法治中国的前提,严格执法是法治中国的关键,公正司法是法治中国的防线,全民守法是法治中国的基础。

科学立法要求完善立法规划,突出立法重点。尽管中国特色社会主义法律体系已经形成,但这并不意味着中国的立法任务已全部完成。有许多重要领域,比如,深化体制改革、食品安全和环境保护、实施知识产权战略以及网络监管等领域都还需全国人大及其常委会加强立法,通过完备的法律推动宪法实施,保证宪法确立的制度和原则得到落实。需要加强重点领域立法,国务院和有立法权的地方人大及其常委会应及时制定和修改与法律相配套的行政法规和地方性法规,保证宪法和法律得到有效实施。此外,还应当追求"立法过程"的科学性,提高立法科学化、民主化水平,提高法律的针对性、及时性、系统性、有效性,完善立法工作机制和程序,拓展人民有序参与立法途径,充分听取各方面意见,使法律准确反映经济社会发展要求,更好协调利益关系,发挥立法的引领和推动作用。

法律法规速递:

《中华人民共和国宪法》第5条:中华人民共和国实行依法治国,建设社会主义法治国家。

国家维护社会主义法制的统一和尊严。

一切法律、行政法规和地方性法规都不得同宪法相抵触。

一切国家机关和武装力量、各政党和各社会团体、各企业事业组织都必须遵守宪法和法律。一切违反宪法和法律的行为,必须予以追究。

任何组织或者个人都不得有超越宪法和法律的特权。

严格执法,要求加强宪法和法律实施,维护社会主义法制的统一、尊严和权威,做到有法必依、执法必严、违法必究。当前执法不严现象时有发生,主要原因在于地方利益和地方保护主义、执法者的腐败、执法者的执法手段不足以及执法者人身安全保障不力等。对此,要加强对执法活动的监督,坚决排除对执法活动的非法干预,坚决防止和克服地方保护主义和部门保护主义,坚决惩治腐败现象,做到有权必有责、用权受监督、违法必追究。应当为执法者提供有效的安全保障,提高对执法者及其家属的有效保护,对于报复执法者及其家属的违法者要予以严惩。可考虑建立交叉执法制度。对于一些重要领域,如食品、药品、环境等问题严重的领域,可以实施异地交叉执法,由外地执法部门来本地执法,本地执法部门到外地执法,以防止地方保护主义。要树立政府的权威,法治政府必须是严格执法的政府,是有效执法的政府。

公正司法方面,习近平总书记强调要"努力让人民群众在每一个司法案件中都感受到公平正义"。应当进一步深化司法体制改革,确保审判机关、检察机关依法独立公正行使审判权、检察权。司法权的独立行使与运行,是现代法治国家的基本特征和必然要求。只有确保司法机关能够独立行使职权,才能做到排除干扰、公正司法,也才能真正成为维护社会公平正义的最后一道防线。① 要实现司法公正,既不能让司法机关变成立法机关以司法解释代替国家法律,也不能让司法机关成为行政执法机关,应当让司法机关真正地从事司法工作,实现和保障社会的公平正义。同时,要实现司法公正,需要建立社会监督机制。

法治经典赏读:

"一次不公正的审判,其恶果甚至超过十次犯罪。因为犯罪虽是无视法律——好比污染了水流,而不公正的审判则毁坏法律——好比污染了水源。"这是英国哲学家培根关于公正审判重要性的一段论述。习近平总书记引用这段论述指出,政法机关是老百姓平常打交道比较多的部门,是群众看党风政风的一面镜子。如果不努力让人民群众在每一个司法案件中都感受到公平正义,人民群众就不会相信政法机关,从而也不会相信党和政府。

全民守法是法治中国的基础。守法是遵守法律的简称,广义的守法是指公民、社会组织和国家机关以法律为自己的行为准则,依照法律行使权利、履行义务的活动。② 全民守法,要求任何组织或者个人都必须在宪法和法律范围内活动,任何公民、社会组织和国家机关都要以宪法和法律为行为准则,依照宪法和法律行使权利或权力、履行义务或职责。中国的法治建设,与公民的守法意识、守法程度有关。中国人长期以来重礼轻法,法治意识相对薄弱,各种违法犯罪

---

① 马长山:《"全面推进依法治国"需要重建法治价值观》,载《国家检察官学院学报》2015年第1期。

② 马长山主编:《法理学导论》,北京大学出版社2014年版,第291页。

案件、各类不信法、不守法行为在一定范围内和一定程度上仍然存在。要继续推进法治宣传和教育,在全社会深入开展法治宣传教育,引导公民学会在享受自己的权利和自由时,尊重别人的权利和自由,使每一个普通群众都真正学法、尊法、守法、用法,依法维护合法权益,自觉履行法定义务。各级党政机关领导干部要切实尊崇宪法和法律,带头遵守宪法和法律,自觉在宪法和法律范围内活动,维护国家法制的统一、尊严、权威,不断提高运用法治思维和法治方式深化改革、推动发展、化解矛盾、维护稳定能力,自觉接受人民群众的监督。唯有加快推动全民守法、建设法治社会进程,才能为构筑法治中国奠定坚实的社会基础。

 法治思维训练:

1. 如何理解"科学立法"中的"科学"? 如何理解科学立法与民主立法的关系?

2. 你在日常生活中是否发现存在执法不严和滥用执法权的现象? 如果存在,你认为应当如何解决这些问题?

3. 你认为公正司法的实现面临的最大挑战是什么? 应当如何应对?

4. 如果你发现有人违法获得利益而没有受到法律制裁,你是否也会效仿? 你认为全民守法的意识应当如何养成?

 参考书目

1. 马长山主编:《法理学导论》,北京大学出版社 2014 年版,第 291 页。

2. 肖扬:《坚持依法执政 提高执政能力》,载《求是》2005 年第 1 期。

3. 江必新:《江必新:怎样建设中国特色社会主义法治体系——认真学习党的十八届四中全会〈决定〉》,载《光明日报》2014 年 11 月 1 日。

4. 张文显:《建设中国特色社会主义法治体系》,载《法学研究》2014 年第 6 期。

5. 马长山:《"法治中国"建设的问题与出路》,载《法制与社会发展》2014 年第 3 期。

6. 付子堂:《形成有力的法治保障体系》,载《求是》2015 年第 8 期。

7. 马长山:《"全面推进依法治国"需要重建法治价值观》,载《国家检察官学院学报》2015 年第 1 期。

第七章

社会主义法治的核心理念与目标

本章要点:

1. 通过学习,掌握《中共中央关于全面推进依法治国若干重大问题的决定》关于"三统一、四善于"的要求,理解"社会主义法治必须坚持党的领导,党的领导必须依靠社会主义法治"的必要性和科学性。

2. 准确把握依宪执政、法治政府、自由平等、人权保障、司法公正等社会主义法治的核心理念和价值目标。

3. 正确理解宪法权威与民主法治、执政能力、国家治理能力、国家统一和民族团结的内在关系,认识到全面实施宪法,要进一步健全宪法实施监督机制和程序,完善全国人大及其常委会宪法监督制度,健全宪法解释程序机制。

《中共中央关于全面推进依法治国若干重大问题的决定》(以下简称《决定》)提出:"必须坚持党领导立法、保证执法、支持司法、带头守法,把依法治国基本方略同依法执政基本方式统一起来,把党总览全局、协调各方同人大、政府、政协、审判机关、检察机关依法依章程履行职能、开展工作统一起来,把党领导人民制定和实施宪法法律同党坚持在宪法法律范围内的活动统一起来,善于使党的主张通过法定程序成为国家意志,善于使党组织推荐的人选通过法定程序成为国家政权机关的领导人员,善于通过国家政权机关实施党对国家和社会的领导,善于运用民主集中制原则维护中央权威、维护全党全国团结统一。"《决定》关于"三统一、四善于"的上述表述明确了党在依法治国中的地位和作用,社会主义法治必须坚持党的领导。另一方面,党的领导必须依靠社会主义法治,党必须在宪法和法律范围内活动。那么,党的领导与社会主义法治之间是怎样的关系呢? 社会主义法治内在的核心理念与目标体现在哪些方面呢？在社会主义法治建设过程中应当如何理解宪法权威与民主法治、执政能力、国家治理能力、国家统一和民族团结的内在关系？本章将逐一回答上述问题。

第一节　党的领导与社会主义法治

法治事件回放:［红色通缉令］

　　2015 年 4 月,按照"天网"行动统一部署,我国集中公布了 100 名涉嫌犯罪的外逃国家工作人员、重要腐败案件涉案人员的红色通报(红色通缉令)。这一彰显我国国际追逃信心和决心的举措,不仅深得人心,国内民众拍手称快,也迅速成为国际媒体热议的话题。许多国家认为,这份名单是"中国抓捕外逃贪官迈出的重要一步"。[①] 2016 年 11 月 16 日,在中央反腐败协调小组国际追逃追赃工作办公室的统筹协调下,经中央有关部门和浙江省追逃办密切协作,潜逃海外 13 年之久的"百名红通人员"头号嫌犯杨秀珠回国投案自首。两年以来,名单上已有 40 人陆续成功归案。

一、"三统一、四善于"的时代要求

　　党领导依法治国应当坚持"三统一","坚持党领导立法、保证执法、支持司法、带头守法,把依法治国基本方略同依法执政基本方式统一起来,把党总览全局、协调各方同人大、政府、政协、审判机关、检察机关依法依章程履行职能、开展工作统一起来,把党领导人民制定和实施宪法法律同党坚持在宪法法律范围内活动统一起来"。

　　依法治国与依法执政是相辅相成的,依法执政是依法治国的前提和基础,依法治国是依法执政的核心,应当把依法治国基本方略同依法执政基本方式统一起来。党领导依法治国并非面面俱到,其主要的领导方式体现在全局把握和功能协调方面,即应当把党总览全局、协调各方同人大、政府、政协、审判机关、检察机关依法依章程履行职能、开展工作统一起来。党领导依法治国不仅体现在党领导立法和法律实施层面上,更体现在党自身要遵循宪法和法律,即应当把党

---

　　① 　陈雷:《"红色通缉令"铺开抓捕外逃贪官"天网"》,载《法制日报》2015 年 4 月 28 日。

领导人民制定和实施宪法法律同党坚持在宪法法律范围内的活动统一起来。

党领导依法治国还应当坚持"四善于",即"善于使党的主张通过法定程序成为国家意志,善于使党组织推荐的人选通过法定程序成为国家政权机关的领导人员,善于通过国家政权机关实施党对国家和社会的领导,善于运用民主集中制原则维护中央权威、维护全党全国团结统一"。"四善于"是党领导依法治国的具体路径。根据党必须在宪法和法律的范围内活动的要求,党在领导立法的过程中,应当尊重宪法和法律权威,党的主张需要通过法定程序才能够成为国家意志,党在组织领导的过程中,其推荐的人选也需要通过法定程序才能够成为国家政权机关的领导人员。党要领导各级政府在法治轨道上开展工作,把党的主张充分体现到行政工作里去,善于通过国家政权机关落实党对国家和社会的领导。此外,还要坚持民主集中制原则,坚持民主与集中的辩证统一,通过维护宪法权威的方式维护中央权威,维护全党全国团结与统一。

法律知识链接：

"党必须在宪法和法律的范围内活动"是我国宪法第 5 条关于"一切国家机关和武装力量、各政党和各社会团体、各企业事业组织都必须遵守宪法和法律"这一宪法规定的规范要求,也是《中国共产党章程》的明确要求。

二、党的领导是依法治国的根本保证

党的领导是推进依法治国,建设社会主义法治国家的根本保证。党的十八届四中全会提出,党的领导是中国特色社会主义的本质特征,是社会主义法治最根本的保证,必须坚持党领导立法、保证执法、支持司法、带头守法。

中国特色社会主义法治体系必须坚持立法先行,而党领导立法有助于将人民意志上升为国家意志。中国共产党是中国特色社会主义事业的领导核心,代表中国广大人民的根本利益。通过党领导立法,有助于通过党收集人民群众提出的立法建议,在涉及重大体制和重大政策调整的立法中贯彻人民的意志。比如,宪法修改过程中,先由党中央根据民意要求向全国人大提出宪法修改建议,再依照宪法规定的程序进行宪法修改;在涉及重大问题的法律制定和修改过程中,全国人大常委会党组需要向党中央报告。法律的生命在于实施,法律的权威也在于实施。要想树立法治权威,维护好人民群众的合法权益,就应在党的

领导下加强宪法和法律实施。

法律法规速递：

《中华人民共和国宪法》序言：中国新民主主义革命的胜利和社会主义事业的成就，是中国共产党领导中国各族人民，在马克思列宁主义、毛泽东思想的指引下，坚持真理，修正错误，战胜许多艰难险阻而取得的。我国将长期处于社会主义初级阶段。国家的根本任务是，沿着中国特色社会主义道路，集中力量进行社会主义现代化建设。中国各族人民将继续在中国共产党领导下，在马克思列宁主义、毛泽东思想、邓小平理论、"三个代表"重要思想、科学发展观、习近平新时代中国特色社会主义思想指引下，坚持人民民主专政，坚持社会主义道路，坚持改革开放，不断完善社会主义的各项制度，发展社会主义市场经济，发展社会主义民主，健全社会主义法治，贯彻新发展理念，自力更生，艰苦奋斗，逐步实现工业、农业、国防和科学技术的现代化，推动物质文明、政治文明、精神文明、社会文明、生态文明协调发展，把我国建设成为富强民主文明和谐美丽的社会主义现代化强国，实现中华民族伟大复兴。

党保证执法要求规范政府执法行为，强化对政府执法过程的监督，完善对执法行为合法性审查的机制。通过党的领导能够支持和保证执法机关依法行使职权，始终在法治的轨道上管理各项事务。

公正是法治的生命线。司法公正是维护社会公平正义的最后一道防线。通过党的领导，有助于完善领导干部干预司法的责任追究机制，避免党政机关和领导干部违反法定职责干预司法，确保司法机关依法独立公正行使审判权和检察权，让人民群众在每一个司法案件中都感受到公平正义。

党领导带头遵守法律、依法办事，有助于强化各级党政机关和领导干部的法治思维和法治意识，自觉在法治轨道上推动各项工作。此外，党带头守法还有助于党以自己的模范行为引导群众相信法律面前人人平等，有助于增强全社会厉行法治的积极性和主动性，带动全社会形成崇尚法治的良好风气，把党对依法治国的领导落到实处。

三、党的领导必须在法治框架内进行

党的领导必须守护宪法和法律权威。在国家治理现代化的条件下，执政党

必须以法治为基础,坚持"党必须在宪法和法律范围内活动"的原则。根据宪法规定,包括执政党在内的全国各族人民、一切国家机关和武装力量、各政党和各社会团体、各企业事业组织,都必须以宪法为根本的活动准则,并且负有维护宪法尊严、保证宪法实施的职责。任何组织或者个人都不得有超越宪法和法律的特权,任何违反宪法和法律的行为都必须予以追究。可见,执政党遵守宪法和法律是宪法的基本要求。

法律知识链接:

法律面前人人平等是法律确认和保护公民在享有权利和承担义务的基础上处于平等的地位,不允许任何人有超越于法律之上的特权。党的十八大后,以习近平同志为总书记的党中央坚持"老虎苍蝇一起打",持续反"四风"不松手,正风反腐成效明显。习近平总书记强调:"不论什么人,不论其职务多高,只要触犯了党纪国法,都要受到严肃追究和严厉惩处。"

党无论领导立法、保证执法、支持司法、带头守法,都应当遵守宪法和法律。第一,党领导立法应守住立法权力的边界,不得违背宪法原则和精神。党领导、组织或参与立法活动,应当在法治框架内进行,坚持立法的指导思想和基本原则,遵循法定的途径、步骤,通过法定的程序和方式使党的政治方针上升为法律。第二,党保证执法过程中,无论在强化对执法过程的监督方面,还是在对执法行为的合法性审查方面,都应当遵循宪法和法律,通过法治途径和方式保证执法。第三,党应当在法治框架内支持司法,确保法院依法独立行使审判权。第四,党还应当带头守法,在宪法和法律的范围内活动。第五,党领导全面深化改革必须在法治的指引下进行。习近平总书记强调,改革要在法律的范围内进行,重大改革必须于法有据。第六,党领导反腐败也应当在法治框架内进行。反腐败和遏制滥用权力都必须以法治作为基本手段和基本路径。

 法治思维训练:

1. 如何理解《决定》关于"三统一、四善于"的基本要求?
2. 为什么党必须在宪法和法律范围内活动?

3. 思考一下,党的领导与依法治国之间是怎样的关系?

4. 人民群众最痛恨腐败现象,都支持反对腐败。那么,为什么反腐败也要依法进行呢?

第二节　依法治国的核心理念与价值目标

法治事件回放:[全国人大常委会审议废止劳教制度]

2013 年 12 月 28 日,第十二届全国人大常委会第六次会议在北京人民大会堂闭幕。会议表决通过了全国人大常委会关于废止有关劳动教养法律规定的决定:一、废止 1957 年 8 月 1 日第一届全国人民代表大会常务委员会第七十八次会议通过的《全国人民代表大会常务委员会批准国务院关于劳动教养问题的决定的决议》及《国务院关于劳动教养问题的决定》。二、废止 1979 年 11 月 29 日第五届全国人民代表大会常务委员会第十二次会议通过的《全国人民代表大会常务委员会批准〈国务院关于劳动教养的补充规定〉的决议》及《国务院关于劳动教养的补充规定》。三、在劳动教养制度废止前,依法作出的劳动教养决定有效;劳动教养制度废止后,对正在被依法执行劳动教养的人员,解除劳动教养,剩余期限不再执行。劳动教养制度依法施行 50 多年来,为维护社会治安秩序、确保社会稳定、教育挽救违法人员发挥了历史性的重要作用。随着社会主义民主法治建设的进步,劳动教养制度的历史性作用已经完成,废止劳动教养制度的条件已经具备。劳动教养制度的废止彰显了我国人权司法保障制度的进步。

一、依宪执政

依宪执政,是指执政党依据宪法精神、原则与规范治国理政,按照宪法的逻辑思考和解决各种社会问题,其核心是树立宪法权威,依据宪法治国理政。党的十八届四中全会提出建设社会主义法治体系与社会主义法治国家的总目标,并明确提出"坚持依法治国首先要坚持依宪治国,坚持依法执政首先要坚持依宪执政"。"依宪执政"作为执政理念,正式写进党的全会文件之中,成为执政党治国理政的基本方式,这是执政党依法执政理念的升华与发展,为全面依据宪法治理提供了基础和保障。

执政党依宪执政理念形成于党的十五大。党的十五大明确提出了"依法治国,建设社会主义法治国家"的治国方略,随后这一治国方略被写入宪法。2002 年召开的党的十六大把发展作为党执政兴国的第一要务,从改革和完善党的领导方式和执政方式、建设社会主义政治文明的目的出发,明确提出了坚持依法执政的要求。党的十七大报告指出:"要坚持党总揽全局、协调各方的领导核心作用,提高党科学执政、民主执政、依法执政水平,保证党领导人民有效治理国家。"党的十八大报告进一步指出全面实施依法治国方略的治国目标,强调法治在国家治理和社会治理中的作用,把法治确定为"治国理政的基本形式"。2012 年 12 月 4 日,习近平总书记在纪念现行宪法公布施行 30 周年大会上的讲话中指出:"宪法的生命在于实施,宪法的权威也在于实施",并将宪法实施上升到了与国家前途、人民命运息息相关的高度。习近平强调"依法治国,首先是依宪治国;依法执政,关键是依宪执政",并要求"必须依据宪法治国理政",以"履行好执政兴国的重大职责"。2014 年,在全国人民代表大会 60 周年的纪念大会讲话中,习近平总书记再次指出"宪法是国家的根本法,坚持依法治国首先要坚持依宪治国,坚持依法执政首先要坚持依宪执政"。依宪执政既是社会发展的客观要求,也是作为执政党的中国共产党对于执政方式的深刻思考。①

二、法治政府

法治政府,是指政府在行使权力履行职责过程中坚持法治原则,严格依法行政,政府的各项权力都在法治框架内运行。党的十八届四中全会《决定》首次明确法治政府的本质就是实施法律,对法治政府建设提出了六项基本要求:职能科学、权责法定、执法严明、公开公正、廉洁高效、守法诚信。

法治政府建设首先要坚持职权法定的原则。政府机构的职权、程序、责任

① 韩大元:《中国共产党依宪执政论析》,载《中共中央党校学报》2014 年第 6 期。

都应当于法有据。我国法律体系已经形成,有法可依的问题已经基本解决,当前需要重点解决的问题是有法必依、执法必严、违法必究的问题。法治政府建设应严格规范执法行为,公正文明执法,确保法律的实施。严格执法并不意味着遇到违法行为,一律刚性处理,处罚没收,而是要告诉你为什么违法了,劝你改正,指导你应该怎样做,耐心教育。实在不听,再进行处罚。这样执法,不但严格规范,而且文明理性。

法治经典赏读:

"法治应包含两重意义:已成立的法律获得普遍的服从。而大家所服从的法律又应该本身是制定的良好的法律。"这是亚里士多德在《政治学》中对于"法治"的经典界定,正如一句法律谚语曰:法律乃治国之重器,良法乃善治之前提。材料中包含两层含义:第一,全民守法;第二,制定良法。这种倡导也正符合我国当下大力建设社会主义法治体系,大力推进依法治国的趋势。

建设法治政府还应强化对行政权力的制约和监督,进一步强化党内监督、人大监督、民主监督、行政监督、司法监督、审计监督、社会监督和舆论监督,努力形成科学有效的监督体系,增强监督的合力和实效,以此严格规范执法过程中的选择性执法、暴力执法、钓鱼执法等执法问题。此外,应当推进政务公开,进一步扩大信息公开范围,实现党政、政务、司法、公共事务信息公开,通过公开约束规范公权力。[①]

三、自由平等

依法治国应当坚守自由平等的基本理念。党的十八大报告强调,要倡导富强、民主、文明、和谐,倡导自由、平等、公正、法治,倡导爱国、敬业、诚信、友善,积极培育和践行社会主义核心价值观。《决定》提出,全面推进依法治国要坚持法律面前人人平等。自由平等是人类全面发展的前提,也是人类不断为实现理想和目标而进行创造的基础和源泉。

---

① 应松年:《从六方面重点建设法治政府》,载《光明日报》2014 年 10 月 31 日第 2 版。

法律法规速递：

《中华人民共和国宪法》第 4 条第 1 款：中华人民共和国各民族一律平等。国家保障各少数民族的合法的权利和利益，维护和发展各民族的平等团结互助和谐关系。禁止对任何民族的歧视和压迫，禁止破坏民族团结和制造民族分裂的行为。

第 33 条第 2 款：中华人民共和国公民在法律面前一律平等。

第 48 条第 1 款：中华人民共和国妇女在政治的、经济的、文化的、社会的和家庭的生活等各方面享有同男子平等的权利。

根据我国宪法规定，公民享有广泛的权利和自由，包括：选举权和被选举权；言论、出版、集会、结社和游行示威的自由；宗教信仰自由；人身自由；财产权；人格尊严不受侵犯；住宅不受侵犯；通信自由；监督权；劳动权和休息权、获得物质帮助权，受教育权；科研自由等。

依法治国应当秉持自由的价值理念。自由是指人的意志自由、存在和发展的自由，是人类社会的美好向往，也是马克思主义追求的社会价值目标。平等指的是公民在法律面前的一律平等，其价值取向是不断实现实质平等。自由平等的价值为法律的发展提供理念支撑。现代法律的进化过程是人的自由平等思想的发展之结果，人的自由平等理念推进着法律的进步。推进依法治国应当保护法律发展的这一内在价值，通过法律捍卫人的自由平等之价值。依法治国应当通过如下途径捍卫自由平等的价值：其一，尊重人的自由与平等，保护自由平等的价值免于公权力的侵犯。推进"法治中国"建设的核心，是制约肆意滥用的公权力，确保社会成员享有充分的自由权利与空间。[①] 这要求在法律制度建构和实施过程中，注重建立相互牵制的权力制约体系，尤其应当强化法律程序观念，对自由平等的限制应当遵循正当程序；其二，积极保障人的自由与平等价值，通过法律将人的自由平等明确规定为公民的基本权利，并建构相应的制度保障。比如，通过法律建立公平的社会机制，完善社会救济措施，切实捍卫人的自由平等的基本价值。

---

① 马长山：《"法治中国"建设的问题与出路》，载《法制与社会发展》2014 年第 3 期。

四、人权保障

全面推进依法治国应当坚守人权保障的基本理念。从启蒙时期的"契约论"和"天赋人权"开始,人权就逐渐成为一种普世追求,它意味着人人自由、平等地生存和发展的权利,人的生命、自由和财产必须受到法律的尊重和保护。①《决定》提出,全面推进依法治国必须坚持人民主体地位,指出:"人民权益要靠法律保障",要"依法保障公民权利""实现公民权利保障法治化,健全公民权利救济渠道和方式"。依法治国归根结底是为了维护人权。必须以保障人民根本权益为出发点和落脚点,保证人民享有广泛的权利和自由。

法律知识链接:

2004 年,第十届全国人大第二次会议通过的宪法修正案,把"国家尊重和保障人权"正式载入了国家的根本大法。人权入宪,使人权成为国家权力运行的指导性价值。确认国家权力为保障人权和公民权而存在,不仅是国家权力的道义基础,更是宪法规定的强制义务。此前,我国宪法更多关注的是如何保障国家权力的运行,国家至上的观念使人权和公民权利被置于较为次要的地位。人权入宪后,人权至上是宪法的最高原则。尊重和保障人权的宪法原则要求国家权力的设立、配置和运行,都应当有利于所有人的人权得到保障和实现。

依法治国应当坚守人权保障的基本理念是宪法规定的"国家尊重和保障人权"的基本要求。2004 年,"国家尊重和保障人权"写入宪法,使得人权保障成为一种拘束国家权力的规范要求。全面推进依法治国,应当将人权保障法治化作为依法治国的重要目标,将人权保障要求纳入依法治国基本原则中。依法治国过程中强化人权的保障,首先意味着国家应当避免对个人权利的侵害。国家机关特别是立法者要积极承担保护义务,使人权的理念在立法过程中得以实现。行政机关和司法机关在执行和适用法律时应严格公正执法,严防公权力对公民人权的侵犯,强化公正司法,使权利受到侵犯的公民得到有效的司法救济。②

---

① 马长山:《"全面推进依法治国"需要重建法治价值观》,载《国家检察官学院学报》2015 年第 1 期。

② 常健:《全面推进依法治国促进中国人权保障法治化》,载《光明日报》2015 年 4 月 30 日。

五、司法公正

司法公正指司法机关及其工作人员在司法活动中坚持和体现公平、正义的基本理念、精神和原则。坚持司法公正是司法的本质要求，也是司法机关义不容辞的职责。全面推进依法治国应当捍卫司法公正。《决定》提出要保证公正司法，努力让人民群众在每一个司法案件中感受到公平正义。司法公正能确保公民的合法权益获得及时、公正、有效的司法救济。司法公正是社会公平正义的重要内容，对社会公平正义发挥重要的引领作用。

法律知识链接：

2015 年 8 月 29 日，全国人大常委会表决通过《中华人民共和国刑法修正案（九）》（以下简称《刑法修正案（九）》），规定重特大贪污犯终身监禁不得减刑假释。对贪污受贿特别巨大、情节特别严重的犯罪分子实行"终身监禁"，首要目的就在于用制度封堵"提前（钱）出狱"的可能，在刑事司法的最后一个环节坚守司法公正的底线。

坚持司法公正首先要加强司法队伍的素质能力建设，提高司法能力，尤其要提高查明事实的能力，让群众到法院就能感受到公正、方便和文明。应培养司法队伍的法治信仰，坚守法治的核心理念和职业良知。应进一步推进司法改革，完善保证依法独立行使审判权和检察权的制度、优化司法职权配置，着力推进司法公开，推进司法人员的分类管理，落实司法责任制。应进一步完善保障依法独立行使审判权、检察权的制度机制，克服司法行政化和地方化的倾向，建立干预司法活动的责任追究机制，健全司法人员的职业保障制度。此外，还应加强和完善对司法活动的监督和制约机制。《决定》特别强调要打击司法腐败对公民权利的侵犯，要求坚决破除各种潜规则，绝不允许法外开恩，绝不允许办关系案、人情案。

法治思维训练：

1. 如何理解依宪执政与依法治国的关系？

2. "国家尊重和保障人权"写入宪法具有哪些重要意义？

3. 在日常生活中，你是否发现法院在司法审判实践中存在"人情案"？如果存在,你认为应当如何避免?

4. 思考一下,社会主义法治的核心理念与社会主义核心价值观具有哪些关联?

第三节　宪法权威与宪法实施

法治事件回放:[设立国家宪法日]

党的十八届四中全会提出,坚持依法治国首先要坚持依宪治国。为了增强全社会的宪法意识,弘扬宪法精神,加强宪法实施,全面推进依法治国,2014 年11 月1 日,第十二届全国人民代表大会常务委员会决定:将 12 月 4 日设立为国家宪法日。国家通过多种形式开展宪法宣传教育活动。2014 年 12 月 4 日是一个值得永远铭记的日子,这一天,我国迎来首个国家宪法日。设立国家宪法日有助于普及宪法知识,有助于公民通过各种宪法宣传活动感受宪法的价值,扩大宪法实施的群众基础。尊重宪法、实施宪法、维护宪法,实质上就是尊重民主、维护民主、实施民主。开展国家宪法日活动,能够培养广大人民群众的公民意识和国家公职人员的法治意识,有利于不断巩固执政党的执政地位,营造建设政治文明的良好氛围。因此,国家宪法日的设立对于落实依宪治国,维护宪法权威具有重要的意义。①

宪法权威是宪法得到社会普遍认同、自觉遵守、有效维护的理念与理由,尤其体现为宪法对公权力和所有国家生活产生的拘束力和规范力。

一、宪法权威与民主法治

发展社会主义民主需要树立宪法权威。首先,宪法确立了人民是国家的主人,一切权力属于人民。根据宪法第 2 条规定,中华人民共和国的一切权力属于人民。人民依照法律规定,通过各种途径和形式,管理国家事务,管理经济和

---

① 王逸吟、殷泓:《设立国家宪法日 维护宪法权威》,载《光明日报》2014 年 10 月 30 日第 4 版。

文化事业,管理社会事务。可见,宪法不仅明确了人民主权,还规定了人民行使国家权力的方式。其次,宪法明确规定公民享有广泛的民主自由权利。宪法第34条规定公民享有选举权和被选举权,第35条规定公民有言论、出版、集会、结社、游行、示威的自由。第41条规定公民对于任何国家机关和国家工作人员,有提出批评和建议的权利;对于任何国家机关和国家工作人员的违法失职行为,有向有关国家机关提出申诉、控告或者检举的权利。最后,宪法确立了人民代表大会制度、中国共产党领导的多党合作和政治协商制度、民族区域自治制度、基层群众自治制度等具有中国特色的社会主义民主政治制度。只有通过树立宪法权威,确保上述宪法规定的民主权利和民主制度获得有效保障和实施,才能够进一步发展社会主义民主。

法律法规速递:

《中华人民共和国宪法》第2条:中华人民共和国的一切权力属于人民。

人民行使国家权力的机关是全国人民代表大会和地方各级人民代表大会。

人民依照法律规定,通过各种途径和形式,管理国家事务,管理经济和文化事业,管理社会事务。

第34条:中华人民共和国年满十八周岁的公民,不分民族、种族、性别、职业、家庭出身、宗教信仰、教育程度、财产状况、居住期限,都有选举权和被选举权;但是依照法律被剥夺政治权利的人除外。

建设社会主义法治国家需要树立宪法权威。法治之治首先是宪法之治,依法治国首先是依宪治国。宪法明确规定了依法治国,建设社会主义法治国家的宏伟目标。宪法第5条第1款规定:"中华人民共和国实行依法治国,建设社会主义法治国家。"这为建设法治国家提供了最高规范基础。宪法确立了以宪法为最高法的法秩序。宪法规定,国家维护社会主义法制的统一和尊严。一切法律、行政法规和地方性法规都不得同宪法相抵触。一切国家机关和武装力量、各政党和各社会团体、各企业事业组织都必须遵守宪法和法律。一切违反宪法和法律的行为,必须予以追究。任何组织或者个人都不得有超越宪法和法律的特权。只有通过树立宪法权威,全面实施宪法,才能够落实党和人民的意志,为全面推进依法治国,建设社会主义法治国家提供制度保障。

二、宪法权威与执政能力

党的十八届四中全会指出,"坚持依法治国首先要坚持依宪治国,坚持依法执政首先要坚持依宪执政"。所谓依宪执政,是指执政党要按照宪法和法律确定的政权运作方式来管理国家、提供公共服务,全面贯彻落实宪法规定的公民基本权利,实现宪法的基本价值,运用宪法及其基本理论解决执政过程中的各类问题。依宪执政,首先要树立宪法权威。宪法有没有权威直接关系到执政党的执政基础和依宪执政的能力。习近平总书记强调维护宪法权威就是维护党和人民共同意志的权威,宪法有没有尊严,也是党和人民共同意志有没有尊严。不尊重宪法,就是不尊重党的合法性、不尊重人民的意志。"党在宪法和法律的范围内活动"已成为具有普遍意义的宪法观念。党领导人民制定法律,又领导人民遵守和实施法律,被视为社会主义民主与法治建设的必由之路,这无疑是执政党依法执政和推进民主政治的具体体现。无论是党对国家的领导,还是党对国家政权的执掌,其活动都是在国家政权体制内进行的,它们既不能置身于宪法与法律之外,也不能凌驾于宪法与法律之上,而只能在宪法与法律的范围之内活动。因此,坚持依宪执政需要进一步树立和维护宪法权威。只有共产党带头维护宪法权威,带头规范自己的执政行为并切实纠正损害宪法权威的不当行为,才能保证国家法律体系的完整性,才能引导和督促一切国家机关忠实执行宪法法律,才能真正强化执政能力,实现依宪执政。[1]

三、宪法权威与国家治理能力

树立宪法权威是国家治理体系和治理能力现代化的要求。首先,宪法对国家权力予以分配和制约,确立了国家治理的多元主体。国家治理是一个复杂的体系,不仅需要国家机关的参与,还需要社会组织和广大民众等多元主体的积极参与。宪法一方面对政府权力进行了约束,另一方面赋予人民参与公共事务的权利,强化了国家治理中的权力制衡与合作治理,提高了国家治理的民主性和科学性,实现了国家治理中多元主体的有效整合。应当通过实施宪法,树立宪法权威的方式进一步强化国家治理能力。此外,还应当进一步完善以宪法为

---

[1] 周叶中:《党依法执政首先要坚持依宪执政》,载《理论与改革》2014 年第 6 期。

核心的中国特色社会主义法律体系,通过不断完善国家法律制度,为国家治理体系的运转提供制度和规范支撑,提升国家治理的制度化、理性化和常态化。要正确划分国家机构之间的权力界限,强化人民代表大会对政府的实质性监督,保障公民的民主政治权利,扩展社会主义民主的范围,实现公共决策的民主性和科学性。尤其应当按照宪法要求,鼓励公众参与公共决策,厘清治理主体的权力边界,加强法治政府建设,转变政府管理模式,推进国家治理能力现代化。

四、宪法权威与国家统一

树立宪法权威是实现国家统一的必然要求。首先,宪法确立了中国共产党领导的多党合作和政治协商制度,建立了广泛的爱国统一战线,对于维护国家统一发挥了重要作用。其次,宪法确立了平等、团结与互助的民族关系,反对民族分裂。宪法序言规定:"中华人民共和国是全国各族人民共同缔造的统一的多民族国家。平等团结互助和谐的社会主义民族关系已经确立,并将继续加强。在维护民族团结的斗争中,要反对大民族主义,主要是大汉族主义,也要反对地方民族主义。国家尽一切努力,促进全国各民族的共同繁荣。"宪法第 4 条第 1 款规定:"中华人民共和国各民族一律平等。国家保障各少数民族的合法的权利和利益,维护和发展各民族的平等团结互助关系。禁止对任何民族的歧视和压迫,禁止破坏民族团结和制造民族分裂的行为。"最后,宪法确立了和平共处五项原则,反对帝国主义、霸权主义和殖民主义。宪法规定:"中国坚持独立自主的对外政策,坚持互相尊重主权和领土完整、互不侵犯、互不干涉内政、平等互利、和平共处的五项原则,坚持和平发展道路,坚持互利共赢开放战略,发展同各国的外交关系和经济、文化交流,推动构建人类命运共同体;坚持反对帝国主义、霸权主义、殖民主义,加强同世界各国人民的团结,支持被压迫民族和发展中国家争取和维护民族独立、发展民族经济的正义斗争,为维护世界和平和促进人类进步事业而努力。"此外,宪法规定,台湾是中华人民共和国的神圣领土的一部分。完成统一祖国的大业是包括台湾同胞在内的全中国人民的神圣职责。宪法第 31 条规定:"国家在必要时得设立特别行政区。在特别行政区内实行的制度按照具体情况由全国人民代表大会以法律规定。"这为和平统一台湾提供了具体的制度保障。只有通过实施宪法,树立宪法权威才能够通过宪法形成社会共识,凝聚民心,维护国家统一与社会稳定。

五、健全宪法实施和监督制度

党的十八届四中全会通过的《决定》要求"完善全国人大及其常委会宪法监督制度,健全宪法解释程序机制"。习近平总书记强调,宪法的生命在于实施,宪法的权威也在于实施。宪法实施是将宪法文本落实到社会生活、国家政治生活中的一套观念和制度,它不是简单的技术与程序,而是一种公共理性的生活。只有认真贯彻实施宪法,坚持和完善宪法确立的各项基本制度和体制,才能保证改革开放和社会主义现代化建设不断向前发展,保证最广大人民的根本利益不断得到实现,保证国家统一、民族团结、经济发展、社会进步和长治久安。习近平总书记指出:全面贯彻实施宪法,是建设社会主义法治国家的首要任务和基础性工作。

法律知识链接:

为彰显宪法权威,激励和教育国家工作人员忠于宪法、遵守宪法、维护宪法,加强宪法实施,第十二届全国人民代表大会常务委员会第十五次会议决定:各级人民代表大会及县级以上各级人民代表大会常务委员会选举或者决定任命的国家工作人员,以及各级人民政府、人民法院、人民检察院任命的国家工作人员,在就职时应当公开进行宪法宣誓。誓词如下:"我宣誓:忠于中华人民共和国宪法,维护宪法权威,履行法定职责,忠于祖国、忠于人民,恪尽职守、廉洁奉公,接受人民监督,为建设富强民主文明和谐美丽的社会主义现代化强国努力奋斗!"

宪法宣誓制度有助于增强公职人员的宪法观念,激励其忠于和维护宪法。经人民代表大会及其常委会选举或决定任命的国家工作人员,在庄严的就职仪式上向选民或者代表机关宣誓,对国家法律和权力赋予者郑重承诺。通过宪法宣誓可以使国家工作人员明确权力来源于宪法,宪法高于权力,宪法约束权力,按照宪法法律规定行使权力。宣誓者将为人民服务的公仆意识和承诺公开化,产生神圣的使命感和强烈的责任感,时刻受到誓言和自身道德良知的约束。①

全面实施宪法,首先要发挥国家机构在实施宪法和保障宪法实施中的作

---

① 邓静秋:《宪法宣誓制度的意义与功能》,载《法制日报》2014 年 11 月 26 日第 12 版。

用。全国人大及其常委会、国务院和有立法权的地方人大及其常委会要加强立法,保证宪法确立的制度和原则得到落实;国家行政机关要深入推进依法行政、加快建设法治政府,努力做到职能科学、权责法定、执法严明、公开公正、廉洁高效、守法诚信,维护宪法权威;各级国家审判机关、检察机关要坚持公正司法,不断提高司法公信力,落实宪法的各项规定。此外,还要加强党的领导,注重改进党的领导方式和执政方式。党的十八届四中全会通过的《决定》指出:"坚持依法执政首先要坚持依宪执政。"全面实施宪法,要进一步健全宪法实施监督机制和程序,完善全国人大及其常委会宪法监督制度,健全宪法解释程序机制。要加强备案审查制度和能力建设,把所有规范性文件纳入备案审查范围,依法撤销和纠正违宪违法的规范性文件,禁止地方制发带有立法性质的文件。此外,必须在全社会普遍开展宪法教育,通过宪法日和宪法宣誓制度弘扬宪法精神,尤其是领导干部要带头学习宪法、崇尚宪法,模范遵守宪法是树立宪法意识、弘扬宪法精神的关键。①

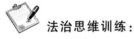 **法治思维训练:**

1. 你认为设立国家宪法日是否有意义?你在国家宪法日作了哪些有意义的事情呢?

2. 如何理解宪法宣誓制度的意义?

3. 为什么坚持依法执政首先要坚持依宪执政?你认为应当如何树立宪法权威?

4. 你认为应当如何健全宪法实施监督机制和程序?

 参考书目

1. 马长山:《"法治中国"建设的问题与出路》,载《法制与社会发展》2014年第3期。

2. 韩大元:《中国共产党依宪执政论析》,载《中共中央党校学报》2014年第6期。

3. 周叶中:《党依法执政首先要坚持依宪执政》,载《理论与改革》2014年第6期。

---

① 任进:《健全宪法实施和监督制度》,载《前线》2015年第2期。

4. 应松年：《从六方面重点建设法治政府》，载《光明日报》2014 年 10 月 31 日第 2 版。

5. 韩大元：《设立国家宪法日 维护宪法权威》，载《光明日报》2014 年 10 月 30 日第 4 版。

6. 邓静秋：《宪法宣誓制度的意义与功能》，载《法制日报》2014 年 11 月 26 日第 12 版。

7. 陈雷：《"红色通缉令"铺开抓捕外逃贪官"天网"》，载《法制日报》2015 年 4 月 28 日。

8. 马长山：《"全面推进依法治国"需要重建法治价值观》，载《国家检察官学院学报》2015 年第 1 期。

9. 常健：《全面推进依法治国促进中国人权保障法治化》，载《光明日报》2015 年 4 月 30 日。

10. 任进：《健全宪法实施和监督制度》，载《前线》2015 年第 2 期。

第八章

民法基本原则

本章要点：

1. 通过学习民事权利体系中财产权与人身权等基本权利的含义与类型，以及"诉讼时效""相邻关系"等限制权利滥用的法律制度，准确理解"民事权利受法律保护原则"。

2. 通过学习"合同自由"的具体表现形式，以及"强制缔约""格式合同"等限制意思自治发挥的法律制度，准确理解"意思自治原则"。

3. 通过学习"一般侵权行为"的构成要件、"特殊侵权行为"与"无过错责任"的关系以及侵权责任的具体承担方式，理解"过错责任原则"。

引言

　　现代社会是一个强调"人人平等"的共同体,同时旨在通过人与人之间的共同协助,维护社会正常的财产秩序与家庭关系,从而促进社会进步。在这些人类福祉的共同追求过程中,正是民法承载着调整平等主体之间人身关系和财产关系的法律纽带作用。在自然人、法人以及其他法律地位平等的主体之间,无论是人格权利保护、婚姻家庭维持,还是财产权利的确定与流转,民法都秉持着公平正义、诚实守信的人文主义关怀。因此,对于普通公民而言,民法是他与人交往、协作过程中所必须遵循的基本法律规则,而对于我们生活的社会而言,民法是一盏维护人际关系稳定和经济正常运行的红绿灯。

　　民法作为一个古老的法律学科,其在组成部分上基本可以包括民法总则、物权法、债权法、婚姻家庭法和继承法五大部分,这些部分的法律在我国现行的民事立法体系中均有显现。虽然这些组成部分各自有着不同的管辖范围,也各自有着不同的基本原则,但"私权神圣"、"意思自治"以及"过错责任"三个方面作为现代民法的最大贡献,在不同程度上可以代表民法的本质特点。因此,本章在重点介绍"民事权利受法律保护""意思自治""过错责任"三大原则的同时,也从反向的角度揭示当代民法在三大原则方面的发展。

第一节　民事权利的保护与行使

法治事件回放:[谢晋名誉侵权案]

　　2008 年 10 月 18 日凌晨 1 时许,我国著名导演谢晋因心源性心脏病猝死,逝世于酒店客房内。2008 年 10 月至 12 月期间,宋××向其开设的多个博客上分别上传了多篇文章,内容包括谢晋在海外有私生子等。2008 年 10 月至 2009 年 5 月期间,刘××也向其开设的多个博客上分别上传了多篇文章,内容称其亲自到海外见到"谢晋私生子"等。同时,国内多家电视台、报社就此采访宋××、刘××,两人均认为文章中的内容证据确凿。其后,谢晋导演的遗孀徐××以两人侵害谢晋名誉权为由,向上海市×法院提出诉讼。

　　法院审理后认为,博客注册使用人对于博客文章的真实性负有法律责任,有避免使他人遭受不法侵害的义务。宋××、刘××各自上传诽谤文章后,在后续报刊等媒体的求证过程中继续诋毁谢晋名誉,构成共同侵权行为。宋××、刘××利用互联网公开发表不实言论,使谢晋名誉在更大范围内遭受不法侵害,其主观过错十分严重,侵权手段十分恶劣,使谢晋遗孀徐××身心遭受重大打击。最终,法院判处宋××、刘××承担停止侵害、公开赔礼道歉并赔偿原告经济与精神损害的民事责任。

一、民事权利受法律保护原则

　　民事权利受法律保护原则,是指一切民事主体的民事权益均应当受到民法的保护。之所以将这一原则作为民法的基本原则之一,主要来自三方面的考虑:第一,民法的本质是市民社会的法律,它主要的保护对象是社会上私人利益的关系。而其他有些法律,比如刑法、行政法等,主要保护的是社会的公共利益。第二,从民法的作用角度来看,虽然民法也承担着维护社会和经济秩序、维护社会公平正义、弘扬社会主义核心价值观等多元化的功能,但是这些功能的实现必须以保护人权作为基础。人权是指一个人应有的权利,其中首先应该包括人身权利和财产权利。第三,民法对于私人权利的保护过程也是对于公权力的限制过程,因此保护、尊重私人权利成为了现代国家法治的共同点。事实上,无论我国还是世界上的其他国家,民法的发展历程都体现为一种不断彰显私人权利的趋势。我国民法总则第 3 条规定:"民事主体的人身权利、财产权利以及其他合法权益受法律保护,任何组织或者个人不得侵犯。"这一规定是"民事权利受法律保护原则"在我国民事法律中的体现,也代表着我国对于人权保护的基本态度。

法治经典赏析:

> "风能进,雨能进,国王不能进。"
>
> 这句话源于英国首相威廉·皮特 1763 年在国会的一次演讲,其被认为是"私有财产神圣不可侵犯"的最好诠释。对于私人的权利而言,强调权利的保护不仅来自于国家法律的规定,更在于保持公权力与私人权利之间的合理界限。公权力在没有获得合法理由或者私人同意的条件下,不能随意干涉、侵犯私人的民事权利。同时,当私人的民事权利产生纠纷之时,有关私人权利能否进行主张与救济,一般也应交由私人自己决定,公权力对于纠纷的介入应当保持被动的状态。比如,在发生民事纠纷时,只有当原告主动向法院提起诉讼时,相关的司法救济程序才会被激发,否则法院无权主动审查案件。

二、民事权利的体系与分类

对整个民法的体系而言,主要是通过各种权利的行使与保护规范作为主线,因此,民法的体系其实也是民事权利的体系。由于民法主要的调整对象是平等主体之间的人身关系与财产关系,因此,民事权利可以被基本划分为人身权和财产权两个部分,而这两大基本权利类型又有着不同的特点和具体表现方式。

人身权,是指与民事主体人身不可分离的、不以财产内容作为直接目的的民事权利。这种权利具有三大特点:第一,人身权是民事主体依法固有的权利,比如,自然人的生命权、身体权、健康权等均是每个人的基本人权,它们是人存在于社会中并且开展一切活动的基础。第二,由于人身权与每个民事主体不能分离,因此,这些权利不能进行转让、继承,也不能被随意剥夺。第三,人身权本身没有经济价值,也无法用金钱进行衡量。但是,人身权在行使过程中可能会产生财产利益,比如,名人允许他人使用自己的肖像以获得报酬。人身权又可以具体分为人格权和身份权两大类。人格权是指维护人格独立所必备的权利,比如,自然人的生命权、身体权、健康权、姓名权、肖像权、名誉权、隐私权等。身份权是指民事主体基于一定的身份关系而享有的专属权利,比如,基于婚姻关系而产生的配偶权、基于父母子女关系而产生的亲子权等。

财产权,是指民事主体基于一定的财产关系而产生的权利,这些权利在本质上都具有一定的经济价值。由于民事主体对于财产的关系主要包括静态的财产支配关系和动态的财产流转关系两种,因此财产权也可以按照上述标准进行分类。比如,物权主要体现为民事主体对于具体物或者权利的独立占有、使用、收益、处分,因而主要反映的是人与物之间的支配关系,股权、知识产权中的财产权也是如此。与之相比,债权主要体现为财产流转的关系,比如,民事主体通过签订合同的方式达成交易,此时民事主体之间就是通过合同这一债权纽带实现了财产交易。

法律法规速递:

《中华人民共和国民法总则》第 110 条:自然人享有生命权、身体权、健康权、姓名权、肖像权、名誉权、荣誉权、隐私权、婚姻自主权等权利。

法人、非法人组织享有名称权、名誉权、荣誉权等权利。

第 112 条:自然人因婚姻、家庭关系等产生的人身权利受法律保护。

第 113 条:民事主体的财产权利受法律平等保护。

第 114 条:民事主体依法享有物权。

物权是权利人依法对特定的物享有直接支配和排他的权利,包括所有权、用益物权和担保物权。

第 118 条:民事主体依法享有债权。

债权是因合同、侵权行为、无因管理、不当得利以及法律的其他规定,权利人请求特定义务人为或者不为一定行为的权利。

第 123 条第 1 款:民事主体依法享有知识产权。

第 124 条:自然人依法享有继承权。

自然人合法的私有财产,可以依法继承。

第 125 条:民事主体依法享有股权和其他投资性权利。

第 126 条:民事主体享有法律规定的其他民事权利和利益。

三、民事权利的行使与不得滥用

民事权利既然受到国家法律的保护,那么原则上民事主体可以凭借自己的意愿任意行使权利。但随着现代社会的发展,民事主体对于权利的行使有可能会与他人、社会、国家的利益相冲突,此时这种权利的行使也必须有所节制,这便是权利不得滥用原则。我国民法总则第 132 条规定:"民事主体不得滥用民事权利损害国家利益、社会公共利益或者他人合法权益。"权利不得滥用原则的本意在于一切民事权利的行使都应该按照诚实、善意的方式,不能超过法律的正当界限,否则就可能因为侵害他人利益而产生侵权责任。比如,父母对于未成年子女具有监护权,但如果父母滥用权利虐待或者遗弃子女的,法院应当剥夺这种监护权。

在民法的世界里,诉讼时效制度是限制民事权利行使的典型机制。所谓诉讼时效,一般是指当权利人在法定时间内没有行使相关的权利,则其将丧失这种权利或者无法获得胜诉的结果。我国民法总则将民事权利的一般诉讼时效确定为"三年",也就是说民事主体在知道或者应当知道权利受到损害之日起的三年期限内,如果没有按照法律规定的方式行使自身的民事权利,那么他就有可能无法获得法律的救济。诉讼时效制度的存在主要是为了防止权利人长时间不行使权利,从而稳定社会生活的一般秩序,同时也是权利人及时行使权利的一种法律方式。

法律知识链接:

权利不得滥用原则不仅表现在人身权方面,在个人财产权的行使过程中也有体现。我国 2005 年通过的《中华人民共和国物权法》(以下简称《物权法》)第七章被称为"相邻关系",这是一种对于相互临近的土地、房屋等不动产各方权利进行调整的民法制度。比如,甲要想从其所有的房屋向外通行必然要通过乙所有的房屋,此时如果允许乙任意行使自己的房屋所有权,就有可能损害甲对于自己房屋的通行权利。因此民法规定了相邻通行关系制度,规定这种情况

下乙必须限制自己的房屋所有权而允许甲通行,但甲应当对于这种通行造成乙的损失进行补偿。相邻关系的本质在于通过限制一方民事主体财产权利行使的方式,实现双方利益之间的平衡。除了相邻通行关系外,还有相邻用水、排水、铺设管线等方面也可以适用这种规则。

 法治思维训练:

1. "民事权利受法律保护原则"的基本含义是什么? 如何看待民事权利与国家公权力之间的关系?

2. 当某一自然人死亡后,他的继承人会依据民法的规定继承他的财产,这种权利被称为继承权。请问按照民事权利的分类,继承权应当属于人身权还是财产权? 为什么?

3. 甲与乙签订《买卖合同》一份,约定某日上午 10 点乙将货物送到甲的家中。乙在送货的时候晚到了 10 分钟,但晚到并没有损害甲的任何利益,可是甲却坚决拒绝接受乙的货物并据此要求退货。请问甲的这种拒收行为是否属于正当行使权利? 如果你认为不属于,为什么?

第二节　意思自治的践行与限制

法治事件回放:[网络购物案]

2007 年 6 月间,原告鱼××从被告戴尔公司的宣传广告和网页中得知被告正在出售一款新型笔记本电脑。因被告在广告彩页和网站图片上所刊登的该型号笔记本电脑的图片均装有内置摄像头,原告遂在网上向被告订购该笔记本电脑两台。但原告鱼××没有注意到在该款新型笔记本电脑的宣传广告中有表明内置摄像头为电脑选购配件的内容,同时原告在网上订购时也没有留意定制页面中关于可选择配件的设置,因此导致原告最终订购了没有携带内置摄像头的笔记本电脑。

原告完成网上订购后,向被告支付了相应货款,被告则依据网上的订单向原告交付了两台没有携带内置摄像头的笔记本电脑。原告收到上述货物后认为,被告实际交付的产品与其宣传中的产品不符,并认为被告的行为属于欺诈,遂要求被告退货。但被告予以拒绝,原告遂向福建省厦门市×区法院提起民事诉讼。

法院审查了整体案件后认为:原、被告双方通过网上订购确立的买卖合同关系有效。被告在该款新型笔记本电脑的宣传广告、网上定制页面中均载明内置摄像头为该款电脑的选购配件,故原告主张被告存在欺诈行为缺乏事实依据。原告在未对该款电脑的宣传资料作出充分了解的情况下即上网定制该产品,应当由原告自行承担有关责任,故判决驳回原告的诉讼请求。

一、意思自治原则的意义

民法中的意思自治原则,一般是指民事主体从事民事活动时应当由自己做主,其自由意志既不受到国家权力机关的非法干预,也不会受到其他人的非法干预。所谓国家权力机关的非法干预,是指当民事主体从事的民事行为不违背国家利益、公共利益和法律规定时,国家的立法、行政或者司法机构通过行使公权力的行为,强制使得私人行为无效或者改变原本意愿的情况。所谓其他人的非法干预,是指行为人以外的人通过欺诈、胁迫、恐吓等行为强迫行为人作出违背其本来意愿的行为。

意思自治原则的最大意义在于宣示民事行为的自愿性。在平等主体之间的社会关系中,任何民事活动的展开只能由民事主体自己发动和主宰,只要这些行为不触碰国家与社会的底线,行为人的自由意志就应当得到法律的保护与尊重。

法律法规速递:

《中华人民共和国合同法》第3条:合同当事人的法律地位平等,一方不得将自己的意志强加给另一方。

第4条:当事人依法享有自愿订立合同的权利,任何单位和个人不得非法干预。

《中华人民共和国民法总则》第5条:民事主体从事民事活动,应当遵循自愿原则,按照自己的意思设立、变更、终止民事法律关系。

二、合同自由的表现方式

在民法中,最能体现意思自治原则的部分是合同法。依据 1999 年《中华人民共和国合同法》第 2 条第 1 款的规定,合同是平等主体的自然人、法人、其他组织之间设立、变更、终止民事权利义务关系的协议。由于合同是建立在当事人双方的自由意志之上的,因而这种合同自由就是意思自治原则的核心内容,并且合同自由的表现方式贯彻于合同行为的全部过程。

1. 缔约与否的自由:民事主体有权决定是否签订合同,合同最终是否签订完全基于当事人自己的主观意愿。

2. 选择对象的自由:由于合同的订立往往涉及双方当事人,因此当事人有权自由选择订立合同的相对人,有权决定与何人缔结合同。

3. 选择缔约方式的自由:一般情况下,民法对于合同的缔结形式并没有强制要求,因而当事人有权选择以书面、口头还是其他方式订立合同。

4. 决定合同内容的自由:合同中有关当事人之间权利义务的分配,完全取决于当事人自己的安排与约定。

5. 确定违约责任的自由:违反合同之后应当承担何种违约赔偿责任以及违约责任的计算方式等,当事人可以在法律允许的范围内自由决定。

6. 确定解决合同争议方式的自由:对于未来合同可能产生的争议的解决方式,当事人可以在合同中预先约定选择诉讼或者仲裁方式解决纠纷。

法治经典赏读:

"契约胜法律。"这一句法谚起源于古罗马,其本意在于强调合同就是当事人之间的法律。从这一句法谚中可以看到两个方面的含义:一是突出合同的神圣性。一旦当事人正式订立了合同,就在法律与道德上负有必须诚实履行合同义务的要求,否则违反合同的约定就如同违反法律一样严重。有鉴于此,欧洲中世纪教会法中又提出了"契约必须遵守"的法则。二是推崇合同的自愿性。正是因为合同如同法律的性质,因此当事人在缔结合同的时候必须充分磋商,并不受其他外在因素的影响,只有在这种意思自治基础上形成的合同方能产生与法律一样的拘束力。

三、合同自由的限制形式

任何自由都不是没有限度和绝对的,合同自由也不例外。随着现代大工业生产的不断发展,某些具备垄断地位的企业具有了在合同谈判中的绝对主导地位,此时就极易出现利用合同自由原则侵害其他民事主体权利的现象。因此,为了防止这种滥用合同自由的行为,各国的法律均对于合同自由作出了限制,主要表现在以下三方面:

1. 确立强制缔约规则:强制缔约是指法律规定从事特殊行业的民事主体面对相对人的订约意愿,承担必须进行缔约的义务。这种规则的出现主要是因为大量社会公用事业发展的需要,比如,承担供水、供电、供气、电信、邮政等公用事业的单位,均不得无理拒绝他人的订约要求。又如,我们熟悉的出租车营运行业,司机必须遵循"招手即停"的规则,否则就会构成拒载行为。

2. 确立合同强行规则:为了防止一方当事人利用自己的优势迫使他方订立不平等合同,保护社会公众的经济利益,有时需要对于合同的内容作出限制性的规定。比如,各国都规定了劳动合同中劳动者报酬的最低标准以及劳动者的最高工作时间,以最大限度地维护劳动者的基本权益。又如,多数国家对于借款合同都坚持禁止"高利贷"的原则,因而对于借款合同的利息规定了上限标准。

3. 确立格式条款限制规则:格式条款是当事人为了重复使用而预先拟定,并在订立合同时未与对方协商的条款。这种条款一般是由公共服务企业或者银行、保险公司等金融机构提供的,因为这种条款不需要进行反复的合同谈判过程,对于加快市场交易具有积极意义。但由于格式条款的提供方往往是占据市场主导地位的强势群体,而相对方是丧失磋商机会的弱势群体,因此为了调整这种市场地位的不平等状态,各国法律都对于格式合同的提供方进行了一定的限制。

法律知识链接:

在我国的合同法中,对于格式条款的限制性规定主要来自三个方面:一是要求提供格式条款的一方应当遵循公平原则确定当事人之间的权利和义务,并采取合理的方式提请对方注意免除或者限制其责任的条款,按照对方的要求,对该条款予以说明;二是假如提供格式条款的一方利用这种条款免除其本身责任、加重对方责任或者排除对方主要权利的,那么这样的条款是无效的;三是在条款解释方面,如果对格式条款的理解发生争议的,应当按照通常理解予以解释。对格式条款有两种以上解释的,应当作出不利于提供格式条款一方的解释。格式条款和非格式条款不一致的,应当采用非格式条款。

 法治思维训练:

1. 在民法中强调当事人意思自治的意义何在?为什么在刑法、行政法等法律中不强调这一原则?

2. 你知道一份标准的合同是由哪些部分构成的吗?假如你需要以一方当事人的身份制定一份合同,那么在这份合同中哪些内容可以由你自行决定?

3. 你在现实的生活经历中,有没有遇到格式条款的情况?发生这种合同条款主要存在于哪些行业之中?你知道面对这些条款,民法是如何维护消费者一方权益的吗?

第三节　民事责任的构成与负担

法治事件回放:[环境侵权公益诉讼案]

2008 年 7 月以来,谢××等四人未经行政主管部门审批,擅自扩大《采矿许可证》许可的采矿范围,非法占用林地,采取各种方式进行花岗岩石矿的开采作业,严重破坏了 28.33 亩林地植被。2014 年 7 月 29 日,谢××等人因犯非法占用农用地罪分别被判处刑罚。2015 年 1 月 1 日,北京市朝阳区自然之友研究所、福建省绿家园环境友好中心提起诉讼,请求法院判令四被告共同承担在一定期限内恢复林地植被的责任,赔偿林地植被受损至恢复原状期间生态服务功能损失 134 万元;如不能在一定期限内恢复林地植被,则应赔偿生态环境修复费用 110 万元;共同偿付原告为诉讼付出的评估费、律师费及其他合理费用。

案件经过福建省南平市中级人民法院、福建省高级人民法院两次审理,两级法院的判决均支持了原告的诉讼请求。法院判决认为：北京市朝阳区自然之友研究所、福建省绿家园环境友好中心作为环境民事公益诉讼原告的主体适格。谢××等四人为采矿非法占用林地，破坏生态环境，损害社会公共利益的行为，不仅严重破坏了28.33亩林地的原有植被，还造成了林地植被受损至恢复原状期间生态服务功能的损失，依法应共同承担恢复林地植被、赔偿生态环境受到损害之恢复原状期间服务功能损失的侵权责任。

一、过错责任与一般侵权行为

民法对于权利的保护，主要体现在权利人受到侵害时应当提供的法律救济，这一部分的民法称为侵权行为法。侵权行为法是调整侵权行为的法律，也就是规定何种情形构成侵权行为，以及发生侵权行为后如何对于受害人进行救济的法律。当一项侵权行为实施后，侵权行为法通过让加害人承担侵权责任的方式，一方面填补了受害人因此受到的损害，另一方面制裁了行为人的违法行为，维护了社会的正常秩序。

那么，如果一个人的行为导致了另一个人的人身或者财产损害，他为何要对这种行为承担侵权责任？一般情况下，现代民法认为只有当行为人存在主观过错的情况下才需要承担责任，这便是侵权行为法中的过错责任原则。也就是说，如果行为人在主观上并没有故意或者过失导致他人损害的意思，那么即便他的行为客观上确实产生了损害，他也不必承担侵权责任。过错责任原则的确立维护了个人行为自由的民法秩序，强调只要对于自己的行为尽到了应有的注意义务，那么就无须担心承担责任。过错责任原则通过对于个人行为自由的尊重，最终使得整个社会的安全性得到保障。

正是因为过错责任原则的重要意义，因而民法将围绕过错责任进行判断的侵权行为称为一般侵权行为。当然，要构成一般侵权行为，除了强调行为人主观上具有过错这一条件之外，还需要具备以下三项条件：

1. 行为人的行为具有违法性：既然侵权行为主要针对的是民事主体因不当行为损害他人权利的情形，那么行为人存在违法行为就是成立侵权行为的前提条件。需要注意的是两点：一是这里讲的"行为"是指行为人有意识实施的行为，比如人在睡梦中的行为，因为它与人的自由意志没有关系，所以就不是此处所称的"行为"。二是"行为"既包括了行为人积极侵害他人的主动行为，特殊情况下行为人消极的不作为也会成立,比如父母对于年幼子女应当抚养却不尽照顾义务,警察对于犯罪行为应当进行制止却袖手旁观等。

2. 受害人存在损害:侵权责任的主要目的在于补偿受害人的损失,因此只有受害人存在损害的情况下,才有责任成立的结果。假如受害人没有遭受损害或者遭受的损害轻微到可以忽略的程度,那么行为人的行为是不会导致赔偿责任的。当然,这里所称的"损害"在人身权与财产权两个方面有所差异。财产损害一般均有价可估,因此具有客观的计算标准。但是对于人格权的损害就有所不同,在对侵害他人的身体权或者健康权的情况下,受害人支出的医药费等实际损害有证据可以证明,但对于他人肖像权、名誉权、隐私权的侵害就无法用客观标准计算实际损害了,假如侵害行为造成他人精神损害时情况会变得更加复杂。但无论如何,在我国民法中受害人的损害既包含了财产损害,也包括人身损害和精神损害。

3. 行为与损害之间存在因果关系:这一要件是指行为人的行为与受害人的损害应当具有内在的联系,也只有当这种因果关系确实客观存在时,行为人才要对自己的行为负责。

法治经典赏析:

"不幸总是落在被击中者头上。"

这是罗马法中的一句名言,它表达了对于民事主体损害赔偿的基本规则,那就是并非所有的损害都要由行为实施人承担责任,有时这种损害需要由受害人自己承担。比如,行为人实施的行为的确导致了受害人的损失,但假如这种行为的实施是因为受害人自己的过错(比如,受害人违反动物园规定挑逗动物导致自己受伤)或者存在不可抗力(比如,受害人遭遇地震、海啸而受到损害)、正当防卫(比如,行为人因防止受害人的抢劫行为而对受害人的人身权利造成损害)、紧急避险(比如,行为人因为防止对他人生命权的侵害而损坏了受害人的财产)等法律规定的免责事由时,行为人就可能不必承担侵权赔偿责任。或者在不存在法定免责事由的情况下,如果受害人无法证明一般侵权行为的构成条件,这种损害也可能会由受害人自己承受。当然,对于这种需要自负的责任,现代国家基本都建立了责任保险、社会救济等制度,以减轻民事主体的损失。

二、无过错责任与特殊侵权行为

与过错责任原则相对,侵权行为法在某些特殊领域中会适用无过错责任原则。所谓无过错责任原则,是指在法律有特别规定的情况下,不论行为人是否存在主观上的过错,其都要对受害人的损害承担侵权责任。虽然无过错责任原则自古有之,但对其广泛适用的则是现代社会生产高度发展的结果。当自由资本主义进入垄断资本主义阶段后,工业生产飞速发展,机械设备大量利用,工业事故也不断发生,主要表现在交通事故剧增、工业灾害加剧、环境污染严重、产品责任事故频发等。这种事故的发生原因往往与现代科学技术有关,而且行为人所实施的行为往往并没有主观过错,这种情况下如果还坚持过错责任原则,实际上就剥夺了受害人主张救济的权利。因此,在这些特殊的侵权行为领域中,如果出现了受害人损害的情况,多数国家的侵权行为法都规定不论行为人主观上是否存在过错,其都要承担侵权责任,以最大限度地平衡科技进步与权利保护之间的价值。

同样的,与一般侵权行为相比,以无过错责任原则作为基础而形成的侵权行为被称为特殊侵权行为。我国 2009 年通过的《中华人民共和国侵权责任法》(以下简称《侵权责任法》)对于特殊侵权行为也规定了明确的类型,主要包括产品责任、环境污染责任、高度危险责任、饲养动物损害责任、物件损害责任等。对于特殊侵权行为,需要注意的有以下几点:第一,特殊侵权行为的“特殊”之处是侵权行为法对于某些特别的侵权行为类型进行规制,因而这种“特殊”必须是由法律明确规定的。也就是说,只有法律规定的类型才可以称之为特殊侵权行为,否则只能纳入一般侵权行为的范畴。第二,特殊侵权行为虽然对于行为人主观上的过错要件进行了弱化,但受害人要获得赔偿,他还需要证明其他的构成条件,否则也有可能无法获得法律支持。《侵权责任法》第 41 条规定:“因产品存在缺陷造成他人损害的,生产者应当承担侵权责任。”依据该条规定,产品生产者对于产品造成的损害承担无过错责任原则,但受害人在诉讼中必须证明自己的损害是由于生产者生产的缺陷产品所导致的。第三,适用无过错责任的侵权行为必然是特殊侵权行为,但特殊侵权行为未必都采纳无过错责任原则,有些特殊侵权行为会采取过错推定规则。

法律知识链接：

　　过错推定，一般是指在某些特殊侵权行为的类型中，假如行为人无法证明自己对于受害人的损失没有过错，则推定其存在过错，行为人应当承担侵权责任。比如，根据 2009 年《侵权责任法》第 85 条的规定，建筑物、构筑物或者其他设施及其搁置物、悬挂物发生脱落、坠落造成他人损害，所有人、管理人或者使用人不能证明自己没有过错的，应当承担侵权责任。过错推定不是无过错责任的表现，因为过错推定仍然强调行为人主观过错条件的具备。但与传统的过错责任相比，过错推定责任无疑是一种特殊的形态，因为其把原来应当由受害人来证明行为人存在过错的举证责任转移给了行为人，这种举证责任倒置的做法显然有利于受害人权利的救济。所以，适用过错推定责任的侵权行为也被归入特殊侵权行为的范畴中。

三、侵权责任的承担方式

　　当行为人因为侵害他人民事权利而需要承担侵权的民事责任时，侵权行为法对于这种责任的具体承担方式也有明确的规定。对于正在发生的侵权行为，受害人可以首先要求行为人停止侵害行为或者排除相关的不当妨碍。而对于将要发生的危险，比如，邻居房屋即将倒塌而威胁自己的安全，权利人可以要求邻居消除这种危险的状态。另外，由于侵权行为的发生，受害人的人身或者财产权利必将会受到损害，当这种损害可以回复到原先状态时，比如，受害人的物品被人抢走或者受害人的设备被人损坏，此时受害人可以要求行为人返还抢走的物品或者对于受损设备进行修理、重作、更换。当受害人的人格权利受到侵害时，如侵害名誉权的情况，受害人还可以要求行为人通过登报等方式消除不良影响、恢复自身名誉，并进行赔礼道歉。

　　大多数情况下，侵权行为会导致受害人的实际损失，此时行为人需要承担赔偿损失的责任。在损失计算的标准上，侵权行为法规定了两大原则：一是完全赔偿原则，即行为人必须赔偿受害人因为侵权行为而导致的一切损害，这一原则的目的在于使害人恢复到损害没有发生时的状态。二是禁止获利原则，也就是说一般情况下受害人获得的赔偿不能高于他的损害，否则就会出现受害人不当得利的情形。我国 2009 年通过的《侵权责任法》针对损害赔偿的计算问题，区分财产损害和人身损害进行了规定:侵害他人财产的,财产损失按照损失发生时的市场价格或者其他方式计算。侵害他人造成人身损害的,应当赔偿医疗费、护理费、交通费等为治疗和康复支出的合理费用,以及因误工减少的收入。造成残疾的,还应当赔偿残疾生活辅助具费和残疾赔偿金。造成死亡的,还应当赔偿丧葬费和死亡赔偿金。造成他人严重精神损害的,被侵权人可以请求精神损害赔偿。

法律法规速递:

《中华人民共和国侵权责任法》第 15 条:承担侵权责任的方式主要有:

(一)停止侵害;

(二)排除妨碍;

(三)消除危险;

(四)返还财产;

(五)恢复原状;

(六)赔偿损失;

(七)赔礼道歉;

(八)消除影响、恢复名誉。

以上承担侵权责任的方式,可以单独适用,也可以合并适用。

法治思维训练:

1. 在侵权行为法中强调过错责任原则主导地位的法律意义何在? 要证明一项一般侵权行为的成立,原告需要证明哪些条件?

2. 请比较一下过错责任、过错推定责任、无过错责任三者的差别,并结合我国 2009 年《侵权责任法》的规定,说明三者分别适用于哪些类型的侵权行为?

3. 小王在外出旅游期间遇到不良商贩小李,小李无故将小王打成轻微伤、抢走了小王的手表一块、将小王的手机屏幕摔碎,其后小李还通过互联网歪曲整个案件的事实并对小王的名誉进行了诋毁。如果你是小王的代理律师,你认为面对该侵权案件,小李应当依法承担何种形式的侵权责任?

参考书目

1. 王泽鉴:《民法概要》,北京大学出版社 2009 年版。

2. 高富平主编:《民法学(第二版)》,法律出版社2009年版。

3. 梁慧星:《民法总论(第四版)》,法律出版社2011年版。

4. 梁慧星著:《物权法(第五版)》,法律出版社2007年版。

5. 崔建远主编:《合同法(第五版)》,法律出版社2010年版。

6. 崔吉子:《债法通论》,北京大学出版社2006年版。

7. 刘言浩主编:《合同案件司法观点集成(上下册)》,法律出版社2015年版。

8. 胡康生主编:《中华人民共和国合同法释义(第3版)》,法律出版社2013年版。

9. 王胜明主编:《中华人民共和国侵权责任法释义(第2版)》,法律出版社2013年版。

10. 沈德咏主编、最高人民法院研究室、最高人民法院环境资源审判庭编著:《最高人民法院环境侵权责任纠纷司法解释理解与适用》,人民法院出版社2016年版。

第九章

刑法基本原则

本章要点：

1. 了解刑法功能、犯罪概念与犯罪构成、刑罚和刑事责任等内容；

2. 了解罪刑法定原则的历史发展、立法沿革及其在我国刑法中的地位和体现；

3. 了解我国刑法中罪责刑相适应原则，认识三者之间的有机联系；

4. 学习刑法针对未成年人、正在怀孕的妇女、老人等作出的特殊规定，全面理解"适用刑法人人平等"原则及其与宽严相济刑事政策的关系。

引言

《中华人民共和国刑法》(以下简称《刑法》)是由全国人民代表大会制定的刑事基本法律,主要规定了什么是犯罪、什么是刑罚以及何种犯罪应科以何种刑罚。我国《刑法》由总则和分则组成。总则规定何为犯罪、刑罚及刑罚的运用。分则规定了包括危害国家安全罪,危害公共安全罪,破坏社会主义市场经济秩序罪,侵犯人身权利、民主权利罪,侵犯财产罪,妨害社会管理秩序罪,危害国防利益罪,贪污贿赂罪,渎职罪,军人违反职责罪十大类犯罪。由于刑罚措施最严厉,所以《刑法》又被称为社会的"最后保护手段"。只有当行为违反刑事法律,并达到严重危害社会的程度,才能作为犯罪,由《刑法》加以惩处。本章我们主要通过贯穿整个刑法、指导所有刑事立法和刑事司法活动的三个重要基本原则,即罪刑法定原则、罪责刑相适应原则和刑法适用人人平等原则,来系统并深入学习《刑法》相关理论与知识,了解《刑法》中的法治观念和法治设计。

第一节　刑法基本问题

法治事件回放:[《中华人民共和国刑法修正案(九)》通过]

2015年8月29日,第十二届全国人民代表大会常务委员会第十六次会议通过了《中华人民共和国刑法修正案(九)》(以下简称《刑法修正案(九)》)。这是我国《刑法》自1979年制定、于1997年修订以来,由全国人大常委会通过的第九个刑法修正案。刑法修正案是指1997年《刑法》颁布以来,全国人民代表大会及其常设机构对刑法条文的修改和补充。刑法修正案作为对刑法条文的具体修正,与刑法具有同等法律效力,是中国社会主义刑法体系的重要组成部分。

刑法是关于犯罪和刑罚的法。从实质意义上来说,凡规定了犯罪和针对犯罪所科处的刑罚相关内容的所有国家法规范,都可以被称为广义上的刑法。我们通常所说的刑法典,如《刑法》,则是狭义上的刑法,是形式意义上的刑法。刑法典规定有关犯罪与刑罚一般性的问题,被称为普通刑法;刑法典以外的刑罚法规被称为特殊刑法。

一、刑法的基本功能

刑法的功能指刑法作为一个有机整体所发挥的积极作用和影响。通俗地说,就是刑法有什么用。一般认为,刑法具有规范、保护和保障三大本质功能。

规范功能是指刑法作为一种社会行为规范所具有的为公民提供行为预期、规范和制约公民及司法机关行为的功能,包括预期功能、导向功能、评价功能和制裁功能。

刑法的规范功能还在于适当地规范国家和犯人之间的关系:一方面,要维持国家、公共社会的秩序;另一方面,限制国家刑罚权的发动,避免其侵害公民个人自由及其他合法利益。从前者的需要中产生保护功能,从后者的要求中产生保障功能。

保护功能,又称为秩序维持机能,指刑法通过打击犯罪、保护社会不受犯罪行为的侵害或威胁。保障功能,指刑法必须通过明确规定什么是犯罪、应判处何种刑罚,来限制国家刑罚权的任意发动,在保障公民自由与权利的同时,也保障犯罪嫌疑人、被告人和罪犯的合法权利。

法治经典赏读:

1764年,26岁的切萨雷·贝卡里亚出版了《论犯罪与刑罚》一书。此书虽篇幅不长,但影响极为深远,被誉为刑法学乃至法学领域最重要的经典著作之一。贝卡里亚对旧刑法制度的批判振聋发聩,对启蒙思想指引下的新刑法思想和原则的阐述使人耳目一新。他坚持社会危害性的客观标准,认为"衡量犯罪的唯一和真正的标尺是对国家造成的损害",当社会危害性和罪刑法定原则产生矛盾时,应坚持罪刑法定,排斥类推;他反对死刑,认为刑罚应该具有必要限度,犯罪与刑罚应该对称。在当时的时代背景下,这些观点的提出极具震撼力与前瞻性,对后世的影响也颇为显著。

二、犯罪概念与犯罪构成

根据我国《刑法》规定,犯罪是指具有严重社会危害性、违反刑事法律并应受刑事处罚的行为。我国《刑法》同时规定,情节显著轻微危害不大的,不认为是犯罪。

犯罪概念是对犯罪本质的抽象概括。在现实生活中,判断一个行为是否构成犯罪,还需要在刑法中将犯罪概念进一步具体化和明确化,以为公民提供行为的预期,防止国家擅入人罪。刑法总则规定的犯罪概念和刑法分则对具体个罪的规定,共同形成判断行为是否构成犯罪的标准。

构成犯罪的行为必须符合四个方面的要件:(1)犯罪客体,指我国刑法所保护而为犯罪行为所侵害的社会主义社会关系;(2)犯罪客观方面,指犯罪活动在客观上的外在表现,主要包括危害行为、危害结果、因果关系等;(3)犯罪主体,指达到法定年龄、具有刑事责任能力、实施了严重危害社会行为的人,单位也可以成为部分犯罪的主体;(4)犯罪主观方面,指犯罪主体对其实施的危害行为及危害结果所抱的心理态度,包括故意、过失以及目的。这四个方面综合起来被称为犯罪构成。

三、刑罚种类与执行方式

刑法中,犯罪与刑罚是对应存在的。没有无犯罪的刑罚,也没有无刑罚的犯罪。刑罚是犯罪的主要法律后果。

我国刑罚体系包括主刑和附加刑。主刑是指只能独立适用、不能附加适用的主要刑罚方法。一个罪只能适用一种主刑。附加刑是指补充主刑适用的刑罚方法。我国《刑法》规定,附加刑可附加于主刑适用,也可独立适用。

根据我国《刑法》第 33 条和第 34 条的规定,主刑包括管制、拘役、有期徒刑、无期徒刑与死刑;附加刑包括罚金、剥夺政治权利和没收财产,第 35 条规定,对于犯罪的外国人,可以独立适用或附加适用驱逐出境。

我国《刑法》不仅规定了刑罚的种类,还规定了刑罚的期限和执行方式。具体内容见表 9-1 和表 9-2。

表 9-1 主刑

刑罚名称	刑罚期限	执行方式
管制	三个月以上二年以下	对判处管制的犯罪分子,依法实行社区矫正。判处管制,可以根据犯罪情况,同时禁止犯罪分子在执行期间从事特定活动,进入特定区域、场所,接触特定的人,即禁止令。对于被判处管制的犯罪分子,在劳动中应当同工同酬
拘役	一个月以上六个月以下	被判处拘役的犯罪分子,由公安机关就近执行。在执行期间,被判处拘役的犯罪分子每月可以回家一天至两天;参加劳动的,可以酌量发给报酬
有期徒刑	六个月以上十五年以下	被判处有期徒刑的犯罪分子,在监狱或者其他执行场所执行;凡有劳动能力的,都应当参加劳动,接受教育和改造
无期徒刑	终身,但可以减刑或假释	被判处无期徒刑的犯罪分子,在监狱或者其他执行场所执行;凡有劳动能力的,都应当参加劳动,接受教育和改造
死刑	1. 立即执行 2. 缓期执行	死刑只适用于罪行极其严重的犯罪分子;对于应当判处死刑的犯罪分子,如果不是必须立即执行的,可以判处死刑同时宣告缓期二年执行;犯罪的时候不满 18 周岁的人和审判的时候怀孕的妇女,不适用死刑。审判的时候已满 75 周岁的人,也不适用死刑,但以特别残忍手段致人死亡的除外

表 9-2 附加刑

刑罚名称	刑罚内容	执行方式
罚金	判处罚金,应当根据犯罪情节决定罚金数额	罚金在判决指定的期限内一次或者分期缴纳。期满不缴纳的,强制缴纳。对于不能全部缴纳罚金的,人民法院在任何时候发现被执行人有可以执行的财产,应当随时追缴
剥夺政治权利	剥夺政治权利是剥夺下列权利:(1)选举权和被选举权;(2)言论、出版、集会、结社、游行、示威自由的权利;(3)担任国家机关职务的权利;(4)担任国有公司、企业、事业单位和人民团体领导职务的权利。剥夺政治权利的期限,除《刑法》第57条规定外,为一年以上五年以下	判处管制附加剥夺政治权利的,剥夺政治权利的期限与管制的期限相等,同时执行;对于危害国家安全的犯罪分子应当附加剥夺政治权利;对于故意杀人、强奸、放火、爆炸、投毒、抢劫等严重破坏社会秩序的犯罪分子,可以附加剥夺政治权利。独立适用剥夺政治权利的,依照刑法分则的规定;对于被判处死刑、无期徒刑的犯罪分子,应当剥夺政治权利终身;附加剥夺政治权利的刑期,从徒刑、拘役执行完毕之日或者从假释之日起计;剥夺政治权利的效力当然施用于主刑执行期间
没收财产	没收财产是没收犯罪分子个人所有财产的一部或者全部	没收全部财产的,应当对犯罪分子个人及其扶养的家属保留必需的生活费用;在判处没收财产的时候,不得没收属于犯罪分子家属所有或者应有的财产
驱逐出境	仅适用于外国人	可以独立适用,也可以附加适用

法律知识链接:

《刑法》针对犯罪情节轻微不需要判处刑罚、可以免予刑事处罚的,规定了非刑罚性处置措施,即人民法院对犯罪分子适用刑罚以外的其他处理方法的总称,包括《刑法》第36条规定的赔偿经济损失、第37条规定的训诫、责令具结悔过、赔礼道歉、赔偿损失,或者由主管部门予以行政处罚或者行政处分。《刑法修正案(九)》增加了职业禁止,即"因利用职业便利实施犯罪,或者实施违背职业要求的特定义务的犯罪被判处刑罚的,人民法院可以根据犯罪情况和预防再犯罪的需要,禁止其自刑罚执行完毕之日或者假释之日起从事相关职业,期限为三年至五年"。非刑罚性处置措施是刑罚的必要补充。

四、刑事责任

刑事责任是国家依据刑事法律规定,对实施了刑事法律所禁止的行为的犯罪人所追究的法律责任,是犯罪人所必须承担的法律后果。

行为人承担刑事责任,必须达到刑事责任年龄,具有刑事责任能力。

刑事责任年龄是指法律规定行为人对自己的犯罪行为负刑事责任必须达到的年龄。刑事责任能力是指行为人所必须具备的刑法意义上辨认和控制自己行为的能力,是判断行为是否构成犯罪、如何承担刑事责任的重要前提条件。刑事责任年龄是影响刑事责任能力的因素之一。不具备刑事责任能力者,即使实施了客观上危害社会的行为,也不能成为刑法上适格的犯罪主体,无法被追究刑事责任。刑事责任能力减弱者,其刑事责任也相应减轻。

我国刑法对刑事责任年龄及其相应刑事责任能力的规定分为刑事责任年龄、特殊人员的刑事责任能力以及又聋又哑的人或盲人犯罪的刑事责任三部分。具体内容见表9-3。

法律法规速递:

《中华人民共和国刑法》第17条:已满十六周岁的人犯罪,应当负刑事责任。

已满十四周岁不满十六周岁的人,犯故意杀人、故意伤害致人重伤或者死亡、强奸、抢劫、贩卖毒品、放火、爆炸、投毒罪的,应当负刑事责任。

已满十四周岁不满十八周岁的人犯罪,应当从轻或者减轻处罚。

因不满十六周岁不予刑事处罚的,责令他的家长或者监护人加以管教;在必要的时候,也可以由政府收容教养。

第17条之一:已满七十五周岁的人故意犯罪的,可以从轻或者减轻处罚;过失犯罪的,应当从轻或者减轻处罚。

表 9-3

刑事责任	刑事责任年龄	完全无刑事责任年龄:不满 14 周岁	不负刑事责任	已满 14 周岁不满 18 周岁的人犯罪,应当从轻或者减轻处罚。因不满 16 周岁不予刑事处罚的,责令他的家长或者监护人加以管教;在必要时,也可以由政府收容教养
		相对刑事责任年龄:已满 14 周岁不满 16 周岁	犯故意杀人、故意伤害致人重伤或者死亡、强奸、抢劫、贩卖毒品、放火、爆炸、投毒罪的,应当负刑事责任	
		完全刑事责任年龄:16 周岁以上不满 18 周岁	应当负刑事责任	
		已满 75 周岁	已满 75 周岁的人犯罪的,应当负刑事责任	过失犯罪的,应当从轻或者减轻处罚;故意犯罪的,可以从轻或者减轻处罚
	特殊人员的刑事责任能力	精神病人	在不能辨认或者不能控制自己行为的时候造成危害结果,经法定程序鉴定确认的,不负刑事责任	应当责令其家属或者监护人严加看管和医疗,在必要的时候,由政府强制医疗
			间歇性的精神病人在精神正常的时候犯罪,应当负刑事责任	
			尚未完全丧失辨认或者控制自己行为能力的精神病人犯罪的,应当负刑事责任	但可以从轻或者减轻处罚
		醉酒的人	醉酒的人犯罪的,应当负刑事责任	
	又聋又哑的人或者盲人	又聋又哑的人或盲人犯罪的	可以从轻、减轻或者免除处罚	

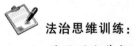 **法治思维训练:**

1. 德国刑法学家李斯特曾经说过,刑法是犯罪人的大宪章。结合本节有关刑法功能的内容,谈谈你对这句话的理解。

2. 2017 年 1 月,公安部就《中华人民共和国治安管理处罚法》的修订向社会公开征求意见。修订内容之一取消了原已满 14 周岁不满 16 周岁未成年人不执行行政拘留处罚的限制性规定,同时将初次违反治安管理不执行行政拘留处罚的年龄范围修改为"已满十四周岁不满十八周岁"。请结合刑法中关于相对刑事责任年龄的规定,来谈谈你对这一修订的看法。

3. 我国《刑法》规定,醉酒的人犯罪应当承担刑事责任。请问这是为什么?醉酒的人犯罪和精神病人犯罪在刑事责任的承担上有何不同?

第二节　罪刑法定原则

法治事件回放:[李×组织卖淫案]

2003 年 1 月至 8 月,被告人李×以营利为目的,先后与刘×、冷×等人合谋,招聘男青年做公关人员,并制定《公关人员管理制度》,指使刘×、冷×管理"公关先生",在其经营的几个酒吧内将多名"公关先生"多次介绍给男性顾客,由男性顾客带至酒店等处从事同性卖淫活动。本案的争议问题是:同性之间的性交易是否构成刑法中的卖淫?最高人民法院在有关批复中认定,随着时代和社会生活的发展变化,"卖淫"的外延应当包括以营利为目的、与不特定同性从事性交易的行为,这并不违背罪刑法定原则。南京市秦淮区人民法院经依法审理后,以组织卖淫罪判处被告人李×有期徒刑八年。

一、黑暗刑法的终结者

很多论述西方刑法史的著作,都将"启蒙时代"作为近代刑法学区别于古代和近世初期刑法学的分水岭。这是因为启蒙时代尤其是 18 世纪法国启蒙运动所提倡的科学、理性、人道等观念,不仅促进了人道主义、自由主义思想的流布,还引发社会对当时及此前存在的有违理性和人道之刑法制度的猛烈批判。

以中世纪西欧的刑法为例。当时社会尚处于不发达阶段,刑法同各种习惯、宗教信条及道德规范混杂在一起,尚未独立,犯罪与道德过错和宗教"罪孽"之间缺乏明确的界限。刑法渊源的混杂性导致刑罚权多元且不受限制。而封建社会专制君主政权以及宗教居于统治地位的历史特点,更加剧了当时社会中普遍存在的罪刑擅断主义、酷刑威吓主义、神判和宗教迫害等现象。

法律知识链接:

从古老的时代开始,神判就被视为一种司法程序,由法律规定适用于某些案件,并被法庭作为常规的普通程序实行。神判往往被适用于缺乏证据、法庭无法解决的案件。但事实上,各种有关神判的规定赋予了它以惩罚的性质,广泛适用于被认为有罪的人身上和重要性各不相同的犯罪案件中,实质上相当于一种酷刑,包括沸水神判、赤烙铁神判、火焰神判等。在中世纪,教会将神判和宗教审判结合起来,用来惩罚违反宗教道德规范的人或者迫害异教徒,导致许多不公正的判决和严酷的刑罚。①

由于刑罚权完全受君权支配,犯罪也就必然没有稳定的法律解释,而是以君主个人的意志为标准。君主任命的法官也经常成为其代言人,在当时法律缺乏具体量刑标准的情况下,拥有广泛的自由裁量权,任意解释法律。"一切可能成为刑罚对象的事物都是犯罪,而法官认为应当处罚的一切事物又都可以构成刑罚的对象"②。与刑罚权的恣意发动和罪刑擅断相匹配的,是当时较为普遍的严峻而残酷的刑罚以及在刑事审判程序中刑讯逼供的滥用。

17—18 世纪启蒙运动,对人道、理性和科学等理念的倡导也开启了刑法领域的启蒙。罪刑法定原则的确立,便是其产物之一。针对中世纪封建专制主义、罪刑擅断和肆意践踏人权的现象,以古典自然法为主要理论形态的启蒙思想,经格劳秀斯、霍布斯、洛克、孟德斯鸠、卢梭等人的发展,提出了"主权在民""天赋人权"等学说,确立个人本位的政治法律思想,主张以法律制约权力,唯有法律才能对公民自由加以限制,才能对公民定罪处刑。这些启蒙思想成为当时新兴资产阶级反对封建特权和封建专制的思想武器,并形成了罪刑法定主义的早期理论基础。后来经过费尔巴哈、贝卡里亚等人的继承与发展,罪刑法定原则被进一步明确和立法化,成为近现代各国刑法的"圭臬"。

---

① [美]亨利·查尔斯·李:《迷信与暴力》,X. Li 译,广西师范大学出版社 2016 年版。
② [意]切萨雷·贝卡里亚:《论犯罪与刑罚》,黄风译,北京大学出版社 2008 年版,第 117 页。

二、历史沿革与现代发展

虽然罪刑法定原则的早期思想渊源可以追溯至 1215 年英王约翰签署的《大宪章》，但现代刑法理论通常认为，罪刑法定原则从学说到法律的转变，是在法国资产阶级革命胜利以后完成的。

1789 年，法国《人权宣言》第 8 条规定了罪刑法定原则，确立了罪刑法定原则的基本方向和主要内容。在该原则指导下，1791 年法国宪法进一步吸纳了罪刑法定精神，同年制定的刑法草案也体现了绝对罪刑法定主义，即明确各罪的犯罪构成、绝对确定的法定刑、审判官无任何自由裁量权。1810 年《法国刑法典》采取相对罪刑法定主义。这一规定的历史意义在于，它终于将罪刑法定原则由宣言式规定转变为刑法中的实体性规定。

在法国影响下，罪刑法定主义成为大陆法系国家中通行的刑法基本原则。在实行判例法的英美法系国家中，罪刑法定原则主要体现于程序法。我国清朝末年修律时仿效日本，于 1911 年颁布的《大清新刑律》中规定："法律无正条者，不问何种行为，不为罪。"

法治经典赏读：

1215 年英王约翰签署的《大宪章》第 39 条规定："对于任何自由人，不依同一身份的适当的裁判或国家的法律，不得逮捕、监禁、剥夺领地、剥夺法的保护或放逐出境，不得采取任何方法使之破产、不得施加暴力、不得使其入狱。"这一规定是当时的贵族、僧侣及市民为了抑制国王专制、保护其既得利益而迫使英王制定的，它使英国人的人权在法律形式上得到了保护，奠定了罪刑法定主义的思想基础。[①]

19 世纪末，社会思想的发展使得自由主义和人权保护理念受到限制，罪刑法定主义不再像之前那样受推崇。一些国家在特定历史时期甚至取消了刑法中有关罪刑法定主义的规定。如 1926 年的苏维埃俄国和 1935 年的纳粹德国。这种现象被称为罪刑法定主义的消解。但第二次世界大战后，罪刑法定主义再

---

① 张明楷：《刑法格言的展开》，法律出版社 2003 年版，第 16 页。

次获得尊重和重视,1949 年的德意志联邦共和国、1958 年的苏维埃俄国以及后来的俄罗斯共和国纷纷在刑法典中规定了罪刑法定原则,1948 年联合国通过的《世界人权宣言》也规定了罪刑法定原则。

"法无明文规定不为罪,法无明文规定不处罚"。对罪刑法定原则的理解,可分为三个方面:第一,没有事先公布的法律,就没有犯罪和刑罚;第二,没有成文法律,就没有犯罪和刑罚;第三,没有法律明文规定,就没有犯罪和刑罚。从中推导出四项派生原则:(1)刑法不溯及既往原则,其实质是禁止事后法;(2)禁止习惯法原则,强调不得以习惯法作为入罪的根据;(3)禁止类推和类推解释原则,强调处理案件只能基于法律规定和案件事实之间在内容上具有同一性的基础,而不能像类推那样,仅仅认为法律规定和案件事实之间在内容上具有类似性就可以定罪处刑。同时,还禁止类推解释,禁止把法无明文规定但与法律规定最相类似的情形解释为法律规定,从而扩大法律规定的蕴含;(4)禁止不确定刑法,要求刑法具有确定性,包括构成要件明确和刑罚效果确定。

罪刑法定主义在其发展过程中,经历了从绝对罪刑法定主义到相对罪刑法定主义的嬗变。绝对罪刑法定主义禁止类推和事后法;主张绝对确定的法定刑;主张法官没有法律解释权,甚至主张完全取消司法裁量权。而相对罪刑法定主义主张相对确定的法定刑,赋予司法一定裁量权,允许法官对刑法进行严格解释,允许对被告人有利的类推,采用从旧兼从轻原则,即有条件地溯及既往。由绝对到相对的这些变化,克服了罪刑法定主义的僵硬性,更加强调保障人权。

三、中国刑法中的无冕之王

对于中国而言,罪刑法定主义是舶来品。清朝末年,罪刑法定主义由日本传入我国,先后被规定于 1908 年《钦定宪法大纲》、1911 年《大清新刑律》和1935 年《中华民国刑法》中,但其实际适用效果并不理想。在长期坚持"引律比附"刑法传统、缺乏罪刑法定主义配套制度和价值观念的中国,罪刑法定主义注定无法开花结果。

1949 年中华人民共和国成立之后,1979 年制定的第一部刑法典并未规定罪刑法定原则,类推反而在其中占据了一席之地。我国进入改革开放与社会转型期以后,社会本位的传统价值观受到挑战,个人本位的价值观得到提倡。

1997 年刑法修订时,罪刑法定原则终被写入刑法。这是具有划时代意义的里程碑式的举动。

法律法规速递:

《中华人民共和国刑法》第 3 条:法律明文规定为犯罪行为的,依照法律定罪处罚;法律没有明文规定为犯罪行为的,不得定罪处刑。

细心的读者会发现,我国《刑法》第 3 条所规定的罪刑法定原则和罪刑法定的经典表述不太一样。有人将前半段理解为"积极的罪刑法定",将后半段理解为"消极的罪刑法定"。实际上,前半段和后半段的含义完全相同,都强调定罪处罚必须以成文法的明文规定为前提,意在限制国家刑罚权,保障公民个人权利与自由,二者并无积极与消极之分。尽管表述不同,但我国刑法规定的罪刑法定原则在基本精神和价值取向上和其他国家的规定是一致的。罪刑法定原则的立法化,标志着我国刑法功能定位由传统的"刀把子"向"公民权利大宪章"转变。

罪刑法定原则是我国刑事立法和刑事司法必须坚守的最高准则。在刑事立法方面,我国《刑法》总则规定了犯罪概念、犯罪构成要件、刑罚种类、刑罚运用制度等;《刑法》分则规定了各种具体犯罪的构成要件及其法定刑,为正确定罪量刑提供了明确、完备的法律标准;刑事司法方面,我国废除了刑事司法类推制度,要求司法机关严格解释和适用刑法,依法定罪处刑。

虽然我国刑法规定的刑罚种类及刑罚执行方式会随着时代变化而有所变化,但无论怎样,判断一个行为是否为犯罪、是否应受刑事处罚以及如何处罚时,应始终坚持罪刑法定原则。

 法治思维训练:

1. 我国古代刑法中有关于"腹诽罪"和"为不应为之罪"的规定,请你了解一下这些规定的具体含义和历史背景,想想为什么刑法要规定"罪刑法定原则"?

2. 在德国社会学家马克斯·韦伯的设想中,理想的司法模式犹如一台"自动售货机",一端输入案件事实,另一端根据法律规范吐出司法判决。在整个过程中,法官只是法律被动的机械的实施者。你同意马克斯·韦伯的观点吗?为什么?

3. 在"李×组织卖淫案"中，为什么说最高人民法院将"卖淫"的外延扩大解释为应当包括以营利为目的、与不特定同性从事性交易的行为，并不违背罪刑法定原则？

第三节　罪责刑相适应原则

法治事件回放:［李×贩卖、运输毒品案］

被告人李×于1992年因犯运输毒品罪(犯罪时未满18周岁)被判处死刑，缓期二年执行，经减刑于2006年被释放;2010年又因涉嫌贩卖、运输毒品罪被逮捕。经大理白族自治州中级人民法院查明，被告人李×违反国家毒品管制法规，结伙贩卖、运输海洛因，构成贩卖、运输毒品罪。李×归案后能如实供述司法机关尚未掌握的另外三次贩卖、运输海洛因的犯罪事实，认罪态度好，但其多次贩卖、运输海洛因，数量大，且系主犯，又系毒品再犯、累犯，应当从重处罚。该法院判处李×死刑。

一、罪责刑关系理论的历史流变

英语中有这样一句法律格言:"罪行越大，绞架越高"，即罪责越重，刑罚就越重，其实质是强调根据犯罪裁量刑罚，罪责轻则刑罚轻，罪责重则刑罚重，罪与刑要相适应。这就是早期罪刑关系的基本内容。

虽然历代成文刑法中都有对犯罪、刑罚及少量影响刑事责任的因素的规定，但在奴隶社会和封建社会，刑法中规定的罪刑关系或司法实践对罪刑关系的处理并不必然体现罪刑对称原则，因为，刑罚不仅是犯罪行为的结果，还常受到身份地位等因素影响，呈现罪与刑不均衡的状态。无论是古代中国杰作辈出的成文法典，还是被誉为"一切公法和私法渊源"的罗马法中，到处可见犯罪行为性质相同，仅因实施者身份、地位不同，刑事责任承担方式就完全不同的规定。

然而，仅仅因为犯罪人、受害人身份地位不同，就处以不同的刑罚，显然违背人类朴素的正义观。许多法律思想家都呼吁刑罚的轻重应该与犯罪行为相协调、相均衡。罪刑均衡是古典刑事学派刑法理论的重要主张之一。确定罪刑均衡的标准，一是犯罪行为的严重程度，二是预防犯罪的必要限度。

法治经典赏读：

"各种刑罚的轻重要配搭适当，这一点非常重要。因为，人们总是防大罪甚于防小罪，防范对社会造成重大危害的罪行，甚于防范对社会造成较小危害的罪行。"

这句话是法国的思想家孟德斯鸠在《论法的精神（上卷）》中论述"罪与罚的正确比例"问题时说的。它强调法律在配置刑罚时，既要注意刑罚与罪行所造成的危害的大小相匹配，又要注意刑罚自身轻重的有序。

19 世纪下半叶，资本主义快速发展，社会极大繁荣，也导致犯罪数量急速增加。刑事古典学派对社会"从未有过的数量极大的犯罪行为"束手无策，以龙勃罗梭、加罗法洛、菲利为代表的刑事实证学派应运而生。

刑事实证学派认为，人之所以犯罪，不是人自由选择的结果，而是自然、社会和个人生理、心理因素综合作用的产物。刑罚是社会为了防卫自身而对特定犯罪人实施的特定措施。因此，刑罚的对象不应是犯罪行为，而是犯罪人。行为人是否会在未来继续侵害社会，主要取决于其人身危险性。刑罚应当与未然的、个别的犯罪人的人身危险性相适应。

刑事实证学派否定了古典学派的罪刑均衡论，提出与之相对的刑"人"对应观点，主张刑罚个别化。然而，没有行为的支撑，刑事实证学派的刑罚观不可避免地陷入混乱，轻罪重罚、重罪轻罚甚至无罪施罚都被认为是合理的。

经由刑事古典学派和刑事实证学派的折中融合，在现代刑法学理论中，纯粹的罪刑均衡和"人"刑个别化对应的观点，都因其局限性而被扬弃，在罪刑关系上，刑法学理论逐渐走向行为与行为人融合的折中之道。

法律知识链接：

刑事古典学派和刑事实证学派主张的是刑法学发展史上的两种理论。刑法学中，将启蒙时期的刑法理论和以报应论为基础的刑法理论，合称为古典学派。刑事古典学派在犯罪观上,采取客观主义立场,认为应受惩罚的是犯罪行为;在刑罚观上,主张刑罚的报应性和惩罚性;主张罪刑法定主义。刑事实证学派,包括刑事人类学派和刑事社会学派,在犯罪论上,采取主观主义立场,认为应受惩罚的是行为人;在刑罚观上,主张刑罚是防卫社会的需要,刑罚的目的是特殊预防。

二、罪责刑相适应的双重性

罪刑关系由罪刑均衡向罪责刑相适应的转变,既要求刑罚与犯罪的社会危害性大小相适应,又要求刑罚和犯罪人的人身危险性相适应。判断刑事责任轻重的主要依据是由犯罪主客观事实决定的罪行本身的轻重。但犯罪事实之外的对罪行轻重本身没有影响的其他事实或情节,对刑事责任轻重的认定却有影响。犯罪事实之外影响刑事责任轻重的因素,有些是对犯罪人人身危险性增加或降低的直接反映,如累犯或自首,有些是特定刑事政策指导下的特殊规定,如未成年人刑事责任年龄等。

罪责刑关系的核心是借由责任纽带实现对行为和行为人的共同评价,这和刑罚的正当化根据相对应。刑罚的正当化根据,一是报应论,二是预防论。"善有善报,恶有恶报""以眼还眼,以牙还牙"等因果报应或同态复仇的朴素观念,都是报应论的早期体现。刑事古典学派也认为,对基于自由意志实施了犯罪的人施以刑罚这种恶,是正义的。预防论则认为科处刑罚是为了实现犯罪预防等合理目的。报应论和预防论经过长时间分野之后,逐渐走向融合。

刑罚的正当化根据,不仅从总体上回答国家制定并适用刑法的正当性理由,而且也具体说明了刑罚适用的基准,尤其是量刑基准。刑罚适用的基准中包含了报应和预防两个方面的目的。

刑罚首先是对犯罪的报应。因此,刑罚不能超出犯罪本身的社会危害程度,刑罚应当和犯罪的社会危害性相适应。这既是实现报应正义性的要求,又可以防止为追求纯粹预防目的而出现畸轻畸重的刑罚。同时,刑罚是对未来犯罪的预防,必须考虑犯罪人的人身危险性,考虑矫正和再社会化的难易程度,强调刑罚与犯罪人的人身危险性相适应。这既是实现目的合理性的要求,又可以缓和一味地追求报应刑所带来的僵化。

法律知识链接：

人身危险性与社会危害性是我国刑法理论中两个重要概念。社会危害性是指行为人对我国的社会关系实际造成的损害或者可能造成的损害，而人身危险性主要指犯罪人的再犯可能性。

三、罪责刑相适应的刑法表现

罪责刑相适应原则是我国刑法基本原则之一。它不仅是量刑原则，还是刑事立法原则和刑事审判原则。

作为刑事立法的基本原则，罪责刑相适应原则主要体现于我国《刑法》的逻辑结构和框架安排上。我国《刑法》由总则和分则组成。总则是关于犯罪、刑事责任和刑罚的一般原理的规范体系，是认定犯罪、确定刑事责任和适用刑罚所必须遵守的共同规则，属于一般性规定。分则是关于具体犯罪及其法律后果的规范体系，明确了对各类、各种具体犯罪定罪量刑的标准。我国《刑法》总则和《刑法》分则条文体现罪责刑相适应关系的方式有所不同。

《刑法》总则规定了犯罪的概念，划分了故意犯罪和过失犯罪，明确规定过失犯罪，法律有规定的才负刑事责任。刑事责任部分，总则规定了刑事责任年龄和特殊人员的刑事责任。由于《刑法》分则条文所规定的具体犯罪都是既遂形态，《刑法》总则针对犯罪预备、中止和未遂等犯罪特殊停止形态规定了刑事责任的认定方法，如"对于未遂犯，可以比照既遂犯从轻或者减轻处罚"。《刑法》总则还规定了共同犯罪，按照犯罪分子在犯罪中所起的作用，明确了对于主犯、从犯、胁从犯、教唆犯等共同犯罪人的责任认定方法。除此之外，《刑法》分则还在刑罚的具体运用部分规定了累犯、自首、立功、数罪并罚、缓刑、减刑和假释等刑罚裁量办法。《刑法》总则的这些规定虽然是抽象的、一般性的，但在结合《刑法》分则条文、明确刑罚如何与犯罪以及刑事责任相适应、指导刑事司法具体认定、最终实现罪责刑相适应方面，具有重要意义和作用。

法律法规速递：

《中华人民共和国刑法》第 5 条：刑罚的轻重，应当与犯罪分子所犯罪行和承担的刑事责任相适应。

《刑法》分则关于具体犯罪的规定是以分则条文的形式加以表述的,分则条文通常由罪状和法定刑构成。罪状是《刑法》分则条文对某种具体犯罪的成立条件或对加重或减轻法定刑的适用条件的描述。法定刑则是《刑法》分则条文对各种具体犯罪所规定的刑种与刑度(刑罚的幅度)。

法定刑反映的是国家对具体犯罪社会危害程度的评价,其轻重程度和罪行轻重程度相匹配,而且这种匹配会随着社会形势的变化以及某种犯罪社会危害性程度的变化而发生调整,确保调整后的法定刑与该犯罪的社会危害性程度相适应。刑度的存在是为了保障法官享有一定的自由裁量权。立法者确定的法定刑只是对各种犯罪的社会危害程度的一种宏观预测,无法精确适用于每一个案件。在法定刑中预留一定的幅度,法院在审判时就可以根据具体案件的犯罪情节和犯罪人的再犯可能性等情况,灵活适用。

部分《刑法》分则条文通过规定具体犯罪的特有犯罪构成要素和责任要素,如过失犯罪、结果犯、目的犯或身份犯等,直接在条文中体现罪责刑相适应的关系。其他《刑法》分则条文所规定的具体犯罪的认定,往往需要借助刑法总则中规定的相关内容,来判断一个行为的罪与非罪、此罪与彼罪、刑事责任之有无和大小,最后才是刑罚裁量和罪责刑相适应的最终实现。

刑事立法上的罪责刑相适应,是刑事司法上罪责刑相适应的前提。如果刑法规定的法定刑与犯罪不相适应,审判上就不可能做到适当量刑。但刑事立法上的罪责刑相适应毕竟是抽象和笼统的,要做到具体的罪责刑相适应,还必须依赖刑事审判和量刑来实现。

 法治思维训练:

1. 罪刑均衡和罪责刑相适应的内涵一样吗?为什么?

2. 我国《刑法》总则第 67 条规定了自首。构成自首的,可以从轻或者减轻甚至免除处罚。上述"李×贩卖、运输毒品案"中,李×如实供述司法机关尚未掌握的其他三起犯罪事实,理应构成自首,但为什么法院在判决时,认为该自首情节不影响案件的量刑,最终判处其死刑?请结合罪责刑相适应原则和刑法相关规定,谈谈你对本案判决结果的看法。

3. 我国《刑法》总则和《刑法》分则体现罪责刑相适应原则的方式有何不同?

第四节　刑法适用人人平等原则

法治事件回放：[余振东案]

　　2004 年美国政府将贪污、挪用涉案金额达 4.82 亿元的余振东遣送回中国时，中国政府作出承诺：假如余振东在中国被起诉的话，应当被判处不超过 12 年刑期的有期徒刑，并不得对其进行刑讯逼供和判处死刑。2006 年，广东江门中院判处余振东有期徒刑 12 年。基于刑事司法国际协作的目的，以不判处死刑的承诺来换取对外逃犯的引渡或移送，不得不承认，余振东案件有其政治和外交的特殊性。但与很多贪污数额相对较少、没有外逃情节、反而被判处死刑的贪污犯相比较，余振东仅获 12 年有期徒刑的判决结果，是否违反了"刑法面前人人平等"的原则呢？答案是肯定的。但这是一种特殊情况。如果要想彻底解决其中的矛盾，只有通过立法取消我国经济犯罪的死刑，彻底消除引渡的障碍，真正实现刑法面前人人平等。

一、刑法平等原则的宪法渊源

　　平等是人类社会孜孜以求的理想目标之一，平等权的产生是人类社会文明进步的产物和标识。平等观念的思想渊源，最早可以追溯到古希腊的哲学思想。斯多葛学派提出的个人、人种和民族在普遍理性名义之下的平等观念，被许多西方学者视为平等人权观的最初生成，并被给予高度评价。近代资产阶级革命过程中，平等逐渐从思想观念转变为法律上的平等权。法国《人权宣言》宣称，"在权利方面，人生来而且始终是平等的，只有在公共利用上才显现出社会上的差别"。这是平等思想在法律文书中的首次表述。此后，各国宪法以不同形式确立了法律面前人人平等的原则。

法治经典赏读：

　　"所谓壹刑者，刑无等级。"这句话出自战国商鞅《商君书·赏刑》。商鞅在

《商君书·赏刑》一文中提出了三个政治主张,即壹赏、壹刑、壹教。所谓统一刑罚,就是刑罚不分人的等级,自卿相将军到大夫平民,有不服从国君命令、违犯国家禁令、破坏国家制度者,就判处死刑,决不赦免。以前立过功劳,以后办了坏事的,不因此而减轻刑罚,以前有过善行,以后有了罪过的,不因此而破坏法律。忠臣孝子有了过失,也必须按照罪的大小来判刑。商鞅提出的"刑无等级"主张,显然是对"刑不上大夫"的大胆挑战,有其进步意义。但在商鞅所处的时代,是无法真正实现"在法律面前人人平等"的。

平等是法律的内在要求。法律面前人人平等,意味着"凡是法律视为相同的人,都应当得到法律所确定的相同方式来对待",在法律领域没有什么比对相同事件依不同法律进行评价更让人难以忍受的。法律面前人人平等包括立法平等和法律适用平等。

立法平等是一个分配正义的问题,关注法律如何在社会成员之间合理地分配权利、义务、权力和责任。立法者也必须受平等原则的约束,在制定法律时,应将所有类属相同的人或社会主体,视为平等享有法律权利并平等承担法律义务的主体,为他们平等行使权利创设平等的机会,排除种族歧视、性别歧视、身份歧视等不平等内容。

法律适用平等是一个平均正义的问题,关注既定法律的平等适用。所有公民必须平等地遵守法律,司法机关和行政机关在适用和执行法律时必须严格执法,平等对待所有公民,不能有所差别。

立法平等是法律适用平等的前提,立法平等和法律适用平等相结合,才能真正实现法律上的平等。

法治经典赏读:

法不阿贵,绳不挠曲。法之所加,智者弗能辞,勇者弗敢争。刑过不避大臣,赏善不遗匹夫。

——韩非:《韩非子·五蠹》

《周诗》曰:"王道荡荡,不偏不党;王道平平,不党不偏。其直若矢,其易若底,君子之所履,小人之所视。"若吾言非语道之谓也,古者文、武为正均分,贵贤罚暴,勿有亲戚弟兄之所阿。

——墨子:《墨子·兼爱下》

　　我国宪法规定,任何组织或者个人"都不得有超越宪法和法律的特权","中华人民共和国公民在法律面前一律平等"。法律面前人人平等是宪法原则,也是其他法律的原则。即使刑法没有明文规定,刑法面前人人平等也是刑法制定和适用的题中应有之义。

　　但仅有宪法上关于"法律面前人人平等"原则的规定还不够,宪法原则必须借助于部门法才能全面、具体地落实法律面前人人平等原则。因此,1997 年我国修订刑法时,将宪法中的平等原则在刑法典中加以规范化和条文化。刑法上的人人平等原则是人类平等思想在刑法中的直接体现,是平等权利在刑法上的要求。刑法上的平等是同宪法原则密切联系在一起的。

二、刑法平等原则的理解与适用

　　刑法上的平等包括刑法立法平等和刑法适用平等。

　　刑法立法平等是刑法如何规定犯罪与刑罚的问题。这里包含着一种平等的正义,即"相同的人和相同的情形必须得到相同的或者至少是相似的对待,只要这些人和这些情形按照普遍的正义标准在实质上是相同的或相似的"[1]。在刑事立法中,平等原则要求立法者不得对于本质相同之事件或类似事件作出不同的规定,尤其是不得在无正当理由的情况下,制定对某些特定群体和集团的歧视或优惠条款;同样,对于本质不相同之事件或不相似之事件,也不得任意制定相同或相似的规定。刑罚的轻重,应当与所犯罪行及其刑事责任的轻重相适应。

　　刑法适用平等是司法机关如何认定犯罪和适用刑法的问题。和其他法律规范一样,刑法具有普遍性特征,其适用对象具有一般性和普遍性。刑法适用平等意味着"凡为法律视为相同的人,都应当以法律所确定的方式来对待"[2]:首先,对于任何犯罪人,不论民族、性别、职业、出身、宗教信仰、教育程度、财产状况、社会地位如何,在定罪、处刑、行刑以及在确定刑法适用范围和追诉时效等问题上一视同仁;其次,反对特权和反对歧视。任何人犯罪都要受到刑事追究,不能因其身份特殊或拥有特权而有罪不判或重罪轻判,或者在行刑时给予

---

　　① ［美］E. 博登海默:《法理学:法律哲学与法律方法》,邓正来译,中国政法大学出版社 2004 年版,第 286 页。
　　② ［美］E. 博登海默:《法理学:法律哲学与法律方法》,邓正来译,中国政法大学出版社 2004 年版,第 286 页。

特殊待遇。反对歧视，主要是指反对不平等的保护和受到不公平的处罚。

法律法规速递：

《中华人民共和国刑法》第 4 条：对任何人犯罪，在适用法律上一律平等。不允许任何人有超越法律的特权。

刑法具有行为规范和裁判规范的功能。就行为规范而言，谁都可以实施法律允许实施的行为，反之，谁都受法律的约束，"谁也不在法律之上"。也就是说，谁都不得实施犯罪，无论谁实施了犯罪，都应按照刑法进行惩罚。

就裁判规范而言，司法者应当对类似的事件作出相同的裁判，即对同等犯罪应科处同等刑罚，对不同等犯罪应根据刑法作出不同等处罚。如果有人犯了侵犯财产罪之后受到刑罚处罚，有人犯了相同的侵犯财产罪之后却由于法律以外的原因不受刑罚处罚，这就是不平等。同样，如果有人犯了故意杀人罪，有人犯了过失致人死亡罪，而司法机关将二者作相同处理，也是不平等的。

三、刑法平等原则与宽严相济

宽严相济刑事政策是我国的基本刑事政策，贯穿于刑事立法、刑事司法和刑罚执行的全过程。究竟什么是宽严相济呢？根据 2010 年印发的《最高人民法院关于贯彻宽严相济刑事政策的若干意见》的相关规定，宽严相济刑事政策中的从"严"，主要是指对于罪行十分严重、社会危害性极大，依法应当判处重刑或死刑的，要坚决地判处重刑或死刑；对于社会危害大或者具有法定、酌定从重处罚情节，以及主观恶性深、人身危险性大的被告人，要依法从严惩处。

宽严相济刑事政策中的从"宽"，主要指对于情节较轻、社会危害性较小的犯罪，或者罪行虽然严重，但具有法定、酌定从宽处罚情节，以及主观恶性相对较小、人身危险性不大的被告人，可以依法从轻、减轻或者免除处罚；对于具有一定社会危害性，但情节显著轻微危害不大的行为，不作为犯罪处理；对于依法可不监禁的，尽量适用缓刑或者判处管制、单处罚金等非监禁刑。

宽严相济刑事政策中的"相济"，主要是指在对各类犯罪依法处罚时，要善于综合运用宽和严两种手段，对不同的犯罪和犯罪分子区别对待，做到严中有宽、宽以济严；宽中有严、严以济宽。

法律知识链接：

刑事政策是指国家立法机关、司法机关根据我国国情和犯罪状况制定或运用的预防犯罪、惩罚犯罪以及矫治犯罪人的各种刑事对策。宽严相济刑事政策是惩办与宽大相结合刑事政策的继承和发展。刑事政策根据其指导功能的不同，可分为刑事立法政策、刑事司法政策、刑事执行政策。宽严相济刑事政策既是刑事司法政策，也是刑事立法政策和刑事执行政策。刑事政策根据其所处层次的不同，可分为基本刑事政策和具体刑事政策。宽严相济是基本刑事政策，"严打""少杀、慎杀"等是具体刑事政策。

实际上，在刑事立法、刑事司法和刑事执行中贯彻宽严相济政策，并不违背刑法平等原则，相反，是对刑法平等原则的实质性落实。我们强调刑法平等原则下任何人不受任何区别对待，是指在定罪量刑和权益保护方面，不受任何可能妨碍司法公正的因素的影响，以避免司法不公现象的发生。但这种平等是一种形式平等，是一种机会平等，实质平等的实现必须注意个体因素的合理性差别。主张平均主义的平等或绝对的平等，恰恰是最不平等的。

宽严相济刑事政策区分人身危险性大小和情节轻重，并在此基础上主张宽者宽之，严者严之：对严重破坏社会秩序，严重危害人民群众生命健康和财产安全、严重侵犯人民群众特别是弱势群体基本利益的犯罪行为，主张依法严厉制裁；对于初犯、偶犯、从犯、未成年人犯罪、过失犯罪和其他一些轻微犯罪，则采取轻缓的刑事政策；对老人、妇女、残疾人、患有严重疾病的人和亲情间的犯罪，则贯彻人道主义，体现人文关怀。

这种有区别的对待，是立法者在长期调查研究基础上所作出的基于人性和理性的合理分类，是在立法一般化与个别化相结合的基础上实现司法个别化的公正，是"合理区别对待"而不是"一刀切"的刑法人道主义和司法合理性的体现。只要在刑事立法上和刑事司法中，确保这些相同的人和相同的情形得到相同的或者至少是相似的对待，即宽者都宽，严者都严，按照法律的规定得到相应的有区别的对待，就是一种平等。

 法治思维训练：

1. 我国法学界很长一段时间认为法律面前人人平等原则只包括法律适用平等，不包括立法平等。请你了解相关观点，谈谈你对这个问题的看法。

2. 什么是宽严相济刑事政策？为什么说我国实行宽严相济刑事政策与刑法平等原则并不矛盾？

 参考书目

1. ［法］孟德斯鸠：《论法的精神（上卷）》，许明龙译，商务印书馆 2012 年版。

2. ［意］切萨雷·贝卡里亚：《论犯罪与刑罚》，黄风译，北京大学出版社 2008 年版。

3. ［日］大塚仁：《刑法概说（总论）》，冯军译，中国人民大学出版社 2003 年版。

4. 张明楷：《刑法格言的展开》，法律出版社 2003 年版。

5. ［美］亨利·查尔斯·李：《迷信与暴力》，X. Li 译，广西师范大学出版社 2016 年版。

6. ［德］克劳斯·罗克辛：《德国刑法学 总论（第 1 卷）》，王世洲译，法律出版社 2005 年版。

7. 陈兴良：《教义刑法学》，中国人民大学出版社 2010 年版。

8. 林钰雄：《新刑法总则》，中国人民大学出版社 2009 年版。

9. ［美］博西格诺等：《法律之门（第八版）》，邓子滨译，华夏出版社 2007 年版。

10. 陈兴良：《刑法的启蒙》，法律出版社 1998 年版。

11. ［美］E. 博登海默：《法理学：法律哲学与法律方法》，邓正来译，中国政法大学出版社 2004 年版。

第十章

行政法基本原则

本章要点：

    1. 通过学习行政许可、行政处罚、行政强制和行政征收的基本内容,理解依法行政原则。

    2. 通过学习行政活动公开、政府信息公开和政府数据开放的基本要求,理解行政公开原则。

    3. 通过学习行政行为的合法性和适当性,理解合法性审查原则。

引言

在世界范围内，主要法治国家行政法的诞生，"最初目的是要保证政府权力在法律的范围内行使，防止政府滥用权力，以保护公民"。① 那个时期，政府的主要任务是安全保障和秩序维护。进入 20 世纪后，市场机制的运行，引发了经济危机，造成了严重的贫富两极分化。无力参与市场竞争或在其中落败的人们，其生活需要基本的保障。于是，在各主要法治国家，出现了福利行政，政府征收税收，然后通过社会保障体系提供最基本的生活保障。

在现代国家，政府的活动范围越来越广。从公共安全保障、秩序维护，到市场监管、社会保障等各个方面，政府的作用都广泛存在。为了规范政府的行为，保障公民、法人和其他组织的合法权益，需要法律的调控，由此形成了行政法这个法律部门。在行政法上，其基本原则是制定具体的行政法

---

① ［英］威廉·韦德：《行政法》，徐炳译，中国大百科全书出版社 1997 年版，第 5 页。

制度所要遵循的基本根据,①也是调整行政机关和公民之间关系及指导双方行为的基本行为准则,而且还是人民法院审理行政案件时的裁判依据。

　　本章重点介绍行政法基本原则中的三项代表性原则,分别为依法行政原则、行政公开原则和合法性审查原则。前两项原则,从行政机关作出行政行为的过程角度出发,而最后一项合法性审查原则,则从司法机关对行政行为的司法审查角度出发。

---

① 胡锦光主编:《行政法与行政诉讼法》,高等教育出版社 2007 年版,第 26 页;章剑生:《现代行政法基本理论》,法律出版社 2008 年版,第 32 页。

第一节　依法行政原则

法治事件回放:[雷洋案]

2016 年 5 月 7 日晚,昌平公安分局东小口派出所时任副所长邢××带领民警孔×、辅警周×等人着便衣,在昌平区龙锦三街龙锦苑东五区南门附近执行扫黄打非任务。因怀疑雷洋有嫖娼行为,邢××等人对其进行追赶,明示警察身份后进行盘查。在制服和控制雷×的过程中,邢××等人对雷×实施了用手臂围圈颈项部、膝盖压制颈面部、摁压四肢、掌掴面部等行为,后邢××违规安排周×等人独立驾车押送。在雷×出现试图跳车逃跑并呼喊挣脱的情况下,邢××等人再次对雷×进行制服和控制,并使用手铐约束,其间,对雷×实施了脚踩颈面部、强行拖拽上车等行为。在邢××等人发现雷×身体出现异常后,未及时进行现场急救、紧急呼救和送医抢救。待后送到医院抢救时,雷×已无生命体征,于当晚被宣告死亡。

经委托司法鉴定机构鉴定,雷×符合生前胃内容物吸入呼吸道致窒息死亡;本例吸入性窒息的形成不排除与死者生前在饱食状态下,因执法过程中的外力作用和剧烈活动以及体位变化等因素有关。①

依法行政原则,是指行政机关或其他行政主体必须在法律规定的范围内,严格依照法律行使权力以开展行政活动。本节以行政法领域中四项典型的行政行为——行政许可、行政处罚、行政强制和行政征收为视角进行展开,介绍行政机关应如何遵循依法行政原则作出这些行政行为。

法律知识链接:

根据行政法学界对行政行为的基本分类,行政行为可被分为依申请的行政行为和依职权的行政行为。前者主要指行政行为必须依相对人的申请而发生,行政机关不能在没有申请的情况下主动作出此种类型的行政行为;后者主要指

---

① 《"雷洋案"回顾》,载《东方早报》2016 年 6 月 2 日。

行政机关依据法律授予的职权即可作出行政行为而无须当事人的申请。在前文所介绍的行政行为类型中,行政许可属于典型的依申请行政行为,而行政处罚、行政强制措施、行政征收则属于依职权行政行为。两类行为不仅在启动条件上不同,在相对人诉诸法院之后,原告的诉讼请求、法院的审查判断以及判决的形式和结果更是会产生差异。掌握不同类型行政行为的差异,有助于帮助我们辨别日常生活中不同类型行政行为的合法性。

一、依法作出行政许可

行政许可,是指行政机关根据公民、法人或者其他组织的申请,经依法审查,准予其从事特定活动的行为。行政许可是一种授益性行政行为,是行政主体为相对人设定权益、赋予特定权利或资格的行政行为。例如,驾驶机动车,需要取得驾驶证;投资建设自来水厂,需要取得政府的特许,等等。颁发驾驶证,给予特许,就是行政许可。

行政许可,其实就是通常所说的政府审批,这是非常大的权力。而且涉及公民、法人和其他组织的重大合法权益。因此,需要受到规范,需要依法作出。其实,在20世纪90年代,中国加入WTO的谈判过程中,减少行政审批,行政审批应当受到司法审查是重要的条件。为此,中国政府积极地在国内立法上作出了准备,于2003年8月27日由第十届全国人民代表大会常务委员会第四次会议通过并公布了《中华人民共和国行政许可法》(以下简称《行政许可法》),自2004年7月1日起施行。

有了《行政许可法》,行政许可就必须依法作出。所谓依法作出行政许可,也就意味着行政机关或其他行政主体实施行政许可,应当严格依照法定的权限、范围、条件和程序。具体而言,主要有以下几个方面的内容。

首先,就行政许可的实施机关而言,主要有三种类型,第一种为具有法定行政许可权的行政机关;第二种为法律、法规授权的具有管理公共事务职能的组织;第三种为依照法律、法规、规章的规定,受委托的其他行政机关。除了上述三种类型的实施主体之外,其他组织和个人都不得实施行政许可行为。

其次,就可以设定行政许可的事项而言,主要可分为:(1)涉及有限自然资源开发利用、公共资源配置等特定行业市场准入的特许许可;(2)涉及提供公众服务的职业、行业,其特殊信誉、条件或技能的资质许可;(3)需要按照技术标准或技术规范,通过检验、检测、检疫等方式对直接关系公共安全、人身健康、生命财产安全的重要设备、设施、产品等进行审定的核准许可;(4)涉及企业或者其他组织的设立,需要确定主体资格的登记许可;(5)直接涉及国家安全、公共安全、经济宏观调控、生态环境保护以及直接关系人身健康、生命财产安全等特定活动,需要按照法定条件予以批准的一般许可;(6)法律、行政法规规定可以设定行政许可的其他事项。

再次,在行政许可的实施程序方面,从相对人的申请程序环节,到行政主体受理、审查、听证、决定、送达等程序环节,以及这些程序环节的期限,《行政许可法》都进行了详细的规定。行政许可的实施机关需要严格按照《行政许可法》中的上述规定,作出行政许可决定。

复次,凡是符合法律规定条件和标准的申请人,行政机关不得因歧视而拒绝向其颁发行政许可。同时,公民、法人或者其他组织对行政机关实施行政许可,享有陈述权、申辩权,并有权依法申请行政复议或者提起行政诉讼。若其合法权益因行政机关违法实施行政许可受到损害的,还有权依法要求赔偿。

最后,行政主体实施行政许可,还应当遵循公开、公平、公正的原则和便民的原则,提高办事效率,提供优质服务。行政机关不得擅自改变已经生效的行政许可。若客观情况发生变化,或为了公共利益的需要,行政机关需要变更或撤回已经生效的行政许可的,行政机关应当依法对相对人的财产损失给予补偿。

法治经典赏读:

"宪法消逝,行政法长存。"①

这句名言来自行政法学之父奥托·迈耶所著的《德国行政法》第三版前言。奥托·迈耶是首位用法学逻辑、思路和方法对行政法学进行体系性研究的法学家,确定了行政法学研究的基本理论框架,对德国、欧洲以及全世界的行政法学研究影响深远。奥托·迈耶所处的时代,是德国从封建专制国家向具有民主因素的国家开始转型的时期,其理论和观点是具有为其所处时代服务的功能,同时不可避免也具有一定的时代局限性。德国战后行政法的发展更符合"行政法

---

① [德]奥托·迈耶:《德国行政法》,刘飞译,商务印书馆2013年版,第三版前言。

是宪法的具体化"这一路径。① 同样,日本学者的观点"行政法是实现宪法价值的技术法"②也较为清楚地阐明了现代法治国家中宪法和行政法之间的关系。

二、依法进行行政处罚

行政处罚,是指行政机关或其他行政主体依照法定权限和程序,依法对公民违反行政法规范但尚未构成犯罪的行为给予行政法律制裁的行政行为。根据《中华人民共和国行政处罚法》的规定,行政处罚的种类主要有警告,罚款,没收违法所得或非法财物,责令停产停业,暂扣或者吊销许可证、执照,行政拘留等。其中,行政拘留属于人身自由罚,是行政处罚中最为严厉的处罚种类;责令停产停业、暂扣或者吊销许可证、执照属于行为罚,是限制或剥夺违法相对人从事特定行为资格的处罚种类,例如,吊销机动车驾驶证,吊销企业营业执照等;罚款、没收违法所得或非法财物则属于财产罚的范畴,是违法相对人须向行政机关缴纳一定金钱或物品,在财产方面受到限制或剥夺的处罚种类。

《中华人民共和国行政处罚法》(以下简称《行政处罚法》)于 1996 年 3 月 17 日通过并公布,1996 年 10 月 1 日施行。在立法过程中,全国人大常委会在起草说明中指出,一些地方和部门乱罚款的现象比较严重,人民群众的意见很大。因此,制定和实施《行政处罚法》,其目的就在于规范行政处罚的设定和实施。一方面,只有有立法权的机关才能设定行政处罚,另一方面,行政处罚需要依法作出。

行政机关依法进行行政处罚,具体而言,主要有以下几个方面的内容:

首先,在处罚的实施主体及其职权范围上,行政处罚必须由具有行政处罚权的行政机关在法定职权范围内实施。但是,限制人身自由的行政处罚权只能由公安机关行使。常见的限制人身自由的行政处罚,就是行政拘留。其他行政处罚权则可以由国务院或者经国务院授权的省、自治区、直辖市人民政府决定。另外,法律、法规授权的具有管理公共事务职能的组织和受行政机关委托的具备一定条件的组织也可以在法定授权或被委托的范围内实施行政处罚。除此之外,行政机关不得委托其他组织或者个人实施行政处罚。

---

① [德]奥托·迈耶:《德国行政法》,刘飞译,商务印书馆 2013 年版,中文版序。
② [日]盐野宏:《行政法总论》,杨建顺译,北京大学出版社 2008 年版,合订本中文版序言。

其次,行政机关作出行政处罚,必须有法定依据,否则行政处罚无效。行政处罚的法定依据,必须以法律、法规、规章为限。其他规范性文件不得设定行政处罚,同时,未经公布的规定也不得作为行政处罚的依据。

再次,行政机关进行行政处罚,必须遵守法定程序,否则该行政处罚无效。行政处罚程序可分为简易程序和普通程序。简易程序是当场作出行政处罚决定的程序,只限于违法事实确凿并有法定依据、较小数额的罚款或警告的行政处罚,其步骤包括表明身份、说明理由告知权利、制作处罚决定书、交付处罚决定书、备案等;而普通程序更为严格和复杂,适用范围也更广,包括立案、调查、取证、决定、制作处罚决定书、说明理由告知权利、当事人陈述申辩、决定书送达等。同时,行政机关经当事人申请,还须组织针对责令停产停业、吊销许可证或者执照、较大数额罚款等行政处罚决定的听证程序。

复次,行政机关在进行行政处罚时,必须遵循公正、公开的原则,必须以事实为依据,并与违法行为的事实、性质、情节以及社会危害程度相当。同时,对当事人的同一个违法行为,不得给予两次以上罚款的行政处罚。

最后,在对违法相对人权利的保障上,《行政处罚法》规定,行政机关在作出行政处罚决定之前,应当告知当事人作出行政处罚决定的事实、理由及依据,并告知当事人依法享有的权利。公民、法人或者其他组织对行政机关所给予的行政处罚,享有陈述权、申辩权。行政机关不得因当事人申辩而加重处罚。对行政处罚不服的,相对人有权依法申请行政复议或者提起行政诉讼。同时,如果因行政机关违法给予行政处罚受到损害的,公民、法人或者其他组织有权依法提出赔偿要求。

三、依法实施行政强制

行政法意义上的行政强制,主要指《中华人民共和国行政强制法》(以下简称《行政强制法》)中的行政强制措施,也就是在行政管理过程中,为制止违法行为、防止证据损毁、避免危害发生、控制危险扩大等情形,行政机关依法对公民的人身自由实施暂时性限制,或者对公民、法人或者其他组织的财物实施暂时性控制的行为。例如,对违法停放的非机动车进行扣留,对醉酒后卧倒在街头的公民进行保护性的约束,对违法的证据进行先行登记保存等。

依法实施行政强制,指行政机关实施行政强制行为,应当依照法定的权限、

范围、条件和程序。具体而言,主要有以下几个方面的内容:

首先,在实施主体和权限范围上,行政强制措施由法律、法规规定的行政机关在法定职权范围内实施。不同于行政许可和行政处罚,行政机关的行政强制措施权不得委托其他主体进行实施。同时,行使相对集中行政处罚权的行政机关可以实施法律、法规规定的与行政处罚权有关的行政强制措施。例如,城管部门就是因为行使相对集中处罚权,从而获得了实施行政强制措施的主体资格。在具体的实施人员上,行政强制措施应当由行政机关中具备资格的行政执法人员实施,未具备特定资格的其他人员不得实施相应的行政强制措施。

其次,在行政强制措施的种类上,根据《行政强制法》的规定,行政强制措施的种类主要有限制公民人身自由,查封场所、设施或者财物,扣押财物,冻结存款、汇款等。其中,限制公民人身自由和冻结存款、汇款两种形式的行政强制措施只能由法律设定。与行政处罚中的行政拘留不同,行政强制措施中的限制公民人身自由,是暂时性的措施。

再次,行政机关实施行政强制,一般而言,必须遵循以下程序:实施前须向行政机关负责人报告并经批准、由两名以上行政执法人员实施、出示执法身份证件、通知当事人到场、当场告知当事人采取行政强制措施的理由、依据以及当事人依法享有的权利和救济途径、听取当事人的陈述和申辩、制作现场笔录、现场笔录由当事人和行政执法人员签名或者盖章等。除此之外,在情况紧急时,需要当场实施行政强制措施的,行政执法人员应当在 24 小时内向行政机关负责人报告,并补办批准手续。

最后,行政机关实施行政强制,还应当遵循适当原则。采用非强制手段可以达到行政管理目的的,不得实施行政强制。例如,对于摊贩在路边摆摊,只要不影响道路通行,通常只需要劝离即可,而不需要采取行政强制措施。同时,与行政处罚相类似,公民、法人或者其他组织对行政机关实施的行政强制,享有陈述权、申辩权;有权依法申请行政复议或者提起行政诉讼;因行政机关违法实施行政强制受到损害的,有权依法要求赔偿。

四、依法展开行政征收

有学者认为,行政征收是指行政机关或其他行政主体根据法律法规的规定,依法向公民强制地征收金钱或其他实物的行政行为。① 这里所说的"行政征收"以无偿性、强制性、法定性为基本特征。此外,我国宪法第 10 条第 3 款规定,"国家为了公共利益的需要,可以依照法律规定对土地实行征收或者征用并给予补偿"。第 13 条第 3 款规定,"国家为了公共利益的需要,可以依照法律规定对公民的私有财产实行征收或者征用并给予补偿"。本处所展开讨论的行政征收,主要是指后者。

就依法展开行政征收而言,主要有以下几个方面的内容:

首先,行政机关展开行政征收,必须是为了"公共利益的需要"。在《国有土地上房屋征收与补偿条例》第 8 条中,立法对房屋征收中"公共利益"进行了列举,包括:国防和外交;由政府组织实施的能源、交通、水利等基础设施建设;由政府组织实施的科技、教育、文化、卫生、体育、环境和资源保护、防灾减灾、文物保护、社会福利、市政公用等公共事业;由政府组织实施的保障性安居工程建设;由政府依照城乡规划法有关规定组织实施的对危房集中、基础设施落后等地段进行旧城区改建等等。

其次,行政机关必须依照法定权限和法定程序展开行政征收活动。《中华人民共和国土地管理法》(以下简称《土地管理法》)、《国有土地上房屋征收与补偿条例》等对土地、房屋行政征收活动展开的申请、调查、批准、听证、公布等系列程序都进行了详细的规定。

最后,行政机关开展行政征收,必须给予相对人公平补偿。对于补偿标准,有"完全补偿""相应补偿""适当补偿""合理补偿"等不同的理解和解释。目前法律规定也并不一致。但至少在一些法律法规中,如《物权法》和《土地管理法》,对土地、房屋等不动产征收的补偿内容进行了相应的规定。

法律政策速递:

党的十八届四中全会通过的《中共中央关于全面推进依法治国若干重大问题的决定》"三、深入推进依法行政,加快建设法治政府"指出:法律的生命力在于实施,法律的权威也在于实施。各级政府必须坚持在党的领导下、在法治轨道上开展工作,创新执法体制,完善执法程序,推进综合执法,严格执法责任,建立权责统一、权威高效的依法行政体制,加快建设职能科学、权责法定、执法严

---

① 罗豪才、湛中乐主编:《行政法学(第四版)》,北京大学出版社 2016 年版,第 181 页;姜明安主编:《行政法与行政诉讼法(第六版)》,北京大学出版社、高等教育出版社 2015 年版,第 305 页。

明、公开公正、廉洁高效、守法诚信的法治政府。

国务院《全面推进依法行政实施纲要》"依法行政的基本要求"如下：

——合法行政。行政机关实施行政管理，应当依照法律、法规、规章的规定进行；没有法律、法规、规章的规定，行政机关不得作出影响公民、法人和其他组织合法权益或者增加公民、法人和其他组织义务的决定。

——合理行政。行政机关实施行政管理，应当遵循公平、公正的原则。要平等对待行政管理相对人，不偏私、不歧视。行使自由裁量权应当符合法律目的，排除不相关因素的干扰；所采取的措施和手段应当必要、适当；行政机关实施行政管理可以采用多种方式实现行政目的的，应当避免采用损害当事人权益的方式。

——程序正当。行政机关实施行政管理，除涉及国家秘密和依法受到保护的商业秘密、个人隐私的外，应当公开，注意听取公民、法人和其他组织的意见；要严格遵循法定程序，依法保障行政管理相对人、利害关系人的知情权、参与权和救济权。行政机关工作人员履行职责，与行政管理相对人存在利害关系时，应当回避。

——高效便民。行政机关实施行政管理，应当遵守法定时限，积极履行法定职责，提高办事效率，提供优质服务，方便公民、法人和其他组织。

——诚实守信。行政机关公布的信息应当全面、准确、真实。非因法定事由并经法定程序，行政机关不得撤销、变更已经生效的行政决定；因国家利益、公共利益或者其他法定事由需要撤回或者变更行政决定的，应当依照法定权限和程序进行，并对行政管理相对人因此而受到的财产损失依法予以补偿。

——权责统一。行政机关依法履行经济、社会和文化事务管理职责，要由法律、法规赋予其相应的执法手段。行政机关违法或者不当行使职权，应当依法承担法律责任，实现权力和责任的统一。依法做到执法有保障、有权必有责、用权受监督、违法受追究、侵权须赔偿。

法治思维训练：

1. 回顾雷洋案的始末，你认为，警察对雷洋采取的行为在行政法法学理论体系中属于何种行政行为？你是否能够找到警察实施此行政行为的相关规范依据？警察在实施这些行为时是否违反了依法行政原则？如果是，请阐述理由。

2. 兼顾公平价值和效率价值是现代行政法的一大主题。结合依法行政原则的内容，谈一谈你对公平价值和效率价值的认识，以及它们和依法行政原则之间的关系。

3. 请你观察,在行政许可、行政处罚、行政强制和行政征收之外,政府还有哪些行政活动的方式。这些活动,是否需要遵循依法行政原则?

第二节　行政公开原则

法治事件回放:[乔占祥诉铁道部案]

2000 年 12 月 21 日,铁道部作出《关于 2001 年春运期间部分旅客列车实行票价上浮的通知》(以下简称《通知》)。在乔占祥向铁道部提起行政复议,铁道部作出行政复议维持票价上浮通知之后,乔占祥针对上述票价上浮通知和复议决定提起诉讼,要求撤销复议和撤销该《通知》。其诉讼理由之一,是《中华人民共和国价格法》(以下简称《价格法》)第 23 条的规定:"制定关系群众切身利益的公用事业价格、公益性服务价格、自然垄断经营的商品价格等政府指导价、政府定价,应当建立听证会制度,由政府价格主管部门主持,征求消费者、经营者和有关方面的意见,论证其必要性、可行性。"一审法院认为,依据《价格法》第 23 条的规定,主持价格听证会不属于被告的法定职责。二审法院认为,虽然《价格法》第 23 条有具体规定,但是由于被告制定《通知》时,国家尚未建立和制定规范的价格听证制度,要求铁道部申请价格听证缺乏具体的法规和规章依据。据此,乔占祥请求认定铁道部所作《通知》程序违法并撤销该具体行政行为的理由不足。①

行政公开原则,是行政法上的一项重要原则,20 世纪中期以后,世界各国普遍接受和遵循这一原则。在我国,1996 年《行政处罚法》、1999 年《中华人民共和国行政复议法》(以下简称《行政复议法》)、2003 年《行政许可法》等法律都明文规定了行政公开原则。国务院 2007 年《中华人民共和国政府信息公开条例》(以下简称《政府信息公开条例》)更是把公民、法人和其他组织依法获取政府信息的权利法定化。行政公开原则,一方面可以帮助公民参与公共决策,另

---

① 《河北律师乔占祥诉铁道部春运涨价案一审宣判》,来源:http://www.cctv.com/special/357/4/31811.html,2017 年 7 月 26 日访问。

一方面,在对相对人具有实际影响的行政行为作出过程中保持公开,可以防止行政权的滥用,从而保护公民的合法权益。

法治经典赏读:

"阳光是最好的防腐剂。"①

该名言来自美国著名的大法官路易斯·布兰代斯。2009 年巴拉克·奥巴马在上任之后所签署的《信息自由法》总统备忘案和对经济形势发表的讲话中,多次对路易斯·布兰代斯大法官的这句话进行了引用。奥巴马强调建立一个开放透明、公众参与、多方协作的政府。他认为,一个开放政府,可以更多赢得民众的信任,提高政府的工作效率,更好地实现政府工作目标和加强民主价值。这种理念成为其后美国联邦政府部门的一种工作趋势和潮流。

一、行政活动公开

行政活动公开,大致可以分为以下三个展开阶段进行阐述:

首先,在行政行为作出的事前阶段,行政主体对自身作出行政行为的规范依据必须进行公开,即未经公布的规定,不得作为行政主体实施行政行为、展开行政活动的依据。事前阶段的规范依据公开,包括对行政行为的实施主体及其权限范围、行政行为作出的法定条件、法定程序等内容的公开。事前阶段对行政行为规范依据的公开,有助于帮助社会公众参与行政活动,引导相对人作出最有利于自己权益的相应行为,同时也为后续相对人行使陈述权和申辩权提供基础。

其次,在行政行为作出的事中决定阶段,对行政决策过程而言,需要把公众参与、专家论证、风险评估、合法性审查、集体讨论决定确定为重大行政决策法定程序,让公民充分参与行政决策过程。对影响具体、特定行政相对人权利义务的行政行为决定过程而言,主要便是行政听证制度对其进行保障。行政听证,主要指行政机关在进入受理阶段之后、作出行政决定之前,由合法权益受影响的行政相对人或利害关系人陈述意见、提供证据、作出申辩,行政机关接受证据并听取其意见的程序制度。总体意义上说,其适用范围不仅包括前述行政决策、行政立法,也包括了第二种影响具体、特定相对人的行政行为,如在《行政处

---

① 涂子沛:《大数据》,广西师范大学出版社 2015 年版,第 9 页。

罚法》和《行政许可法》中所确立的听证制度,从行政机关事前对相对人听证权利的告知,到听证程序的适用范围,再到听证的展开程序、听证笔录的效力等,立法明文都进行了明确的规定。

最后,在行政决定作出的事后阶段,行政主体需将行政决定的内容以法定形式向合法权益受到影响的行政相对人、利害关系人或社会公众公开。这里包含两个层面的内容,首先是行政决定对相对人的公开,而这在我国的法律制度中体现为送达制度。送达制度,包括送达方式、送达适用范围、送达程序、送达期限等方面的内容。其次是行政决定对社会公众的公开,特别是涉及公共利益或国家利益的行政决定,如《行政许可法》第40条规定,"行政机关作出的准予行政许可决定,应当予以公开,公众有权查阅"。

法律政策速递:

党的十八届四中全会通过的《中共中央关于全面推进依法治国若干重大问题的决定》"三、深入推进依法行政,加快建设法治政府"指出:(二)健全依法决策机制。把公众参与、专家论证、风险评估、合法性审查、集体讨论决定确定为重大行政决策法定程序,确保决策制度科学、程序正当、过程公开、责任明确。建立行政机关内部重大决策合法性审查机制,未经合法性审查或经审查不合法的,不得提交讨论。

《中华人民共和国行政处罚法》第4条第1款:行政处罚遵循公正、公开的原则。

第4条第3款:对违法行为给予行政处罚的规定必须公布;未经公布的,不得作为行政处罚的依据。

《中华人民共和国行政复议法》第4条:行政复议机关履行行政复议职责,应当遵循合法、公正、公开、及时、便民的原则,坚持有错必纠,保障法律、法规的正确实施。

《中华人民共和国行政许可法》第5条:设定和实施行政许可,应当遵循公开、公平、公正的原则。

有关行政许可的规定应当公布;未经公布的,不得作为实施行政许可的依据。行政许可的实施和结果,除涉及国家秘密、商业秘密或者个人隐私的外,应当公开。

符合法定条件、标准的,申请人有依法取得行政许可的平等权利,行政机关不得歧视。

二、政府信息公开

我国的信息公开制度,由 2007 年发布的《政府信息公开条例》所正式确立。其立法目的首先是为了保障公民、法人和其他组织依法获取政府信息的知情权,在此基础上信息公开制度可以提高政府工作的透明度并促进依法行政。

在政府信息公开的获取方式上,我国主要存在两种方式:第一种为政府依职权主动公开。这是政府依据法定方式向公众主动公开自己所掌握的特定信息的一种方式,是法律法规赋予的职责,这种情况下的信息公开无须任何公民的申请。在《政府信息公开条例》第 9 条到第 12 条中,分别规定了总体意义上各级行政机关以及具体的县级以上各级人民政府及其部门、乡(镇)人民政府应当主动公开并重点公开的政府信息。第二种为公民依申请公开。公民、法人或者其他组织还可以根据自身生产、生活、科研等特殊需要,向国务院部门、地方各级人民政府及县级以上地方人民政府部门申请获取相关政府信息。

在政府信息公开的公开对象上,首先,"政府信息"是指行政机关在履行职责过程中制作或者获取的,以一定形式记录、保存的信息。其次,政府信息公开基本遵循"公开为原则,不公开为例外"的基本原则。在《政府信息公开条例》中对不予公开的政府信息范围进行了一定的明确,行政机关不得公开涉及国家秘密、商业秘密、个人隐私的政府信息。但是,经权利人同意公开或者行政机关认为不公开可能对公共利益造成重大影响的涉及商业秘密、个人隐私的政府信息,可以予以公开。

法律知识链接:

在《政府信息公开条例》中,在不得公开的政府信息上,除了规定涉及国家秘密、商业秘密、个人隐私的政府信息不得公开,还规定,行政机关公开政府信息,不得危及国家安全、公共安全、经济安全和社会稳定,后者被统称为"三安全一稳定"。在政府信息公开诉讼案件中,已经出现这种类型的诉讼——公民和行政机关对政府信息不予公开的条件和范围产生争议。如"周如倩诉上海市人力资源和社会保障局政府信息公开案"就涉及对什么是"社会稳定"的争议,法院需要对其进行判断。

在政府信息公开的公开程序和方式上,若属于政府依职权主动公开的信息事项,行政机关应当通过政府公报、政府网站、新闻发布会以及报刊、广播、电视等便于公众知晓的方式公开。各级人民政府应当在国家档案馆、公共图书馆设置政府信息查阅场所,并配备相应的设施、设备,为公民、法人或者其他组织获取政府信息提供便利。同时,行政机关可以根据需要设立公共查阅室、资料索取点、信息公告栏、电子信息屏等场所、设施,公开政府信息。

如果属于公民依申请公开信息的事项,公民、法人或其他组织原则上应当采用书面形式向保存该政府信息的行政机关进行申请。行政机关除可以收取检索、复制、邮寄等成本费用外,不得收取其他费用。同时,行政机关不得通过其他组织、个人以有偿服务方式提供政府信息。

三、政务公开与开放政府数据

2016年2月17日,中共中央办公厅、国务院办公厅印发了《关于全面推进政务公开工作的意见》,这是为引导法治政府做好政务公开工作的指导性意见。其中,不仅对"推进政务阳光透明"提出要求,即在行政机关决策、执行、管理、服务、结果和重点领域信息公开等方面提出公开的标准和要求,更近一步提出扩大政务开放参与,最为重要的一点就是推进政府数据开放。

在作为信息时代的21世纪,用科学、客观的数据来进行行政管理和行政决策,对现代社会中的行政机关如何实现保障公共秩序和促进公共利益的目标,具有不可言喻的重大意义。同时,在信息时代,数据也是一种重要资源。实现政府数据的开放,支持鼓励社会力量充分开发利用政府数据资源,可以更进一步地促进社会和经济发展。因此,实施政府数据资源清单管理,加快建设国家政府数据统一开放平台,制定开放目录和数据采集标准,稳步推进政府数据共享开放,是建设政府数据开放制度的重要内容。同时,还需要优先推动民生保障、公共服务和市场监管等领域的政府数据向社会有序开放,制定实施稳步推进公共信息资源开放的政策意见。

目前,美国政府开放数据,使得数据的价值得到了充分挖掘,很多公司对其进行开发进而进行商业利用,创造了很大的经济效益和社会效益。

法治思维训练：

1. 参照《政府信息公开条例》和你身边行政机关关于政府信息公开的具体程序规定，模拟申请一次政府信息公开。

2. 政府数据的全面开放，对建立开放政府、鼓励社会公众利用政府数据资源促进社会发展有着重要意义，但同时，它也面临着现代社会中一定的风险。你认为，这些风险主要来自哪些方面？我们又应在法律制度上采取何种措施来防范这些风险？

第三节　合法性审查原则

法治事件回放：［田永案］

1996 年 2 月，原告田永在一次补考过程中，被监考教师发现随身携带的纸条。监考教师按照考场纪律，当即停止了田永的考试。被告北京科技大学据本校(94)第 068 号《关于严格考试管理的紧急通知》中"凡考试作弊的学生一律按退学处理，取消学籍"的规定，于 3 月认定田永的行为属作弊行为，并作出予以退学的处理决定。被告虽填发了学籍变动通知，但退学处理决定和变更学籍的通知未直接向田永宣布、送达，也未给田永办理退学手续，田永继续以该校大学生的身份参加正常学习及学校组织的活动。其后，被告为田永补办了学生证，收取原告交纳的教育费，并为田永进行注册、发放大学生补助津贴等。1998 年，被告以原告不具备北京科技大学学籍为由，拒绝为其颁发毕业证书。田永认为，自己符合大学毕业生的法定条件，北京科技大学拒绝给其颁发毕业证、学位证是违法的，遂向法院提起行政诉讼。

法院认为，被告的第 068 号通知，与《普通高等学校学生管理规定》第 29 条规定的法定退学条件相抵触。同时，退学处理决定涉及原告的受教育权利，为充分保障当事人权益，从正当程序原则出发，被告应将此决定向当事人送达、宣布，允许当事人提出申辩意见。而被告既未依此原则处理，也未实际给原告办理注销学籍，迁移户籍、档案等手续。被告应当根据《中华人民共和国教育法》

和《普通高等学校学生管理规定》中的规定,为原告颁发大学本科毕业证书。[①]

合法性审查,是行政诉讼中的一项基本原则。根据《行政诉讼法》第 6 条的规定,"人民法院审理行政案件,对行政行为是否合法进行审查"。行政诉讼的首要功能是解决行政机关和公民之间的行政纠纷,但是司法审查的范围是有限的,法院只能对被诉行政行为是否合法进行审查。本节就将对行政行为的合法性和适当性问题展开讨论。

法治经典赏读:

"一切有权力的人都容易滥用权力,这是万古不易的一条经验……要防止滥用权力,就必须以权力制约权力"。[②]

这是法国的启蒙思想家孟德斯鸠在《论法的精神》中所提出的著名论断。这一论断提出了权力的制约与平衡理念。权力分立和制约平衡理念,催生了相应的制度架构,司法权对行政权的合法性审查就是其中的一个重要方面。

一、行政行为的合法性审查

司法对行政行为审查的有限性,主要是基于行政机关更具备专业性和效率性的角度考虑,法院对行政行为的合法性审查原则也是较为合适的。

在法院对被诉行政行为进行合法性审查和判断时,主要有以下几个合法性要件审查的方面:

首先,作出被诉行政行为的行政主体必须具有管理特定事项的主体资格。也就是说只有具备法律法规所赋予的法定资格的行政主体所作出的行政行为,才是合法的行政行为。

其次,作出被诉行政行为的行政主体必须同时具备作出特定行政行为的法定权限。行政行为的作出,不能超越法律法规所赋予行政机关的法定权限。这可体现为法律法规中对行政机关事项管辖、地域管辖和级别管辖上的具体

---

① 《指导案例 38 号:田永诉北京科技大学拒绝颁发毕业证、学位证案》,来源:http://www. china-court. org/article/detail/2014/12/id/1524355. shtml,2017 年 7 月 26 日访问。

② [法]孟德斯鸠:《论法的精神(上卷)》,许明龙译,商务印书馆 2012 年版。

规定。

再次,行政主体作出行政行为,必须具有充分的法定依据。若行政主体在作出行政行为时,对行为作出依据的法律法规进行了错误的适用,那么同样属于违法行政行为,不能通过法院的合法性审查。

复次,被诉行政行为不得违反法定程序。行政程序有着独立于行政实体法的重要法律价值,如公正、公开等。法定程序一方面体现为行政程序的具体制度,如听证制度和说明理由制度,另一方面也体现为现代法治国家中行政程序法的基本原则,如在"田永案"中被法院所确认的"正当程序"。

最后,行政机关作出的行政行为不得滥用职权,不得构成"明显不当"。对于何为"滥用职权"是行政法学界仍然在讨论且并没有达成共识的问题。在实践中,行政滥用职权往往和行政裁量联系在一起。同样和裁量联系在一起的,还有"明显不当"。"明显不当"是2014年行政诉讼法修改时新加入的合法性审查标准,对于其内涵的构成和外延的范围,目前仍然在讨论中。但有一点需要说明,从"明显不当"可以看出,在我国的行政诉讼中,合理性审查并不是合法性审查的对立面,合理性审查本身也属于合法性审查的范畴。达到一定程度的不合理的行政行为就属于不合法的行政行为。

法律知识链接:

我国行政诉讼的司法有限性审查不仅体现在行政诉讼合法性审查的方面,同时也体现在行政诉讼的受案范围和原告资格的问题上。首先,在行政诉讼的受案范围上,《行政诉讼法》不仅在第12条进行了正面例举,同时在第13条进行了反面排除。司法解释中也有相关的规定。由此可以看出,一些不对公民的权利义务产生实际影响的行为,如行政阶段行为、行政内部行为、行政指导行为、重复处置行为等不能被列入行政诉讼的受案范围。同时,若公民对行政法规、规章或者行政机关制定、发布的具有普遍约束力的决定、命令不服,同样也不能够单独提起行政诉讼。其次,在原告资格的问题上,必须是行政行为的相对人以及其他与行政行为有利害关系的公民、法人或者其他组织,才有权提起诉讼。也就是说,必须是本人的合法权益受到了实际影响的公民、法人或者其他组织才可以成为行政诉讼的适格原告。

二、行政行为的适当性问题

《行政复议法》第 1 条规定:"为了防止和纠正违法的或者不当的具体行政行为,保护公民、法人和其他组织的合法权益,保障和监督行政机关依法行使职权,根据宪法,制定本法。"第 28 条又规定,行政复议机关应当对"具体行政行为认定事实清楚,证据确凿,适用依据正确,程序合法,内容适当的,决定维持"。

由此可以看出,《行政复议法》对行政行为的适当性提出了要求。《行政复议法》中的适当性要求,是在满足了行政行为合法性要求的基础之上,对行政机关"能不能做得更好"所提出的更高要求,而且也只能在行政复议中所能适用。为何只能在行政复议中才能对行政行为是否适当作出判断,是因为行政复议是行政机关内部为了实现行政监督目标的内部纠错机制,是由作出行政行为的上级机关或本级人民政府对当事人权利进行救济的制度。因此,在行政复议中,行政复议机关可以对行政行为是否适当进行审查和判断。

但是需要明确的是,该"适当性"不同于行政诉讼中法院对被诉行政行为进行"滥用职权""明显不当"进行判断和认定中所可能涉及的合理性审查。如果认为行政行为不适当,起诉到法院,根据《中华人民共和国行政诉讼法》(以下简称《行政诉讼法》)第 70 条的规定,只有行政行为明显不当,法院才应当撤销。

法律法规速递:

《中华人民共和国行政诉讼法》第 5 条:人民法院审理行政案件,对具体行政行为是否合法进行审查。

第 69 条:行政行为证据确凿,适用法律、法规正确,符合法定程序的,或者原告申请被告履行法定职责或者给付义务理由不成立的,人民法院判决驳回原告的诉讼请求。

第 70 条:行政行为有下列情形之一的,人民法院判决撤销或者部分撤销,并可以判决被告重新作出行政行为:

(一)主要证据不足的;

(二)适用法律、法规错误的;

(三)违反法定程序的;

(四)超越职权的;

（五）滥用职权的；

（六）明显不当的。

《中华人民共和国行政复议法》第1条：为了防止和纠正违法的或者不当的具体行政行为，保护公民、法人和其他组织的合法权益，保障和监督行政机关依法行使职权，根据宪法，制定本法。

法治思维训练：

1. 行政程序具有独特而重要的价值。结合本节和上一节的内容，你认为，行政程序法的核心制度有哪些？观察你身边行政机关作出行政行为的程序，例如，交通警察查处违反《道路交通安全法》的行为，也可以查阅相关的行政法案例，分析程序上是否合法？

2. 除了行政诉讼制度之外，我国的行政救济还包括行政复议制度、信访制度、申诉制度、国家赔偿制度等。比较这些救济制度的异同之处，思考它们是否构成体现一种多层次的行政救济制度？如果构成，又是如何体现的？

参考书目：

1. 罗豪才、湛中乐主编：《行政法学（第四版）》，北京大学出版社2016年版。

2. 姜明安主编：《行政法与行政诉讼法（第六版）》，北京大学出版社、高等教育出版社2015年版。

3. 胡锦光主编：《行政法与行政诉讼法》，高等教育出版社2007年版。

4. 章剑生：《现代行政法基本理论》，法律出版社2008年版。

5. ［英］威廉·韦德：《行政法》，徐炳译，中国大百科全书出版社1997年版。

6. ［德］奥托·迈耶：《德国行政法》，刘飞译，商务印书馆2013年版。

7. ［日］盐野宏：《行政法总论》，杨建顺译，北京大学出版社2008年版。

8. ［法］孟德斯鸠：《论法的精神（上卷）》，许明龙译，商务印书馆2012年版。

第十一章

诉讼法基本原则

本章要点：

1. 通过学习"疑罪从无""举证责任"等概念，理解"无罪推定"原则。

2. 通过学习证据、证明对象和证明标准等概念、法定证据的种类以及"证据裁判"理念，理解"以事实为依据，以法律为准绳"原则。

3. 通过学习立案、管辖、回避制度，理解"依法独立行使审判权、检察权"原则。

4. 通过学习调解、公证、仲裁制度的基本概念和作用，理解"诉讼平等"原则。

引言

诉讼法的基本原则,就是指司法人员以及诉讼参与人进行诉讼活动所必须遵守的行为准则。"不以规矩,无以成方圆",诉讼法的基本原则在整个诉讼过程中,或者在重要的诉讼阶段,对司法人员以及诉讼参与人起着重要的指导作用。它体现的精神实质是为人民法院的审判活动和诉讼参与人的诉讼活动指明方向,概括地提出要求,因此具有普遍的指导意义。

我国诉讼法分为民事诉讼法、行政诉讼法以及刑事诉讼法。三大诉讼法既有一致的基本原则,也有各自不同的基本原则,本章重点介绍其中四项代表性原则——"无罪推定"原则、"以事实为依据,以法律为准绳"原则、"依法独立行使审判权、检察权"原则、"诉讼平等"原则。上述四项原则在特定种类的诉讼程序中起到统领全局的作用,属于最基本同时也是最重要的原则。

第一节 "无罪推定"原则

法治事件回放:[辛普森杀妻案]

1994年,前美式橄榄球运动员辛普森被检方指控杀害了前妻及一位餐馆店员,种种迹象都表明辛普森就是杀人凶手。然而,根据已公开的刑事调查记录和涉案当事人的回忆,警方在办案过程中出现了种种重大失误:第一,案发后前去辛普森家的四位警官都曾进入过血迹遍地的第一杀人现场勘查,他们脚下的血迹很有可能和被警方宣布为第二现场的辛普森住宅的血迹发生交叉沾染,这是刑事案件现场勘查非常忌讳的一点;第二,警察在没有搜查证的情况下进入了辛普森住宅,严重违背了美国的法律;第三,得到辛普森的血样后,瓦纳特警长并未将其立即送交一步之遥的警署刑事化验室,反而却携带血样回到了32公里以外的凶杀案现场。尤其是在辛普森家搜到的带血手套,辛普森在庭上居然根本戴不上它,因为手套太小了。在所有人的震惊中,由10名黑人、一名白人、一名西班牙人后裔组成的陪审团在讨论不足4小时后裁决辛普森两项杀人罪名均不成立。辛普森最后作为一个自由人被释放。

一、"无罪推定"原则的基本内涵

"无罪推定"是刑事诉讼的一般原则和精神,简单地说是指任何人在未经依法判决有罪之前,应视其无罪。道理很简单,一个人是否有罪应当由法官说了算,所以在法官判决之前,被告人只能被推定为无罪。可以看到,在法治发达的国家,被告人在出庭受审时并不会穿囚服,他们通常都是西装革履,个别人甚至还会穿得"花枝招展"。因为此刻法院还未作出判决,因此被告人是被推定为无罪的,既然无罪,那他们当然可以穿出自己的个性。在我国过去的司法实践中,犯罪嫌疑人往往到了法庭之上便开始穿着囚服,这其实是一种"有罪推定"。不过当下我国的司法实践已改变了这一做法,在很多案件中,被告人都是身穿生活便装出庭应诉的,这是我国法治的一大进步。

二、"疑罪从无"规则

"疑罪从无"是"无罪推定"的具体要求之一,是"无罪推定"原则的子原则。它要求刑事诉讼中工作人员在具体事实搞不清楚的情况下,应当作出有利于被告人的推定。例如,上述辛普森一案中,由于证据存在诸多疑点,检方无法确凿地证明辛普森就是杀人凶手,因此陪审团只能推定辛普森无罪。我国在立法上虽然没有明确规定疑罪从无的原则,但是司法实务中还是普遍认同并遵守这一原则的。

这里有必要说明一下该原则与"无罪推定"原则的差异:"无罪推定"是刑事诉讼的一般原则和精神,是一种态度,它要求判决确定嫌疑人有罪前,大家应从态度上推定其为无罪之人,不得歧视;而"疑罪从无"则是一个具体操作性的原则,是在事实存在疑问的情况下的一种解决方法,它要求当事实搞不清楚时,司法人员应作有利于被告人的推定。

法治经典赏读:

"证明的问题必须正确地提出,而且由正确的一方提出来。"①

马克斯·韦伯在其著作《经济与社会(下卷)》中提出的这一句话就意在强调司法程序的重要性。司法程序并不是一个无足轻重的事物,它本身就具有独立的价值,需要被证明的事实如果得不到合理的司法程序的支持,那么就很有可能受到其他相关因素的不利控制,从而让人们得出相反的结论。公正的司法程序能够保证让人们在阳光下探寻事实真相,实现司法公正。

三、"毒树之果"理论

提出于美国的"毒树之果"理论体现的是对诉讼法所追求的程序正义的坚守。所谓"毒树之果",就是指用刑讯逼供等非法手段所获得的犯罪嫌疑人、刑事被告人的口供,以及其他证据,必须在法庭上被排除出去。在这里,刑讯逼供就是"毒树",刑讯逼供得来的证据就是"毒树之果"。毒树上结出的果子肯定

---

① ［德］马克斯·韦伯:《经济与社会(下卷)》,林荣远译,商务印书馆 1997 年版,第 140 页。

是有毒的,吃了会致命;同样,刑讯逼供产生的证据是在践踏人权的基础上得出的,如果允许这种证据的存在,那司法人员在以后的办案过程中一定会有恃无恐,经常进行刑讯逼供。因此,为了保障人权,从制度上消除办案人员进行刑讯逼供的"动力",该理论要求非法证据必须在法庭上被予以排除,即使这一证据是真实的。

法律知识链接:

我国目前对"毒树之果"既无法律明文规定,也无明确的司法解释。根据我国的《刑事诉讼法》关于证据以及证据的适用原则之规定,以及从我国刑事司法的实践来看,"毒树"肯定是被法庭所拒绝的,但是"毒树之果"是不为法庭所拒绝的。在学术界,对"毒树之果"能否作为合法证据使用,分歧也很大,有的学者持比较温和的肯定态度,认为"毒树之果"跟"栽毒树"这个行为不是直接联系的,所以只要侦查人员进行第二次取证的行为合法,那么所取得的证据就应该有效。而且如果一味强调"毒树之果"不能吃,则大量的案件就无法查下去,惩罚犯罪的目的达不到,也会影响司法公正。最早提出"毒树之果"理论的美国,对该理论也有所修改,可见该理论在实践中是不断发展和完善的。

四、"非法证据排除"规则

"非法证据排除"规则通常是指在刑事诉讼中,侦查机关及其工作人员使用非法手段取得的证据不得在刑事审判中被采纳的规则。"非法证据排除"规则源自英美法,于20世纪初产生于美国。"非法证据排除"规则可以看作是"毒树之果"理论在司法实践中的具体应用。

我国在1996年通过的《刑事诉讼法》修正案关于证据的条款也规定:严禁刑讯逼供和以威胁、引诱、欺骗以及其他非法的方法收集证据。1998年《最高人民法院关于执行〈中华人民共和国刑事诉讼法〉若干问题的司法解释》第61条又规定:"严禁以非法的方法收集证据。凡经查证确实属于采用刑讯逼供或者威胁、引诱、欺骗等非法的方法取得的证人证言、被害人陈述、被告人供述,不能作为定案的根据。"

五、"举证责任"原理

"举证责任"原理起源于古罗马时代,它是指特定当事人或机关对自己提出的主张有收集或提供证据的义务。刑事案件中人民检察院负举证责任;刑事自诉案件,自诉人负举证责任;民事案件中通常也为"谁主张,谁举证",即一般是由原告负责举证,但是我国《侵权责任法》中规定了若干举证责任倒置的情形——在法律直接规定的侵权诉讼案件中,由被告即侵权人负责举证,证明其与损害结果之间不存在因果关系或受害人有过错或者第三人有过错,原告不需要承担举证责任。

法律法规速递:

《中华人民共和国刑事诉讼法》第12条:未经人民法院依法判决,对任何人都不得确定有罪。

《最高人民法院关于适用〈中华人民共和国民事诉讼法〉若干问题的意见》第74条:在诉讼中,当事人对自己提出的主张,有责任提供证据。但在下列侵权诉讼中,对原告提出的侵权事实,被告否认的,由被告负责举证:(1)因产品制造方法发明专利引起的专利诉讼;(2)高度危险作业致人损害的侵权诉讼;(3)因环境污染引起的损害赔偿诉讼;(4)建筑物或者其他设施以及建筑物的搁置物、悬挂物发生倒塌、脱落、坠落致人损害的侵权诉讼;(5)饲养动物致人损害的侵权诉讼;(6)有关法律规定由被告承担举证责任的。

六、程序正义与实体正义的关系

实体正义是指通过诉讼过程而实现的结果上的实体公正和结果正义,而诉讼法维护的正义称为程序正义——程序正义不问最终探明的结果是否真的符合客观事实,程序正义只要求诉讼的程序必须公开、透明,参与人按部就班,按照规定的步骤一步步进行。实际上,如果程序是公开、透明、公正的,那么结果基本上也会是正确的。就好比种一颗盆栽,盆栽的苗壮成长就是实体正义,而程序正义就是定期地浇水、施肥、阳光照射等前期工作,可以相信,只要这些前期工作做到位,那么结果一定是相对良好的。就二者的关系来看,实体正义更具有目的意义,而程序正义更具有手段意义。

 法治思维训练:

1."无罪推定""疑罪从无"原则有时确实会令犯罪分子逃脱法律的制裁,但为何现代法治国家仍然坚持这些原则? 为何不改为"有罪推定""疑罪从轻"的原则?

2. 你认为程序正义是否具有独立的价值? 为什么?

3. 在民事诉讼中,大部分情况下都实行"谁主张、谁举证"的原则,但是少部分情况下也实行举证责任倒置,即由被告承担举证责任。例如,《侵权责任法》第66条规定:因污染环境发生纠纷,污染者应当就法律规定的不承担责任或者减轻责任的情形及其行为与损害之间不存在因果关系承担举证责任。你认为立法者是基于何种理由从而在环境污染纠纷中实行举证责任倒置呢?

第二节 "以事实为依据,以法律为准绳"原则

法治事件回放:[聂树斌案]

1994年9月23日下午,在石家庄市电化厂宿舍区,聂树斌因被石家庄市公安局郊区分局民警怀疑为犯罪嫌疑人而被抓。1994年10月1日,聂树斌被刑事拘留;10月9日,因涉嫌故意杀人、强奸妇女被逮捕。1994年12月6日,石家庄市人民检察院以聂树斌犯故意杀人罪、强奸妇女罪,向石家庄市中级人民法院提起公诉。石家庄市中级人民法院依法不公开开庭审理了此案,并于1995年3月15日判决聂树斌死刑,剥夺政治权利终身。聂树斌上诉后,河北省高级人民法院1995年4月25日决定对其执行死刑,剥夺政治权利终身。

2014年12月,最高人民法院根据河北省高级人民法院的申请和有关法律规定的精神,决定将该院终审的聂树斌故意杀人、强奸妇女一案,指令山东省高级人民法院进行复查。山东省高级人民法院经复查认为,原审判决缺少能够锁定聂树斌作案的客观证据,在被告人作案时间、作案工具、被害人死因等方面存在重大疑问,不能排除他人作案的可能性,原审认定聂树斌犯故意杀人罪、强奸妇女罪的证据不确实、不充分,建议最高人民法院启动审判监督程序重新审判,

并报请最高人民法院审查。

2016年12月2日，最高人民法院第二巡回法庭对原审被告人聂树斌故意杀人、强奸妇女再审案公开宣判，宣告撤销原审判决，改判聂树斌无罪。

一、基本概念

以事实为依据，就是指法院必须以查证属实的客观事实作为定案的根据，而不能凭借主观臆断来判案。在刑事诉讼中，这就体现为"证据裁判"原则——裁判的形成必须以达到一定要求的证据为依据，否则即使有充分的怀疑也不得认定犯罪事实。以事实为根据，一是要审查当事人提供的证据；二是对于当事人及其诉讼代理人因客观原因不能自行收集证据，人民法院应当主动调查收集；三是对于作为认定事实根据的证据，人民法院应当向当事人双方出示，经过当事人双方质证、辩论，由人民法院审查属实，才能作为定案的根据。

以法律为准绳，就是指法官必须以法律作为唯一的标准。它要求人民法院在认定事实的基础上，以法律为客观尺度来分清是非，确认当事人的民事权利义务，不能以言代法、以权代法，也不能主观臆断，任意曲解法律为我所用。

总之，以事实为根据，以法律为准绳是相互联系的。以事实为根据是公正审理民事案件的基础，以法律为准绳是正确解决民事纠纷的依据，二者缺一不可。只有把两者有机结合起来，才能准确查明案情，正确作出裁决，公正地解决民事纠纷，保护当事人的合法权益。

法律法规速递：

《中华人民共和国民事诉讼法》第7条：人民法院审理民事案件，必须以事实为根据，以法律为准绳。

《中华人民共和国行政诉讼法》第5条：人民法院审理行政案件，以事实为根据，以法律为准绳。

《中华人民共和国刑事诉讼法》第6条：人民法院、人民检察院和公安机关进行刑事诉讼，必须依靠群众，必须以事实为根据，以法律为准绳。对于一切公民，在适用法律上一律平等，在法律面前，不允许有任何特权。

二、法律事实与客观事实的关系

法律上所说的事实并不是客观上的事实,即法律事实不等于客观事实。法律事实是由各种合法证据"拼凑"出来的"法律上的事实"。因为司法人员不是神仙,他们无法使用"仙术"让时光倒流到纠纷发生的时刻并亲眼观察,案件的发生通常是在一段时间以前,从事法律工作的律师、法官都不可能在场,任何人都无法准确描述、再现客观事实,即使某些当事人能够准确描述、回顾客观事实,司法机关、法院法官一般都不会百分之百地相信或采纳。

因此,法院认定事实,不可能依人们的直观、不可能根据当事人的亲眼所见、亲耳所闻或者亲身感知,来判定案件事实的真伪。一个案件事实的客观性与法律事实之间是有距离的,甚至有非常大的距离,更有的完全背离客观事实。这一距离越小,自然越接近客观事实,这或许是部分当事人所希望的,甚至是诉讼追求的目的。但这一距离的缩小依赖于一个案件中的真实、合法证据的多寡,合法真实的证据越多,自然依据其作出的裁决就越接近客观事实。因此,司法人员只能用搜集到的合法证据来推定事实。当然,证据越充分,法律事实就越接近客观事实。

总之,法律事实与客观事实是两个层面的术语,诉讼过程中各方都在试图还原客观事实,但实际上各方最终得出的事实仅为法律事实。为了让法律事实尽量不偏离客观事实或不至于偏离得过多,诉讼过程将极其依赖证据的运用,这就是为何诉讼程序必须"以事实为依据"即以查证属实的证据为依据的原因。在二者的关系上,法官所追求的法律事实应当以与客观事实最大程度一致为目的,追求法律事实的过程实质上是还原客观事实的过程,故而客观事实可以称作法律事实的一个上位概念。

三、法定证据的种类

证据的法定种类是指法律规定的证据种类。法律对证据的种类进行规定和明确,是为了当事人能更好地举证,也是为了法院在受理案件时,能有更好的参照。证据的法定种类基于诉讼法的不同,可以分为民事诉讼证据、行政诉讼证据和刑事诉讼证据。

民事诉讼证据有:(1)书证。书证是以文字、符号、图画等记载的内容和表达的思想来证明案件事实的书面材料和其他物品。(2)物证。物证是以其外部特征,存在场所和物质属性证明案件事实的实物和痕迹。(3)视听资料。视听资料是指以录音、录像、电子计算机以及其他高科技设备储存的信息证明案件情况的资料。(4)证人证言。证人证言是指证人将自己所知道的案件情况向公安司法机关所作的陈述。(5)当事人的陈述。当事人的陈述即本案当事人在诉讼中就案件事实向人民法院所做的陈述和承认。(6)鉴定结论。鉴定结论即具有专业技术特长的鉴定人利用专门的仪器、设备,就与案件有关的专门问题所作的技术性结论。(7)勘验笔录。勘验笔录是指行政机关工作人员或者人民法院审判人员对与行政案件有关的现场或者物品进行勘察、检验、测量、绘图、拍照等所作的记录。

行政诉讼证据有:(1)书证;(2)物证;(3)视听资料;(4)证人证言;(5)当事人陈述;(6)鉴定结论;(7)勘验笔录、现场笔录。其中,现场笔录是指行政机关工作人员在行政管理过程中对与行政案件有关的现场情况及其处理所作的书面记录。

刑事诉讼证据有:(1)物证。(2)书证。(3)证人证言。(4)被害人陈述。被害人陈述,是指犯罪行为的直接受害者就其了解的案件有关情况,向公安司法机关所作的陈述。(5)犯罪嫌疑人、被告人供述和辩解。犯罪嫌疑人、被告人的供述和辩解,是指犯罪嫌疑人、被告人在刑事诉讼中就其被指控的犯罪事实以及其他案件事实向公安司法机关所作的陈述。(6)鉴定结论。(7)勘验、检查笔录。勘验笔录,是指办案人员对与犯罪有关的场所、物品、尸体进行勘查、检验后所作的记录。就其内容可分为现场勘验笔录、物体检验笔录、尸体检验笔录等。检查笔录,是指办案人员为确定被害人、犯罪嫌疑人、被告人的某些特征、伤害情况和生理状态,对他们的人身进行检验和观察后所作的客观记载。(8)视听资料。

法治经典赏读:

"打官司,就是打证据。"

上述古老的法谚起源于古罗马,今天已找不到其具体出处,究竟是古罗马哪位先知率先说出了这一句话已不得而知。但是,这一句话体现的正是西方司法实务界对于证据的重视。欧洲最初也和中国古代一样,实行"神明裁判",即证据不是审判的必备品,"神明指示"才是最重要的。但是在欧洲大陆,"神明裁判"逐渐被从教会法传播而来的法定证据制度所取代,这就是后来的证据裁判制度。用证据来审判,有利于最大限度地保障人权。当下我国所实行的司法改革,其重要内容之一就是加强审判活动对证据的重视程度。

四、"证据裁判"理念

"证据裁判"理念主要适用于刑事诉讼领域,它是"以事实为依据,以法律为准绳"原则在刑事诉讼领域中的具体运用。这一理念是指对于案件争议事项的认定,应当依据证据。证据裁判原则要求裁判的形成必须以达到一定要求的证据为依据,没有证据不得认定犯罪事实。其基本内容可分为四项:(1)有犯罪事实,但没有证据或者证据不足,不得定罪(法官个人知悉的有罪事实,不能作为判决有罪的依据);(2)无犯罪事实,但有伪证据指控犯罪,不得定罪;(3)除了免证事实之外,犯罪事实必须有证据证明;(4)证据必须在法庭上经过双方质证、辩论,并经法庭调查和评议,认为可信、客观后,才能作为判决基础。

法律知识链接:

审判需要证据,这已是一个常识。但是在我国过去的司法审判过程中,人们对证据的重视程度始终不够,很多办案人员为了尽快"破案"而忽视了证据的运用,在证据存有矛盾或无法形成"证据链"时便匆匆定案,从而形成了很多冤案,例如,"聂树斌案""张氏叔侄案""赵作海案""呼格吉勒图案"等等。这些冤案的形成都是由于司法人员对证据予以忽视所造成的。近年来,我国司法审判活动越来越重视对证据的运用,从而令上述冤案得以平反,也为司法保障人权打下了基础。

 法治思维训练:

1996年4月9日,在呼和浩特第一毛纺厂家属区公共厕所内,一女子被强奸杀害,报案人是呼格吉勒图,公安机关认定呼格吉勒图是凶手。5月23日,呼市中院判处呼格吉勒图死刑,呼格吉勒图提出上诉。6月5日,内蒙古自治区高院驳回上诉,维持原判。6月10日,呼格吉勒图被执行死刑。2014年11月20日,呼格吉勒图案进入再审程序,12月15日,内蒙古自治区高级人民法院再审判决宣告原审被告人呼格吉勒图无罪,之后启动追责程序和国家赔偿。

在这一冤案中,检方唯一"有力"的证据就是呼格吉勒图指甲里的被害人血迹,但根据现场有关警察的描述,受害者身上其实并没有伤口。也就是说,这一证据是被伪造的。实际上当时正值全国"严打"的背景,为了尽快破案邀功,警方对呼格吉勒图进行了刑讯逼供并伪造了证据。

1. 如果你是法官,你是否会仅凭指甲里有被害人血迹这一证据就认定呼格吉勒图是凶手?为什么?

2. 你认为什么样的制度设计才可以杜绝侦查阶段的刑讯逼供?

3. 为了尽快查明案件真相,你认为办案人员可否对有关程序进行一定程度上的删繁就简?如果不可以,那你认为公正的程序对于查明案件真相、维护人权具有哪些重要作用?

第三节 "依法独立行使审判权、检察权"原则

法治事件回放:[大津行刺案]

1891年,俄国尼古拉皇太子前往海参崴出席西伯利亚铁道开工仪式时,顺道访问日本。当尼古拉皇太子于大津访问时,津田三藏忽然刺杀尼古拉。但尼古拉仅受轻伤,性命无大碍。津田三藏随即遭到逮捕,但始终不愿表明犯案动机。明治天皇亦躬赴于神户港停泊的俄罗斯军舰,并登船探望尼古拉。日本首相松方正义召开内阁紧急会议,会上达成一致意见,以"大逆罪"罪名处决罪犯津田三藏。大审院院长儿岛惟谦连同七名主审法官坚持认为只能判凶手终生监禁而不能判死刑。尽管首相等行政人员对法官们施加了巨大压力,但大审院最终还是坚持了自己的主张,维护了审判权的独立性。这一判决震动世界。

一、独立行使审判权的要求

独立审判是宪法赋予人民法院的职责,是指人民法院依照法律规定独立行使审判权,不受行政机关、社会团体和个人的干涉。这使得人民法院的审判工作能够忠实于法律和制度,忠实于人民利益,忠实于事实真相,保证人民在法律面前人人平等,保护公民的权益不受侵犯。

独立行使审判权包括三项内容:(1)审判权的独立性,即行政权、立法权不得干预。(2)法院的独立性,不同审级的法院之间仅仅是监督与被监督的关系,非领导与被领导的关系。(3)法官的独立性,法官履行职务时,任何组织和个人都无权加以干预,即使是上级法院或本级法院的行政领导也不例外。

法治经典赏读:

"刑事法官根本没有解释刑事法律的权利,因为他们不是立法者。"[①]

贝卡里亚的这句名言意在表明,程序法定原则是实现刑事诉讼公正价值的必然要求。在司法程序中,司法官必须严格按照法定程序的要求主持案件之审理,确保步骤合法、透明阳光。在缺乏合法程序的情况下,往往会出现"暗箱操作",从而导致司法不公。所以,实行程序法定原则,要求司法官员对法定程序的遵行,是刑事诉讼公正价值赖以实现的基础。

二、独立行使检察权的要求

独立行使检察权,是指人民检察院依照法律独立行使检察权,不受行政机关、社会团体和个人干涉。这就是说,检察权是检察机关的专有职权,只能由检察机关依法独立行使,禁止其他机关非法干涉。

依法独立行使检察权有两层含义:(1)检察机关行使检察权,在法律规定的范围内是独立的,不受行政机关、社会团体和个人的干涉。(2)检察机关独立行使检察权,即检察机关作为一个组织整体,集体对检察权负责。在检察机关内

---

① ［意］切萨雷·贝卡里亚:《论犯罪与刑罚》,黄风译,北京大学出版社 2008 年版。

部,下级检察院必须服从上级检察院领导,地方检察院必须服从最高人民检察院领导。就单个检察院而言,不论其所属级别,在其内部,是以检察长、检察委员会为领导的组织形式集体行使职权。

三、立案制度

立案,是指公安、司法机关及其他行政执法机关对于报案、控告、举报、自首以及自诉人起诉等材料,按照各自的管辖范围进行审查后,认为有犯罪事实发生并需要追究刑事责任时,决定将其作为刑事案件进行侦查或者审判的一种诉讼活动。根据诉讼种类的不同,司法立案又分为刑事案件立案、行政案件立案及民事案件立案,司法立案是诉讼活动的开始阶段。

四、管辖制度

管辖,通常是指各级法院之间以及不同地区的同级法院之间,受理第一审案件的职权范围和具体分工。由于刑事诉讼的参与机关包括公、检、法三家,故而刑事诉讼管辖指公安机关、人民检察院、人民法院等国家专门机关,在直接受理刑事案件上的职能分工以及人民法院系统内受理第一审刑事案件的分工,其中公安机关、人民检察院、人民法院在直接受理刑事案件上的分工称为立案管辖,人民法院系统内受理第一审刑事案件的分工称为审判管辖。

法律知识链接:

刑事诉讼中的审判管辖分为三种。第一,级别管辖:(1)基层人民法院管辖第一审普通刑事案件,但是依法由上级人民法院管辖的除外。(2)中级人民法院管辖下列第一审刑事案件:危害国家安全案件,恐怖活动案件;违法所得没收案件;可能判处无期徒刑、死刑的普通刑事案件。(3)高级人民法院管辖的第一审刑事案件,是全省(自治区、直辖市)性的重大刑事案件。(4)最高人民法院管辖的第一审刑事案件,是全国性的重大刑事案件。第二,地域管辖。刑事案件由犯罪地人民法院管辖,如果由被告人居住地的人民法院审判更为适宜的,可以由被告居住地的人民法院管辖。第三,专门管辖。(1)军事法院管辖的是现役军人和军内在编职工的刑事案件。(2)铁路运输法院管辖的是铁路公安机

关侦破的案件。（3）森林法院管辖的是严重危害和破坏森林,违反森林法的犯罪案件以及所辖林区职权范围内的一切刑事案件。

五、回避制度

回避制度,是指司法人员由于对本案有利害关系或其他关系而不参加该案的侦查、审判等活动。司法人员因与案件或案件当事人有某种特殊关系而不得办理该案件,目的是防止徇私舞弊或发生偏见,以有利于案件的公正审理。审判人员、检察人员、侦查人员以及其他有关人员不参加与本人有利害关系或其他关系的案件的审判、检察或侦查活动。

法律法规速递:

《中华人民共和国宪法》第 131 条:人民法院依照法律规定独立行使审判权,不受行政机关、社会团体和个人的干涉。

第 136 条:人民检察院依照法律规定独立行使检察权,不受行政机关、社会团体和个人的干涉。

《中华人民共和国刑事诉讼法》第 29 条:审判人员、检察人员、侦查人员有下列情形之一的,应当自行回避,当事人及其法定代理人也有权要求他们回避:

（一）是本案的当事人或者是当事人的近亲属的;

（二）本人或者他的近亲属和本案有利害关系的;

（三）担任过本案的证人、鉴定人、辩护人、诉讼代理人的;

（四）与本案当事人有其他关系,可能影响公正处理案件的。

第 109 条:公安机关或者人民检察院发现犯罪事实或者犯罪嫌疑人,应当按照管辖范围,立案侦查。

《中华人民共和国民事诉讼法》第 21 条:对公民提起的民事诉讼,由被告住所地人民法院管辖;被告住所地与经常居住地不一致的,由经常居住地人民法院管辖。

对法人或者其他组织提起的民事诉讼,由被告住所地人民法院管辖。

同一诉讼的几个被告住所地、经常居住地在两个以上人民法院辖区的,各级人民法院都有管辖权。

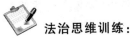

法治思维训练：

1. 中国古代实行行政兼理司法体制，即地方行政官员同时也是司法官员，换言之，司法不独立，司法本身就是行政的一部分。从今天的视角来看，这会产生哪些弊端？

2. 当下我国的死刑核准权在最高人民法院。但是过去曾有一段时间为适应同严重刑事犯罪作斗争的需要，全国人大常委会曾将部分死刑核准权下放到高级人民法院，即《关于死刑案件核准问题的决定》规定，因杀人、抢劫、强奸、爆炸、放火等罪行被判处死刑的案件，可由省、自治区、直辖市高级人民法院核准，不必报最高人民法院核准。2006 年 10 月 31 日通过的《关于修改〈中华人民共和国法院组织法〉的决定》又将死刑的核准权力收回了最高人民法院。你认为由最高人民法院统一核准死刑有哪些优势？

第四节 "诉讼平等"原则

法治事件回放：[审判薄熙来]

2012 年 4 月 10 日，鉴于薄熙来涉嫌严重违纪，中央决定，停止其担任的中央政治局委员、中央委员职务，由中共中央纪律检查委员会对其立案调查。2013 年 7 月 25 日，薄熙来涉嫌受贿、贪污、滥用职权犯罪一案，经依法指定管辖，由山东省济南市人民检察院向济南市中级人民法院提起公诉。2013 年 8 月 22 日 8 时 43 分，济南市中级人民法院一审公开开庭审理被告人薄熙来受贿、贪污、滥用职权案。法庭辩论阶段，在审判长的主持下，公诉人宣读了公诉意见书，审判人员充分保障了薄熙来的辩护权利，被告人薄熙来作了长达 90 分钟的自行辩护，辩护人充分发表了辩护意见。控辩双方就定罪、量刑的事实、证据和适用法律等问题也发表了意见。

一、"诉讼平等"原则的基本含义

诉讼平等，是指参与诉讼的各方尽管在法律上承担着不同的义务，享有不同的权力或权利,但他们都应当受到法律的平等对待。在民事诉讼中,这一原则体现为,法院对一切诉讼当事人,不论其民族、种族、性别、职业、社会出身、宗教信仰等都一律平等对待,他们在适用法律上一律平等;在行政与刑事诉讼中则体现为,原告与政府,或者被告人、辩护人与检方在法律上是平等的,法官不得偏袒政府或检方。

二、调解制度

这里的调解是指法院调解。法院调解又称为诉讼中调解,它是在民事案件、经济纠纷案件中当事人用于协商解决纠纷、结束诉讼、维护自己的合法权益的制度。诉讼中的调解是人民法院和当事人进行的诉讼行为,其调解协议经法院确认,即具有法律上的效力。《中华人民共和国民事诉讼法》(以下简称《民事诉讼法》)规定,人民法院审理民事案件,应遵循查明事实,分清是非、自愿与合法的原则,调解不成,应及时判决。法院调解,可以由当事人申请开始,也可以由人民法院依职权主动开始。

实践中,调解可以由审判员一人主持,也可以由合议庭主持,并尽可能就地进行。除法律规定的特殊原因外,一般应当公开调解。在法院调解中,被邀请的单位和个人,应当协助人民法院进行调解。在审判人员的主持下,双方当事人自愿、协商达成调解协议,协议内容符合法律规定的,应予批准。调解达成协议,人民法院应当制作调解书。

三、辩论原则

辩论,是指在诉讼活动中,控辩双方就起诉书中陈述的相关事实、法律条例等内容进行辩论的活动。例如,在刑事诉讼中的法庭调查阶段,当公诉人宣读完起诉书后,被告人、被害人可以就起诉书中指控的犯罪进行陈述,同时,公诉人、被害人、附带民事诉讼的原告人和辩护人、诉讼代理人可以向被告人发问;证人提供证言,鉴定人提供鉴定结论后,公诉人、当事人和辩护人、诉讼代理人可以对证人、鉴定人提出问题,对证言笔录、鉴定结论、勘验笔录和其他作为证据的文书,公诉人、当事人、辩护人、诉讼代理人都可以发表意见;对在法庭上出示的物证,当事人要进行辨认,并发表辨认意见等,在这当中都有可能展开辩论。

所谓真理越辩越明,事实越辩越清。辩论是查明真相,保障当事人利益的重要手段。通过辩论,法官可以及时地了解各方的观点,发现证据中可能存在的问题。更重要的是,通过充分的辩论,诉讼参与双方得以充分表达意见,这种公正的程序不仅可以保障诉讼参与人的权利,也得以令法官最终的判决更具权威性,增强司法公信力。

法治经典赏读:

"各种对社会利益的冲突要求之间有一恰当的平衡。"①

罗尔斯的这句话可以看作是对合理的司法程序之功能的一种透视。司法是为了解决纠纷的,有纠纷就有冲突,而司法程序需要在制度的框架内让这些冲突得到合理的表现,让纠纷双方充分表达其意见,法官最终居中裁判。因此,在司法程序中,各种冲突之间必须存在一种恰当的平衡,例如,法官不得允许一方进行充分的自我辩解却同时剥夺另一方发言之机会。正所谓真理越辩越明,事实越辩越清,只有让冲突得到合理的、公开的表达机会,才能最终达致公平、正义。

四、辩护原则

辩护,是指刑事诉讼中的被告人及其辩护人,为说明被告人无罪、罪轻或应予减轻、免除刑罚而进行的一项诉讼活动。在辛普森一案中,由六名顶级律师组成的"梦幻律师队"就为辛普森进行了出色的辩护,争取了时机,从而最终促使辛普森被无罪释放。

辩护通常由律师进行。律师是指取得律师执业证书,为当事人提供法律服务的执业人员。律师在接受当事人的委托后,通常会认真、仔细地研究案情,罗列各种证据链条,凭借其三寸不烂之舌同对方当事人或检方展开唇枪舌剑之辩论,从而使案件事实被还原得更加清晰、客观。所以,实行辩护原则,不仅有利于司法机关正确处理案件,防止办案人员的主观片面性,而且有利于保障被告人的合法权益,维护司法公正。

---

① [美]约翰·罗尔斯:《正义论》,何怀宏、何包钢、廖申白译,中国社会科学出版社 2001 年版,第 5 页。

法律知识链接：

在 2013 年韩国电影《辩护人》中，韩国影星宋康昊通过主人公宋宇锡慷慨激昂的辩护词和为了法治而不顾自身安危的种种行动，不仅经典演绎了辩护人在刑事诉讼中的重要作用，更将律师应有的使命以及律师对推动法治建设的重要意义表现得淋漓尽致。值得一提的是，本片主人公宋宇锡的原型就是韩国前总统卢武铉，其背景就是 20 世纪 80 年代的韩国"釜林事件"。因该片的上映，2014 年 2 月 13 日，釜山地方法院对"釜林事件"进行了二审宣判，判决 5 名被告人无罪，这距离一审判决已时隔了 33 年。

五、对等原则

对等原则，是指一国司法机关对他国公民、企业和组织的诉讼权利加以限制，他国司法机关可以对限制国公民、企业和组织的诉讼权利同样加以限制的原则。该原则适用于在外国对我国公民、组织的行政诉讼权利加以限制的方面，而不适用于权利赋予方面。即使依照该外国法律，我国公民、组织在该国行政诉讼中享有更多的权利，该国也不能因此要求我国对该国公民、组织赋予相同的诉讼权利。因此，对等是对诉讼权利的限制对等。简言之，当一国赋予外国公民、组织更多的权利时，该国不得要求这一公民、组织所在国家同样也赋予该国公民、组织更多的权利；但是，当一国限制外国公民、组织的权利时，这一公民、组织所在国的司法机关则必须给予该国公民、组织以同样的权利限制。

法律法规速递：

《中华人民共和国民事诉讼法》第 8 条：民事诉讼当事人有平等的诉讼权利。人民法院审理民事案件，应当保障和便利当事人行使诉讼权利，对当事人在适用法律上一律平等。

第 9 条：人民法院审理民事案件，应当根据自愿和合法的原则进行调解；调解不成的，应当及时判决。

 法治思维训练：

1. 2015 年，因为给一起涉黑案件出庭辩护，律师王甫、刘金滨、张磊三人在湖南衡阳中院大门口遭到多名身份不明人员袭击。很多人认为，辩护是对犯罪的纵容，被告人不应当得到辩护或充分辩护的权利，你怎么看？

2.2013 年由孙红雷、郭富城主演的电影《全民目击》备受法律人士的批评。请观看此电影，并查阅中国法庭开庭审理程序的相关内容，谈一谈影片中的哪些内容违背了中国法律常识？

3.《刑事诉讼法》第 193 条第 1 款明确规定："经人民法院通知，证人没有正当理由不出庭作证的，人民法院可以强制其到庭，但是被告人的配偶、父母、子女除外。"其中的意思就是说，作为近亲属的"配偶、父母、子女"不属于《刑事诉讼法》强制出庭的范围，无须出庭对被告人进行指证。当然，法律对上述人员只是免除了"出庭作证"的责任，并不是说他们因此而拥有了"拒证权"。也就是说，他们仍然有作证的义务，把办案机关询问的相关事实说清楚，只不过可以通过递交书面证言而不是出庭的方式进行，其证言的效力也不会因此而有所改变。你如何看待法律的这一条规定？

 参考书目

1. [美]约翰·罗尔斯：《正义论》，何怀宏、何包钢、廖申白译，中国社会科学出版社 2001 年版。

2. [意]切萨雷·贝卡里亚：《论犯罪与刑罚》，黄风译，北京大学出版社 2008 年版。

3. [德]马克斯·韦伯：《经济与社会（下卷）》，林荣远译，商务印书馆 1997 年版。

4. 陈瑞华：《比较刑事诉讼法》，中国人民大学出版社 2010 年版。

5. 陈瑞华：《看得见的正义（第二版）》，北京大学出版社 2013 年版。

6. 江伟、肖建国主编：《民事诉讼法》，中国人民大学出版社 2015 年版。

7. 卞建林主编：《诉讼法研究》，中国检察出版社 2016 年版。

8. 蔡虹：《民事诉讼法学（第四版）》，北京大学出版社 2016 年版。

9. 姜明安：《行政诉讼法》，法律出版社 2007 年版。

10. [德]古斯塔夫·拉德布鲁赫：《法律智慧警句集》，舒国滢译，中国法制出版社 2016 年版。

11. 张卫平：《民事诉讼法学：分析的力量》，法律出版社 2016 年版。

第十二章

公民参与政治生活

本章要点：

1. 通过学习"公民身份"和"政治参与"等概念，理解公民参与政治生活的含义。

2. 通过学习民主政治的运作机制，理解公民参与政治生活的重要意义。

3. 通过学习民主选举、民主立法和公共决策的程序和制度，理解公民参与政治生活的基本途径和方式。

4. 通过学习宪法、法律有关选举权等政治权利的保障和救济制度，理解公民参与政治生活的法律基础和界限。

引言

　　人是社会动物，必然与他人产生各种各样的社会关系。社会关系的调整需要公共权力。现代社会最典型的公共权力是国家权力。国家权力的产生和运作就是典型的政治。政治有专制和民主之分。现代民主国家，政治权力为全民享有，公民作为国家的主人，有权参与到国家政治活动中。国家政治活动的结果，大到决定国家发展前途，小到影响民众日常生活。因此，公民也有责任积极参与政治活动，使民主有效地运转起来。

　　公民通过参与投票选举、参加立法和公共决策听证会、提交立法修改建议书、对国家机关和国家工作人员提出批评等方式参与政治，影响政治活动的结果，监督公权力的运行，维护自己的正当权益。参与政治是公民生活的重要组成部分。公民在政治参与中得到锻炼和成长。公民参与政治不仅是公民权利的行使，也是公民道德的践履。

　　公民参与政治必须在法律的轨道上有序地进行。我国

《宪法》和《中华人民共和国立法法》(以下简称《立法法》)
《中华人民共和国全国人民代表大会及地方各级人民代表大
会选举法》(以下简称《选举法》)《刑法》等法律明确保障我
国公民的参政权,规定了公民参政的具体形式和制度,以及
公民参政时发生纠纷的解决机制,同时,也为公民参政的权
利和自由划定了法律边界。

第一节　公民参政的概念与意义

法治事件回放：[英国脱欧公投]

在 2015 年竞选活动中，英国保守党领袖，即时任首相卡梅伦承诺，如果赢得大选，将会在一年内推动国会制定相关法律，然后就脱欧问题举行全民公投，让人民选择继续留在欧盟还是退出欧盟。2015 年 5 月 8 日，大选计票完毕，执政保守党赢得议会过半席位，首相卡梅伦成功连任。2015 年 6 月 9 日，英国下议院高票通过《欧盟公投法》，并在同年 12 月 14 日获上议院通过。2016 年 6 月 23 日，英国人民依法就要不要脱离欧盟进行公民投票。数据显示，共有 3000 多万英国公民参加公投，其中，赞同脱欧的有 1570 万人，占公投总人数 51.9%，赞同留欧的有 1458 万人，占公投总人数 48.1%。由于《欧盟公投法》没有明确规定此次公投的法律效力，该公投结果被认为只具有意见咨询的政治意义。根据英国代议政体，法律上的脱欧决定最终得由英国议会作出。在公投引发的脱欧程序争议案中，英国高等法院和最高法院先后都表达了这一观点。尽管公投结果不具有法律效力，但既然参加公投的多数选择了脱欧，就必然产生重大政治影响。按照民主政治的运作逻辑，多数意见就是民意，政治家和议员遵循民意是一种政治责任，否则就可能不被民众信任，下次选举就可能落选。2017 年 2 月 8 日和 3 月 16 日，英国下议院和上议院分别通过政府提交的"脱欧"议案，授权政府启动"脱欧"程序。

一、公民身份与政治生活

公民身份是个人在民族国家的一种成员资格。现代国家一般通过宪法和法律明确规定取得和丧失这种资格的条件。如我国《宪法》第 33 条第 1 款规定："凡具有中华人民共和国国籍的人都是中华人民共和国公民"。根据《中华人民共和国国籍法》有关规定：父母双方或一方为中国公民，本人出生在中国，具有中国国籍；父母无国籍或国籍不明，定居在中国，本人出生在中国，具有中国国籍;外国人或无国籍人,愿意遵守中国宪法和法律,在满足一定条件下,也可以经申请批准加入中国国籍。具有公民身份的个人,享有宪法规定的基本权利,应履行宪法规定的基本义务。

政治生活是个人和团体围绕国家权力之产生和运作而展开的活动。在专制国家,政治生活是封闭的,只局限于一家一姓、少数人或某个政治集团;在民主国家,政治生活是开放的,面向社会中的所有公民与合法团体。我国《宪法》第1条第1款规定:"中华人民共和国是工人阶级领导的、以工农联盟为基础的人民民主专政的社会主义国家。"它规定了我们国家政治生活的根本性质,即"人民民主"。结合《宪法》序言中"中国各族人民将继续在中国共产党领导下"和第5条第1款"中华人民共和国实行依法治国,建设社会主义法治国家"的规定,我国人民民主具有人民性、民主性和法律性的特征。人民性,首先指参与政治生活的主体具有广泛性,所有公民非经依法审判被剥夺政治权利,全都平等地享有政治权利,各族人民拥有平等的法律地位;其次,也指人民的政治构成和组织形式具有阶级性,包括知识分子在内的工人阶级是领导阶级,农民阶级是工人阶级的同盟,工人阶级的先锋队中国共产党是中国各族人民的领导核心。民主性主要指政治生活的开展形式是自由、平等和公正的,因而是生动活泼和充满活力的,人民大众也乐于参与其中,政治生活的实质结果又能充分反映人民的意志,体现最广大人民的根本利益。法律性指政治生活必须在法治的轨道上有序展开,通过具有国家强制力的法律建立民主机制,落实民主理念,对侵害政权者实行专政,保障人民的主体地位。

公民是政治生活的基本主体。政治生活是公民生活的重要组成部分。公民身份与政治生活有着内在联系。一方面,具有公民身份者才被认为是政治共同体中的一员,才能全面深入地参与政治生活;另一方面,政治生活本身又塑造着公民身份,对公民自身的权益和自我发展有着重要影响。

法治经典赏读:

"人天生是一种政治动物。"①

这是亚里士多德的一句广为传颂的名言。它说明:人的本性适合过社会生活,而政治生活是社会生活中最重要的方面,因此,人与政治生活紧密相连、不

---

① ［古希腊］亚里士多德:《亚里士多德选集:政治学卷》,颜一编,中国人民大学出版社1999年版,第6页。

可分割。古希腊城邦政治被认为满足了人的这种本性。当然,即便在实行民主政体的雅典城邦,具有公民身份者也只是雅典居民中的少数人,奴隶、女人、小孩等,都不是公民。

二、公民的政治参与

政治参与通常指普通公民为了影响政治决策而参与到政治过程中的活动。政治参与的广度、深度和质量是衡量民主政治的一项重要指标。早在雅典城邦政治中,就有"公民大会"的参政形式,它是城邦的最高权力机关,负责城邦内的一切大事,如决定宣战或媾和,缔结或解除同盟,制定和修改法律,选举和评审政府官员。其中包括为了保护城邦民主制度而创设的陶片放逐法:公民可在选票——陶片上,刻下被放逐者的名字并投入票箱罐中;如果参加投票者达到6000人,就属于有效的投票,得票最多者应被流放城外10年。[①] 当然,雅典民主制还处于原始阶段,有权参政的,仅限于父母双方都是本城邦自由民中的成年男子,外邦人、妇女、儿童和奴隶都被排除在外。在公元前5世纪中叶的雅典全盛时期,居民人口大约有30万,其中过半数是奴隶和异邦人,剩余居民中三分之二是妇女和儿童,享有公民权和参政权的,不到总人口的六分之一,即不到5万人。[②]

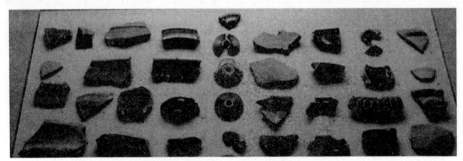

陶片放逐法所使用的陶片

近代以来,随着民主制度的兴起,选举成为公民参与国家政治生活的核心机制。普遍选举原则在新中国成立之初就被法律所明确承认。我国1953年制

---

① 晏绍祥:《雅典陶片放逐法考辨》,载《世界历史》2017年第1期。
② 许良英、王来棣:《民主的历史》,法律出版社2015年版,第10页。

定的第一部选举法第 4 条规定:"凡年满十八周岁之中华人民共和国公民,不分民族和种族、性别、职业、社会出身、宗教信仰、教育程度、财产状况和居住期限,均有选举权和被选举权。"没有选举权和被选举权的,只限于"依法尚未改变成份的地主阶级分子""依法被剥夺政治权利的反革命分子"和"其他依法被剥夺政治权利者"以及"精神病患者"。与此类似,我国现行宪法第 34 条规定:"中华人民共和国年满十八周岁的公民,不分民族、种族、性别、职业、家庭出身、宗教信仰、教育程度、财产状况、居住期限,都有选举权和被选举权;但是依照法律被剥夺政治权利的人除外。"与 1953 年选举法和 1954 年宪法相比,我国现行选举法和宪法没有将精神病患者排除在外。这可理解为精神病患者享有选举权,但由于其不具有行使选举权的能力,因此由选举委员会确认其停止行使选举权。

公民的政治参与当然不限于选举。为了政治上的目的,发表言论,出版、集会、结社、游行和示威,对国家机关和国家工作人员提出批评和建议,针对国家机关和国家工作人员的违法失职行为向有关国家机关提出申诉、控告和检举等,也是公民的重要参政方式。

法律政策速递:

《中华人民共和国宪法》第 2 条:中华人民共和国的一切权力属于人民。

人民行使国家权力的机关是全国人民代表大会和地方各级人民代表大会。

人民依照法律规定,通过各种途径和形式,管理国家事务,管理经济和文化事业,管理社会事务。

第 35 条:中华人民共和国公民有言论、出版、集会、结社、游行、示威的自由。

第 41 条第 1 款:中华人民共和国公民对于任何国家机关和国家工作人员,有提出批评和建议的权利;对于任何国家机关和国家工作人员的违法失职行为,有向有关国家机关提出申诉、控告或者检举的权利,但是不得捏造或者歪曲事实进行诬告陷害。

《中共中央关于全面深化改革若干重大问题的决定》:发展社会主义民主政治,必须以保证人民当家作主为根本,坚持和完善人民代表大会制度、中国共产党领导的多党合作和政治协商制度、民族区域自治制度以及基层群众自治制度,更加注重健全民主制度、丰富民主形式,从各层次各领域扩大公民有序政治参与,充分发挥我国社会主义政治制度优越性。

三、使民主政治运作起来

现代国家的民主政治首先是一种公意政治，即国家意志不是由少数人决定，而是由多数人决定。无论是选举过程，还是议会或代表大会的决策过程，都遵循少数服从多数的民主原则，以反映公众意见。其次，民主政治也是一种法治政治。法治以人的尊严和自由为价值追求，在制度上，通常以有限政府和权力制约来体现。公意政治透过多数决机制运作，其当然需要由法治加以保障，同时对其蕴含的暴政威胁，也需要由法治加以钳制。最后，民主政治是一种责任政治，只有配备了具体的方法和机制，能使违反公意和触犯法律者，承担政治和法律上的责任，公意政治和法治政治才能真正实现。[①]

公民参政是公意政治的前提和基础。倘若绝大多数公民对政治不闻不问，不参与选举等政治活动，通过多数决机制产生的公意可能是虚假的，不能真正代表最广大人民的根本利益，甚至无法使多数决机制有效地运作起来。我国《选举法》第44条第1款规定："在选民直接选举人民代表大会代表时，选区全体选民的过半数参加投票，选举有效。代表候选人获得参加投票的选民过半数的选票时，始得当选。"这一规定被称为"双过半数规则"，其目的是为了让选举结果更准确地体现公意。基于同样的理由，澳大利亚、阿根廷、奥地利、比利时、巴西等少数国家实行强制投票制，将投票选举设定为法律上的义务，即要求选民出现在投票场合，并把选票投入选票箱。如1918年澳大利亚《联邦选举法》规定，选举人若不参加投票又不能提供充分有效的理由，要被罚款20澳元。

公民参政是法治政治的内容和要求。参政权是公民的一项基本权利。公民享有参政权本身就彰显了公民个人的主体地位和尊严。同时，参政权对于其他基本权利的实现而言，具有保障性的功能。公民通过各种途径和方式参与政治生活，能够有效地监督国家权力的运行，防止权力的滥用和腐败。此外，依靠民众的广泛参与，调动社会大众的力量，汇聚民众的聪明才智，有助于选出优秀的国家工作人员从事立法、执法和司法活动，或者为立法、执法和司法活动建言献策，实现良法善治。

公民参政是责任政治的动力和保障。让实际掌权者负起责任来，为民谋福利，是民主政治的基本目标。定期选举本身就蕴含着问责的功能。议员或代表

---

① 萨孟武：《政治学与比较宪法》，商务印书馆2013年版。

及其他经选举产生的政府官员,若在任期内未能有效履行其职责,或违背其当选前的政治承诺,选民就可通过换届选举将其替换。当这些官员有滥用权力等严重违法行为,或者其行为背离多数选民意志相当程度时,选民还可以通过法定的弹劾或罢免程序,在任期内就将其替换。公民团体发表言论、集会、游行和示威、控告和检举等基本权利的行使,既是选举、弹劾和罢免程序有效运行的前提,同时也是监督国家权力运行,促使失职国家工作人员承担责任的保障。

总之,公民参政对于民主政治的有效运作非常关键。民主政治是以公意为依据,以法律为准绳,并能使违反公意或法律的官员承担责任的政治。只有公民积极有序地参与政治生活,此种民主政治才能顺利地运转起来。

法律知识链接:

我国宪法和法律规定了罢免制度。全国人民代表大会有权罢免国家主席、副主席,国务院总理、副总理、国务委员、各部部长、各委员会主任、审计长和秘书长,中央军事委员会主席和其他组成人员,最高人民法院院长和最高人民检察院检察长。地方各级人民代表大会代表的选举单位和选民有权罢免由他们选出的代表。对于县级的人大代表,原选区选民 50 人以上联名,对于乡级的人大代表,原选区选民 30 人以上联名,可以向县级的人大常委会书面提出罢免要求。

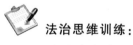

法治思维训练:

1. 公民参与政治生活的意义有哪些?
2. 什么是民主政治? 民主政治仅仅指多数人统治吗?
3. 有序的政治参与和无序的政治参与有什么差别? 如何实现有序的政治参与?

第二节　公民参政的基本途径和方式

法治事件回放:[通过"另选他人"当选的人大代表]

2003 年 5 月 23 日,深圳市福田区第三届人大常委会召开第三十八次会议,审查通过 174 名新当选的人大代表资格。深圳高级技工学校王亮是其中的一员,其当选令人瞩目,因为他是以非正式候选人的身份参选并胜出的。王亮曾留学美国,归国后担任深圳高级技工学校校长、校党委书记。在换届选举的选民登记阶段,王亮所在学校被漏登了,因此错过提名候选人的时间。由于王亮一心想代表他的学校和社区,所以决定以"另选他人"的方式参选区人大代表。王亮所在的福田区第 29 选区,有两名正式代表候选人,共有 3200 多名选民,其中包括高级技工学校补登记的 1190 多名选民。王亮向所在的选区居民派发了主题为"来自百姓,关心百姓"的宣传单。这份宣传单的一面是告诉选民如何给王亮投票;另一面是"我们所了解的王亮",600 字左右的小故事介绍了王亮的经历。他最后以 1308 票的结果胜出,高出另一名正式参选人 331 票,成为深圳市首位以自荐方式当选的区人大代表。[①]

人民代表大会制度是我国的根本政治制度。我国公民参与国家政治生活最基本的制度化途径是参与人大代表的选举活动。公民还可以通过一定的机制参与立法活动和政府公共决策。公民运用言论、出版、集会、结社、游行、示威等政治自由和批评、建议等监督权影响政治过程的活动,是公民参与选举、立法和公共决策活动的前提和基础,同时,其本身也是一种重要的参政形式,在网络和自媒体日益发达的今天,其政治影响力越来越显著。这里着重介绍制度化程度较高的三种参政形式。

一、参与选举程序

在我国,选举通常指遴选人大代表等国家公职人员的过程。公民参与选举程序既包括作为选民参与选举程序,又包括作为候选人参与选举程序。前者是公民对选举权的行使,后者是公民对被选举权的行使。新中国成立后,1953 年《中华人民共和国全国人民代表大会及地方各级人民代表大会选举法》颁布施行。根据当年第一次人口普查的结果,新中国约有 6 亿人口,18 岁以上人口占58.92%,通过选民资格审查的人数为 3.2 亿多,在选举地区 18 周岁人口总数中占 97.18%。在这次普选中,参加投票选举的选民达 2.78 亿,占选举地区登记选民总数的 85.88%,参加投票的妇女占登记的妇女选民总数的 84.01%。如此

---

① 邹平学:《中国代表制度改革的实证研究》,重庆出版社 2005 年版,第 34—35 页。

庞大的参选活动,在中国历史上还是第一次。①

现行选举法于 1979 年制定,至今已修改 6 次。现行选举法确立了我国人大代表选举制度的五项基本原则,即普遍选举原则、平等选举原则、秘密投票原则、差额选举原则以及直接选举与间接选举相结合的原则。普遍选举原则指享有选举权的公民具有广泛性、普遍性,绝大多数成年公民都有选举权和被选举权。平等选举原则指所有选民在一次选举中只有一个投票权,而且所投选票的效力也都是大致相等的。秘密投票原则又称为无记名投票原则,指选民在选票上不署自己的姓名,对候选人按照规定的符号自由地表示赞成、反对,或者另选他人,并亲自将选票投入密封票箱的一种投票方法。差额选举原则是指选举中候选人的名额应多于应选名额。直接选举指由选民直接选出代表,间接选举指由选民选出的代表投票选举代表。从原理上讲,直接选举更能体现民主,是中国民主的发展方向,因为无论在广度上还是在深度上,直接选举更有利于公民参与选举活动。但基于现实条件的限制,1953 年选举法将直接选举主要用于乡镇一级,从而确立起直接选举与间接选举相结合的原则。1979 年选举法将直接选举的范围扩大到县一级。自此,县、乡两级直接选举与县级以上间接选举并存的人大代表选举模式一直延续至今。下文简要介绍直接选举过程的重要环节。

(一)选区划分。选区划分是直接选举的一个重要环节。划出选举的区域单位,有利于代表对选区选民负责。选举法规定,直接选举的县、乡级人大代表名额分配到选区,按选区进行选举。选区可以按居住状况划分,也可以按生产单位、事业单位、工作单位划分。选区的大小,按照每一选区选一名至三名代表划分。

(二)选民登记。选民登记是选举机构依法对选民资格和投票资格予以确认的法律程序。选举法规定,选民登记按选区进行,由选举委员会负责组织登记工作。经登记确认的选民资格长期有效。每次选举前对上次选民登记以后新满 18 周岁的选民、被剥夺政治权利期满后恢复政治权利的选民,予以登记。对选民经登记后迁出原选区的,列入新迁入的选区的选民名单;对死亡的和依照法律被剥夺政治权利的人,从选民名单上除名。选民名单应在选举日的 20 日以前公布,实行凭选民证参加投票选举的,并应当发给选民证。

---

① 穆兆勇编:《第一次全国人民代表大会实录(1954)》,广东人民出版社 2006 年版,第 68—74 页。

（三）候选人提名。候选人提名是指由法定主体提出供选民选择的对象的程序。选举法规定,全国和地方各级人民代表大会的代表候选人,按选区或者选举单位提名产生。在直接选举中,代表候选人由各选区选民和各政党、各人民团体提名推荐,其中选民 10 人以上联名,可以推荐代表候选人;各政党和各人民团体可以联合或者单独推荐代表候选人。

（四）候选人介绍。候选人的宣传介绍是选民作出理性选择的基础,是选举自由和民主的重要体现。前文案例中王亮之所以能通过"另选他人"当选,很大程度上得益于对自己的广泛宣传和介绍,让选民充分了解自己。按照选举法的规定,在直接选举中,介绍宣传候选人的主体主要包括推荐者、选举委员会和候选人本人。首先,推荐代表候选人的政党、人民团体和选民可以在选民小组会议上介绍所推荐的代表候选人的情况。推荐者应向选举委员会介绍代表候选人的情况。其次,选举委员会应当将初步代表候选人名单及代表候选人的基本情况在选举日的 15 日以前公布。正式代表候选人名单及代表候选人的基本情况则应当在选举日的 7 日以前公布。最后,选举委员会根据选民的要求,应当组织代表候选人与选民见面,由代表候选人介绍本人的情况,回答选民的问题。但是,在选举日必须停止代表候选人的介绍。

（五）预选。由于初步代表候选人提名往往较多,因此需要一定的机制确定正式代表候选人。预选就是一种确定正式代表候选人的法定程序。按照我国选举法的规定,预选不是一道必经程序。一般而言,如果所提代表候选人的人数超过选举法规定的最高差额比例,由选举委员会交各该选区的选民小组讨论、协商,根据较多数选民的意见,确定正式代表候选人名单。如果对正式代表候选人不能形成较为一致意见的,才进行预选,根据预选时得票多少的顺序,确定正式代表候选人名单。

（六）投票。投票是选民作出最终决定的一个环节,是众多选民的意志和选择得以表达和汇成公意的程序。在直接选举中,选民根据选举委员会的规定,凭身份证或者选民证领取选票。通常,选举委员会根据各选区选民分布状况,按照方便选民投票的原则设立投票站。选民居住比较集中的,可以召开选举大会;因患有疾病等原因行动不便或者居住分散并且交通不便的选民,可以在流动票箱投票。

（七）计票。计票是指计票人在监票人监督下计算有效选票总数的程序。选举法规定,代表候选人的近亲属不得担任监票人、计票人。每次选举所投的票数,多于投票人数的无效,等于或者少于投票人数的有效。每一选票所选的人数,多于规定应选代表人数的作废,等于或者少于规定应选代表人数的有效。

(八)确认并公布选举结果。选举结果的确认包括选举有效的确认和对当选者当选资格的确认。选举法规定,在选民直接选举人民代表大会代表时,选区全体选民的过半数参加投票,选举有效。代表候选人获得参加投票的选民过半数的选票时,始得当选。获得过半数选票的代表候选人的人数超过应选代表名额时,以得票多的当选。最后,选举结果由选举委员会确定是否有效,并予以公布。

法律法规速递:

《中华人民共和国全国人民代表大会及地方各级人民代表大会选举法》第2条:全国人民代表大会的代表,省、自治区、直辖市、设区的市、自治州的人民代表大会的代表,由下一级人民代表大会选举。

不设区的市、市辖区、县、自治县、乡、民族乡、镇的人民代表大会的代表,由选民直接选举。

第4条:每一选民在一次选举中只有一个投票权。

第16条第1款:全国人民代表大会代表名额,由全国人民代表大会常务委员会根据各省、自治区、直辖市的人口数,按照每一代表所代表的城乡人口数相同的原则,以及保证各地区、各民族、各方面都有适当数量代表的要求进行分配。

第30条第1款:全国和地方各级人民代表大会代表实行差额选举,代表候选人的人数应多于应选代表的名额。

第39条第1款:全国和地方各级人民代表大会代表的选举,一律采用无记名投票的方法。选举时应当设有秘密写票处。

二、参与立法程序

公民参与立法的实质是民主立法,主要包括就某项立法公开征求公众意见、公民列席和旁听有关立法工作会议、召开立法听证会和座谈会以及委托社会力量立法四种形式。公民参与立法在广义上既包括参与普通立法,也包括参与制宪和修宪。

我国现行宪法就是在全民讨论的基础上制定的。1982年4月26日,第五届全国人大常委会通过了《关于公布〈中华人民共和国宪法修改草案〉的决议》(以下简称《决议》),该《决议》指出:"同意中华人民共和国宪法修改委员会的建议,决定公布《中华人民共和国宪法修改草案》,交付全国各族人民讨论。"宪法草案的全民讨论,全国有几亿人参加。在时间上,这次讨论持续了四个月,比 1954 年《宪法》草案的全民讨论还多了一个月。① 现行《宪法》已先后经历了五次修改,形成了五个宪法修正案。通常,中共中央是在征求专家学者、民主党派和人民团体的意见基础上,提出《关于修改宪法部分内容的建议》,然后提交全国人大常委会讨论。全国人大常委会经认真讨论后拟定并向全国人大提出《宪法修正案(草案)》,同时会将该草案向全社会公布,供社会各界广泛讨论和提出建议。

公民参与普通立法有多个途径和程序,主要包括通过召开座谈会、论证会、听证会等多种形式听取各方面的意见,以及将法律草案及其起草、修改的说明等向社会公布征求意见。对于已列入常务委员会会议议程的特定法律草案,《立法法》还规定必须召开论证会或听证会。首先,如果法律草案有关问题专业性较强,需要进行可行性评价的,应当召开论证会,听取有关专家、部门和全国人民代表大会代表等方面的意见。其次,如果法律草案有关问题存在重大意见分歧或者涉及利益关系重大调整,需要进行听证的,应当召开听证会,听取有关基层和群体代表、部门、人民团体、专家、全国人民代表大会代表和社会有关方面的意见。法律草案及其说明向社会公布征求意见的时间,一般不少于 30 日。征求意见的情况应当向社会通报。2001 年 1 月 11 日,全国人大常委会办公厅全文公布了《中华人民共和国婚姻法(修正草案)》,广泛征求对婚姻法的修改意见,引发社会各界广泛讨论,仅一个多月的时间,就收到修改意见的来信、来函、来电等 3829 件。从收到修改意见的情况看,这次征求意见具有来信多、范围广、热情高、意见广泛四个特点。② 立法的广泛参与,是保证立法质量,使制定的法律获得普遍服从的重要机制。

法律知识链接:

民主立法是我国立法的一项基本原则。公民参与立法是民主立法的重要表现。《立法法》第 5 条规定:"立法应当体现人民的意志,发扬社会主义民主,坚持立法公开,保障人民通过多种途径参与立法活动。"公民参与立法是保障人民民主,实现良法善治的重要途径。

---

① 许崇德:《中华人民共和国宪法史(下卷)》,福建人民出版社 2005 年版,第 448—449 页。
② 《婚姻法(修正草案)向社会公布征求意见的情况》,载《人民日报》2001 年 4 月 23 日。

三、参与公共决策程序

在现代民主社会,为了彰显人民主权,提升公共决策的合法性与可接受性,公民们除了通过民主选举和立法程序间接参与公共决策外,还拥有了广泛机会直接参与到公共决策中。

公民参与公共决策最主要的形式是参与政府决策。在社会变革日益加剧,行政权不断得到扩张的现代国家,公民参与政府决策的重要性与日俱增。随着网络技术的发展,公民参与公共决策的形式和途径也越来越多样化。以我国医疗体制改革决策为例,2006 年 9 月 26 日,国家发改委官方网站开通了"我为医药卫生体制改革建言献策"专栏,向全社会征求医改的意见和建议,共收到意见和建议 15000 多条,来信 600 多封。2008 年 10 月 14 日,国家发改委将《关于深化医药卫生体制改革的意见(征求意见稿)》全文公布于发改委网站,再次向社会征求意见,共收到各类反馈意见近 3.6 万条。[1] 通过广泛的民主参与和讨论,众多不同的利益诉求和价值偏好得到了表达,并影响了"医改"方案这一公共政策的形成,其结果使该方案具有了更大的合法性和可接受性。

除了政府公开征求意见外,听证制度也是公民参与政府决策的重要途径。如《价格法》第 23 条规定:"制定关系群众切身利益的公用事业价格、公益性服务价格、自然垄断经营的商品价格等政府指导价、政府定价,应当建立听证会制度,由政府价格主管部门主持,征求消费者、经营者和有关方面的意见,论证其必要性、可行性。"近年来,针对一些化工厂、垃圾焚烧厂、殡仪馆等建设项目,附近的居民常常予以反对,甚至引发群体性事件。这也有赖于通过听证等公民参与公共决策的协商机制来化解。

法治经典赏读:

"英国人民自以为是自由的;他们是大错特错了。他们只有在选举国会议员的期间,才是自由的;议员一旦选出之后,他们就是奴隶,他们就等于零了。"[2]

这是卢梭对英国代议制的批判。在他看来,主权是由公意构成,而意志不能被

---

[1]　马长山:《公共领域兴起与法治变革》,人民出版社 2016 年版,第 62—63 页。

[2]　[法]卢梭:《社会契约论》,何兆武译,商务印书馆 1980 年版,第 125 页。

代表,它只能是同一个意志,或者另一个意志,而不能有什么中间的东西。因此,人民的议员就不是,也不可能是人民的代表,他们只不过是人民的办事员罢了。

 法治思维训练:

1. 选民在填写选票时有哪些选择? 选票上为何设计有"另选他人"这一栏?

2. 户籍在外地的公民能否参加其工作地的人民代表大会进行选举?

3. 你曾经参加过听证会吗? 你认为哪些公共事务应该举办公众听证会?

第三节　公民参政的法律保障和限制

法治事件回放:[衡阳贿选案]

2012年12月28日至2013年1月3日,湖南省衡阳市人民代表大会在差额选举省人大代表的过程中,76名当选的省人大代表中有56人涉嫌送钱拉票,527名市人大代表中的518人收受钱物,另有68名大会工作人员收受钱物,涉案金额1.1亿余元。2014年8月18日,北京和湖南两地12家法院分别对包括湖南省原政协副主席童×在内的69人,一审判决玩忽职守、破坏选举等罪,判处有期徒刑、拘役、剥夺政治权利终身等刑罚。本案中共有466人受到纪律处分。

一、《宪法》上的保障和限制

《宪法》作为最高法律,为公民参与政治生活提供了根本性的规范依据。首先,《宪法》为公民参与选举等政治生活提供基本组织规范,如规定全国人大和地方各级人大都由民主选举产生,不设区的市、市辖区、乡、民族乡、镇的人民代表大会代表由选民直接选举。其次,《宪法》保障公民参政所不可缺少的政治权利和自由,如选举权和被选举权;言论、出版、集会、结社、游行、示威等政治自由;批评与建议、申诉与控告、检举等监督权。

当然,《宪法》在确认政治权利和自由的同时,也明确规定了行使条件和限度。首先,《宪法》第34条对选举权和被选举权的主体作了限制,即必须满足拥有我国公民身份、年满18周岁及未被剥夺政治权利的条件。这意味着外国人、未成年人和被剥夺政治权利的人不能参与我国政治性选举。其次,公民在行使自己的政治权利和自由的时候,不得超越权利和自由的界限。《宪法》第51条规定:"中华人民共和国公民在行使自由和权利的时候,不得损害国家的、社会的、集体的利益和其他公民的合法的自由和权利。"当然,政治权利和自由的具体界限,往往需要通过立法、执法和司法等途径结合具体情况来确定。

法治经典赏读:

"哪里没有法律,哪里就没有自由。"①

洛克的这句名言是说:法律的目的不是废除或限制自由,而是保护和扩大自由。自由意味着不受他人的束缚和强制,但没有法律的保护,就不可能有这种自由。同时,这意味着自由是法律许可范围内的自由,自由具有一定的边界,而不是一个人爱怎样就可怎样的自由。如果一个人可以任意支配他人,那么谁也不能获得可靠的自由。所以,公民在行使自己的政治权利和自由的时候,必须限制在法律的范围内,尊重他人的权利。

二、法律上的保障和限制

法律对公民参政的保障是宪法保障通过立法的具体化。首先,公民参政高度依赖政治程序法。公民参政的具体形式和途径就是依靠这些法律创设出来,从而给予制度上的保障,同时,在立法上厘清政治权利和自由的边界。对此,第二节已有所介绍,于此不再赘述。其次,公民参政是在程序规则支配下的有序参与,倘若违反了这些规则,就应根据情节承担法律责任,接受法律制裁。如我国《选举法》规定,通过贿赂手段当选人大代表的,其当选无效。在衡阳贿选案中,以贿赂手段当选的56名省人大代表,在湖南省第十二届人大常委会第六次会议上被确认并公告"当选无效"。对于情节严重的违规行为,还应承担行政责任,甚至刑事责任。根据《中华人民共和国治安管理处罚法》(以下简称《治安

---

① 〔英〕洛克:《政府论(下篇)》,商务印书馆1982年版,第35页。

管理处罚法》）第 23 条规定,破坏依法进行的选举秩序的行为,属于扰乱公共秩序的一种行为类型,应处警告或者二百元以下罚款;情节较重的,处五日以上十日以下拘留,可以并处五百元以下罚款。

《刑法》通过规定犯罪和刑罚来保障公民有序参与政治生活和依法行使政治权利和自由。比如:通过"破坏选举罪"保障公民的选举权和被选举权,通过"扰乱公共秩序罪"保障"依法举行的集会、游行、示威",通过"报复陷害罪"保障公民的监督权。另外,刑法通过规定"玩忽职守罪"等职务犯罪,促使国家工作人员履行尊重和保障公民政治权利和自由的职责。比如,衡阳贿选案中,童×在担任衡阳市委书记、衡阳市换届工作领导小组组长、大会主席团常务主席期间,对于省人大代表选举中存在贿选的情况未能及时反映,未严格依照《选举法》和有关换届纪律工作的规定进行调查、处理,最后被判玩忽职守罪。当然,公民在行使政治自由时超越法律规定的范围,严重侵害到他人权利和公共秩序的,也要受到刑事处罚。如《刑法》规定了"侮辱罪""诽谤罪""诬告陷害罪""出版歧视、侮辱少数民族作品罪""非法携带武器、管制刀具、爆炸物参加集会、游行、示威罪"等。

法律法规速递:

《中华人民共和国刑法》第 250 条:在出版物中刊载歧视、侮辱少数民族的内容,情节恶劣,造成严重后果的,对直接责任人员,处三年以下有期徒刑、拘役或者管制。

第 254 条:国家机关工作人员滥用职权、假公济私,对控告人、申诉人、批评人、举报人实行报复陷害的,处二年以下有期徒刑或者拘役;情节严重的,处二年以上七年以下有期徒刑。

第 256 条:在选举各级人民代表大会代表和国家机关领导人员时,以暴力、威胁、欺骗、贿赂、伪造选举文件、虚报选举票数等手段破坏选举或者妨害选民和代表自由行使选举权和被选举权,情节严重的,处三年以下有期徒刑、拘役或者剥夺政治权利。

第 296 条:举行集会、游行、示威,未依照法律规定申请或者申请未获许可,或者未按照主管机关许可的起止时间、地点、路线进行,又拒不服从解散命令,严重破坏社会秩序的,对集会、游行、示威的负责人和直接责任人员,处五年以下有期徒刑、拘役、管制或者剥夺政治权利。

第 297 条：违反法律规定，携带武器、管制刀具或者爆炸物参加集会、游行、示威的，处三年以下有期徒刑、拘役、管制或者剥夺政治权利。

三、司法上的救济与局限

司法是权利实现的最后一道制度防线。公民参政权的充分实现，有赖于健全的司法救济制度。就选举权的司法救济而言，公民可直接提起诉讼的只有选民资格案件。根据《选举法》和《民事诉讼法》有关规定，公民如果对于公布的选民名单有不同意见，在选民名单公布之日起 5 日内向选举委员会提出申诉，选举委员会对申诉意见已在 3 日内作出处理决定，但申诉人对处理决定不服的情况下，申诉人可以在选举日的 5 日以前向选区所在地基层人民法院起诉。人民法院受理选民资格案件后，必须在选举日前审结。审理时，起诉人、选举委员会的代表和有关公民必须参加。人民法院的判决书，应当在选举日前送达选举委员会和起诉人，并通知有关公民。此类案件实行一审终审制，人民法院的判决是最后决定。这一诉讼程序为选民资格确认权提供了司法救济。但是，此类诉讼被归为民事特别程序，而实际上其具有公法性质，应该设置特别的选举诉讼程序，由专门的选举法庭来审判。此外，对于选区划分、选民投票、当选计票等选举环节发生的争议，尤其是对于选举过程的全部或部分效力、当选效力的争议，选民尚不能诉诸司法。[1]

就出版、集会、游行和示威等政治自由而言，我国司法制度目前也未能提供应有的救济。"我国法律对有关游行、集会、结社、出版等政治权利的具体行政行为没有明确规定可以提起诉讼，故公民、法人或者其他组织对人民政府有关集会、游行、示威等政治权利方面的行政复议决定不服提起诉讼的，人民法院不应受理。"[2]当然，随着我国民主法治化的进程，有必要扩大司法救济的范围。

法律知识链接：

司法救济具有公开、公正、参与等体现程序理性和彰显人之尊严的特征，因

---

[1] 张卓明：《选举权论》，社会科学文献出版社 2015 年版，第 229 页。
[2] 《刘立申等 16 人诉连云港市赣榆区公安分局行政许可二审行政裁定书》，(2014)连行诉终字第 00019 号，载"中国裁判文书网"。

此成为文明社会的基本救济形式。公民参政权的司法救济有效与否,很大程度上能够反映一国司法权威的高低,法律对政治控制的程度以及民主制度化和法制化的发展水平。

 法治思维训练:

1. 联系衡阳贿选等大案,思考贿选发生原因以及如何防范再次发生类似重大贿选事件。

2. 我国公民参政的司法救济途径有哪些局限? 请尝试提出一些改革和完善的举措。

 参考书目

1.[古希腊] 亚里士多德:《亚里士多德选集:政治学卷》,颜一编,中国人民大学出版社 1999 年版。

2.[英] 洛克:《政府论(下篇)》,商务印书馆 1982 年版。

3.[法]卢梭:《社会契约论》,何兆武译,商务印书馆 1980 年版。

4. 萨孟武:《政治学与比较宪法》,商务印书馆 2013 年版。

5. 马长山:《公共领域兴起与法治变革》,人民出版社 2016 年版。

6. 张卓明:《选举权论》,社会科学文献出版社 2015 年版。

第十三章

公民参与社会自治

本章要点：

1. 通过学习社会自治、公民自治、行业自治、社区自治等概念，理解公民参与社会自治的意义。

2. 通过学习公民参与社区自治、行业自治和村民自治，理解公民参与社会自治的方式。

3. 通过学习社会自治的立法保障、司法保障和行政保障，理解公民参与社会自治的法律保障。

引言

　　党的十八届四中全会指出，全面推进依法治国，总目标是建设中国特色社会主义法治体系，建设社会主义法治国家。这就是，在中国共产党领导下，坚持中国特色社会主义制度，贯彻中国特色社会主义法治理论，形成完备的法律规范体系、高效的法治实施体系、严密的法治监督体系、有力的法治保障体系，形成完善的党内法规体系，坚持依法治国、依法执政、依法行政共同推进，坚持法治国家、法治政府、法治社会一体建设，实现科学立法、严格执法、公正司法、全民守法，促进国家治理体系和治理能力现代化。在法治国家、法治政府和法治社会一体建设的进程中，推进社会治理现代化至关重要。社会自治即是法治社会的一个重要面向。

　　社会自治，是一种以自我管理为核心内容的，以社会组织为基本组织形式的，以政府参与为导向的，社会成员自觉、主动参与社会管理的社会控制和社会管理手段。社会自治包含两个层面的含义：一是个人意义上的自治，二是社群意义上的自治。前者是指公民个人所享有的作为公民的自由与权利,后者是指作为社会共同体成员所享有的自治权利;前者的权利是通过公民个人来实现,后者则是通过社群的集合体共同行使。

法治国家中的国家担负的是国家的责任。在严格的法治状态之下,国家只管理自己应该管理、也必须管理的事务。社会要处于良性的运行状态之中,就必须将国家与社会适度分离。该由国家管理的事项,国家及其机构必须担负起相应的责任,否则就是失职,有关部门或机构就必须承担相应的法律责任。同时,国家还不得超越法定的界限,一旦超越法定的界限就属于越权,同样应当承担相应的法律责任。社会自治作用的良好发挥,是法治国家良好运行的保证,也是法治国家区别于非法治国家的重要标志。社会自治在我国尤其薄弱。随着法治国家建设的发展,我国的社会自治必须受到应有的重视,各领域的社会自治都应当依法发展,并切实发挥作用,更好地推进社会主义法治国家的发展。

第一节　公民参与社会自治的重要意义

法治事件回放: ["小鱼儿"诉中石油案]

　　2005 年 11 月 30 日,吉林石化发生爆炸致使大量苯泄漏到松花江中。吉林省和吉林石化未公布消息,使得污染越来越严重,事发后第 5 天才通知黑龙江省政府。黑龙江省接到通知后并未告知公众,只是在第 8 天哈尔滨市突然宣布全市停水。于是,北京大学法学院的师生以鲟鳇鱼、松花江、太阳岛和旅游爱好者为原告向黑龙江省高级人民法院提起诉讼,诉求被告中石油和吉林石化治理被污染的环境和恢复被破坏的生态。

　　法院以"本案与诉讼代理人无关、目前不属于人民法院的受案范围"为由拒绝受理。但是,此案作为中国第一起以自然物为原告的环境民事公益诉讼案件,如一石激起千层浪。

一、作为公民自治实现的基本方式

　　在现代社会中,公民自治实现的基本方式之一是公民参与社会治理,尤其是以社会组织为依托参与社会自治。社会自治是个人自治的联合,是个人自治的自然延伸。社会自治是联合的个人自治,是扩大意义上的个人自治。[①]社会自治是现代法治的必然要求和题中应有之义,社会自治程度与我国当前法治总体发展趋向相契合。社会越发展,社会自治的倾向就会越明显。社会自治是现代市场经济的民主、平等观念作用于社会秩序建设的结果,也是进一步提升社会成员的民主、平等意识,推进社会的民主、平等建设,增强社会成员的主人翁意识的必然要求。[②] 社会自治在一定程度上推动了法治秩序的建构,其主要作用点是多元交叉与混合的新型权力制约机制的形成。同时,民主与法治的进步也

---

　　① 周安平:《社会自治与国家公权》,载《法学》2002 年第 10 期。
　　② 彭海霞、李金和:《从社会自治走向社会善治:社会治理的伦理趋向与伦理路径》,载《前沿》2014年第 5 期。

能为社会组织的健康发展提供更好的制度环境。我国改革开放 30 多年来，在政府、学者、民间的共同努力下，社会自治取得了一定的发展和进步，但在社会政治生活中并未发挥应有的作用。就社会自治整体情况而言，自治权不完整，自治体还不能成为公民权利的集合体，其未来发展空间依然很大，道路也很漫长。

二、作为公民精神和公民性品格的重要路径

公民性，是指公民作为社会的有独立人格的个体所应享有的权利、义务和地位，能够自由从事社会活动，主要是公共领域的活动。公民性品格，从价值取向上看，主要是平等、自由、权利、责任、义务等价值精神；从行为方式看，是指相互尊重、友爱互助、参与、奉献、献身等行为模式。这是现代社会公民所应具备的与社会活动相关的价值认同以及素质和能力。①

社会自治的本质在于公民权利的保障和扩大。换句话说，不是基于公民权利的政治文化，就不可能是一种社会自治政治文化。社会自治是在全社会范围内践行公民精神和公民性品格的重要路径。社会自治的权利是人民将权力交给国家后的保留权利，是人民以自治对抗他治的自卫的权利，是社会自治群体自我发展权利的必然要求。② 逐步发展和实现社会自治是弘扬公民精神的必经之路。

法治经典赏读：

"我确信，只有正直善良的公民才能向其祖国致以她能接受的敬礼。"③

卢梭这句话之所以成为公民性品格方面的经典，在于对公民性品格之重要性的揭示。在公民和祖国维度上，公民的内在品性和精神是国家与社会真正良性互动的基础。在社会内部自治的维度上，健全而完善的公民精神的存在才能实现社会自治。

---

① 龚晓会、李丹：《墨子兼爱思想与公民性品格塑造》，载《河北工程大学学报（社会科学版）》2014年第 4 期。

② 周安平：《社会自治与国家公权》，载《法学》2002 年第 10 期。

③ ［法］让-雅克·卢梭：《论人类不平等的起源和基础》，高煜译，广西师范大学出版社 2002 年版，第 51 页。

三、作为国家与社会之间沟通的必要桥梁

在国家和社会的二元互动之中,需要一定的介质和桥梁,而社会组织经常承担这一角色和功能。政府职能和规模的缩减,意味着社会必须能够承接政府退出所转移的职能。而没有一大批高素质的社会组织和一个健康的公民社会,就不可能有真正的社会自治,也不可能有效地承接社会管理职能。在多元社会治理形态中,社会组织成长与发展的核心要义是其自治性的发展。社会组织自治生成的内在动因是社会发展的根本性压力,外部环境是全球治理浪潮的推动,①而其社会结构性依托则是社会组织等社会权力的日益发展。因此,社会组织自治及更大范围的社会自治需要国家与社会的合力。

在国家与社会的二元结构保持平衡的过程中,国家公权与社会自治权之间的分离与制衡至关重要,国家公权保障社会自治的充分行使,社会自治制约国家公权的不法扩张。具体而言,国家公权不得介入社会自治的空间领域,否则,社会自治体可直接以其自治权对抗国家公权而使国家公权的干预在法律上归于无效。自治组织和团体的内部活动和管理具有高度的自治性质,国家公权必须尊重自治体的这种独立自治的特征,不得干预自治体的具体运作。

法律法规速递:

《中华人民共和国慈善法》第 12 条第 1 款:慈善组织应当根据法律法规以及章程的规定,建立健全内部治理结构,明确决策、执行、监督等方面的职责权限,开展慈善活动。

第 19 条:慈善组织依法成立行业组织。

慈善行业组织应当反映行业诉求,推动行业交流,提高慈善行业公信力,促进慈善事业发展。

第 110 条:城乡社区组织、单位可以在本社区、单位内部开展群众性互助互济活动。

第 59 条第 1 款:慈善组织根据需要可以与受益人签订协议,明确双方权利

---

① 何志鹏、刘海江:《国际非政府组织的国际法规制:现状、利弊及展望》,载《北方法学》2013 年第 4 期。

义务,约定慈善财产的用途、数额和使用方式等内容。

第71条:慈善组织、慈善信托的受托人应当依法履行信息公开义务。信息公开应当真实、完整、及时。

 法治思维训练:

1. 你认为公民参与社会自治的价值何在?
2. 你认为公民参与社会自治与法治的关系何在?

第二节　公民参与社会自治的多种方式

法治事件回放: [深圳发布"立法英雄帖"]

与社会组织快速发展相比,立法工作较为滞后。国内迄今还没有一部社会组织基本法,法律规范的缺乏,已经构成社会组织发展的瓶颈。作为"全国社会组织建设创新示范区",深圳决定率先探索,利用特区立法权制定一部顺应时代发展要求和社会组织发展趋势的地方法律,为深圳经济社会发展保驾护航,为国家立法积累宝贵经验。2015年5月,深圳市社会组织管理局首开国内立法先河——广发"英雄帖",向社会公开征集《深圳经济特区社会组织条例》优秀草案和立法建议文本。据悉,"开门立法"受到社会各界的广泛支持。至截稿日,共收到来自著名高等院校、知名研究机构、社会组织和广大群众提交的完整立法草案14份、立法建议20份。专家组分别对14份立法草案和20份立法建议进行逐一点评、深入剖析,按照评选办法规定的投票规则,确定广东晟典律师事务所、深圳社会组织研究院、上海复恩社会组织法律服务中心入围优秀立法草案前三名,蔡镈青、邵先生、莫远明入围优秀立法建议前三名。专家组评选出最优的3份立法草案和3份立法建议。据了解,下一步,市社管局将加大力度推进社会组织立法进程,争取形成较成熟的草案文本。

一、公民参与社区自治

社区自治,是指社区组织根据社区居民意愿形成集体选择依法管理社区事务,包括涉外事务和内部事务,涉外事务主要有国家和地方政策法规与标准的贯彻落实、社区管理与城市管理的对接、社区代表的履职监督等;内部事务包括社区内部管理、服务和教育。①

依据居民参与和自治的不同领域,社区自治应该是多样化的,西方国家社区建设与发展的一个重要经验就是培育社区中介组织。例如,美国现有非营利组织 140 多万个,美国民间每年约有 5000 亿美元投入非营利事业。其中个人捐助一项就达 1000 亿美元以上,大大地填补了政府用于这方面资金的不足。此外,受薪雇员约 1000 多万人,积极参与中介组织活动的志愿人员有 9000 多万人。②

在我国政府和市场之间还缺乏完备的社区中介组织,中介组织参与社区建设在我国尚处于发育阶段。随着社区建设的推进,在市场经济体制下,民间组织和社会团体的作用将逐渐增大,社区中介组织将成为发展的趋势。所以,只要是符合国家法律法规、群众欢迎、有利于促进社区建设深入开展的社区中介组织,都应采取积极扶持的态度,充分发挥它们的作用。要加大力度鼓励和支持各类志愿服务组织的社会工作,并使其逐步规范化、制度化。

如何推进社区自治? 第一,不能脱离所在的社区,而是要通过依托、参与、支持社区自治工作,充分利用社区的各种资源,使社区资源得到最佳整合与配置,促进社区与单位的共同发展。第二,要坚持互利互惠、成果共享的原则,使企事业单位通过参与社区建设与社区自治,能够分享建设成果,促进自身事业的发展。第三,要在不断探索、总结共建经验的基础上逐步构建企事业单位参与社区建设与社区自治的机制体系,把社区共建、社区自治逐步推向制度化阶段。③

---

① 林广:《中美城市社区自治比较研究——以上海、纽约为例》,载《中国名城》2012 年第 1 期。
② 韦克难:《论社区自治》,载《四川大学学报(哲学社会科学版)》2003 年第 5 期。
③ 马健:《城市社区自治存在的问题与创新探讨》,载《重庆行政:公共论坛》2007 年第 5 期。

法律知识链接：

社区是若干社会群体或社会组织聚集在某一个领域里所形成的一个生活上相互关联的大集体，是社会有机体最基本的内容，是宏观社会的缩影。社会学家给社区下的定义有 140 多种。

尽管社会学家对社区下的定义各不相同，在构成社区的基本要素上认识还是基本一致的，普遍认为一个社区应该包括一定数量的人口、一定范围的地域、一定规模的设施、一定特征的文化、一定类型的组织。社区就是这样一个"聚居在一定地域范围内的人们所组成的社会生活共同体"。

社区的特点：有一定的地理区域；有一定数量的人口；居民之间有共同的意识和利益；有着较密切的社会交往。

二、公民参与行业自治

行业协会是一些有共同目的和目标的同行或者商人自愿组织起来的一种组织。行业自治的基础是行业成员的自愿或共同意志，行业自治规范是一种行业成员之间的"多方契约"。我国自上而下生成型行业协会自治的主要问题存在于功能单一等方面，并提出了几点建议，转变政府职能和管理方式、完善监督、加强立法、提高行业协会自身素质建设等。

目前，我国有关行业协会的专门立法相对分散，主要表现形式为法规和规章，还有一些地区制定的行业协会管理的法规，并没有针对行业协会的法律，包括行业协会的性质、地位、职能、运作方式、组织机制、结构和违法规制等在内的行业协会法律体系。我国的行业协会自治还有很长的道路要走，现阶段还是要发挥行业协会的功能，行业协会的未来发展趋势就是自治。这需要全社会的共同努力。

法律法规速递：

《中华人民共和国慈善法》第 12 条第 1 款：慈善组织应当根据法律法规以及章程的规定，建立健全内部治理结构，明确决策、执行、监督等方面的职责权限，开展慈善活动。

第 19 条：慈善组织依法成立行业组织。

慈善行业组织应当反映行业诉求，推动行业交流，提高慈善行业公信力，促进慈善事业发展。

第 110 条：城乡社区组织、单位可以在本社区、单位内部开展群众性互助互济活动。

三、公民参与村民自治

中国农村村民自治的实现形式经历了三个阶段并各有其特点。第一阶段是以自然村为基础自生自发的村民自治。20 世纪 70 年代中后期，包产到户动摇了既有的公有制基础。伴随着公有体制的解体，如何有效进行乡村治理成为重要问题。于是，广西宜山、罗城一带出现了农民自我组织管理社会秩序的形式。其特点主要有：以历史长期形成的自然村为基础；基于村民的内在需要；村民自我组织；具有悠久的历史传统；具有共同体基础。无论是农民的自发行为，还是国家的法定行为，村民自治的实现形式主要是通过村民委员会加以实现。第二阶段是以建制村为基础规范规制的村民自治。相对于自然村而言，建制村的规模较大，从自治的角度看，以建制村为基础开展村民自治遭遇了极大困难。即：行政抑制自治；体制不利自治；外力制约自治。以上因素使得建制村基础上的村民自治难以有效实现，甚至陷于制度"空转"，难以真正"落地"。第三阶段是在建制村之下的内生外动的村民自治。该阶段的特点是：运用农村内部力量参与解决农村社会问题；运用的组织资源是在建制村以下特别是利用自然村或者地域相近的村落建立起相应的自治组织；建制村以下的理事会组织不完全是农民自发建立的，而是地方领导发现了农民的内在力量，加以总结提升后广泛推行的。①

法律知识链接：

乡规民约——中国基层社会组织中社会成员共同制定的一种社会行为规范，又称为乡约。最早记载中国礼仪规范的《周礼》中就有乡里敬老、睦邻的约定性习俗。明、清两朝在地方上正式推行"乡规""社约"。历史上的乡规民约多是为维护剥削阶级的统治地位服务的，但也反映了劳动人民的共同利益和传

---

① 徐勇主编、邓大才等著：《中国农村村民自治有效实现形式研究》，中国社会科学出版社 2015 年版，第 7—21 页。

统的社会美德。如贵州省贵定县石板乡腊利寨现存1919年的寨规碑中就有"贫穷患难亲友相救""勿以恶凌善,勿以富吞穷""行者让路,耕者让畔"等内容。在中国新民主主义革命时期,广大群众建立了一些适合当时需要的乡规民约,如抗日爱国公约、防奸公约、支前公约等。中华人民共和国建立后,乡规民约在城镇和农村得到了进一步的发展。《宪法》第24条第1款规定:"国家通过普及理想教育、道德教育、文化教育、纪律和法制教育,通过在城乡不同范围的群众中制定和执行各种守则、公约,加强社会主义精神文明的建设"。据此,各阶层、各地区人民普遍建立起各种文明公约和居民守则。乡规民约不同于法律,但对法规的实施起着辅助作用。它通过自下而上与自上而下相结合的方式制定,具有广泛的群众性;形式多样,切实具体;以教育引导为主,有奖有罚,已成为发扬社会主义民主,实行群众自我教育、自我管理的一种有效的形式。

 法治思维训练:

1. 1978年11月24日晚上,安徽省凤阳县凤梨公社小岗村,关系全村命运的一次秘密会议正在这里召开。这次会议的直接成果是诞生了一份不到百字的包干保证书。其中最主要的内容有三条:一是分田到户;二是不再伸手向国家要钱要粮;三是如果干部坐牢,社员保证把他们的小孩养活到18岁。在会上,队长严俊昌特别强调:"我们分田到户,瞒上不瞒下,不准向任何人透露。"1978年,这个举动是冒天下之大不韪,也是一个勇敢的甚至是伟大的壮举。请结合我国历史和现实特点,分析农村村民自治的历史贡献和发展障碍。

2. 在自己所在的社区或者乡村,了解和考察当地的社会自治情况,思考推进当地社会自治的方法和路径。

第三节　公民参与社会自治的法律保障

法治事件回放:["慈善法"民间五个立法版本]

社会自治领域的专家素有撰写专家建议稿的传统。早在2007年,北京大学非营利组织法研究中心就开始了《中华人民共和国非营利组织法》(以下简称

《非营利组织法》)专家意见稿的起草工作,于 2009 年付梓,在社会科学文献出版社出版。2014 年,专家意见稿主要体现在《中华人民共和国慈善法》(以下简称《慈善法》)立法中。如前所述,2014 年 12 月 21 日,在中国灵山公益慈善促进会主办的"《慈善法》民间版本研讨会"上,北大清华版本、中国社科院法学研究所版本、上海交大第三部门研究中心版本、中山大学版本、北师大中国公益研究院版本五个版本的专家意见稿呈现在理论界与实践界面前。这些版本虽由我国几所著名学府的专家和学者撰写,但与会讨论的人却不限于理论界。我国主要的社会组织、慈善团体的代表人物和一些著名社会工作者纷纷与会发表意见,最高立法机关也派专人参加。五个版本虽存在总体定位、宏观架构和具体规定上的差异,但是五个版本各具特色、各有优长。较之于 2009 年《非营利组织法》专家意见稿的单一版本,2014 年的《慈善法》五个民间版本的进步之处在于,五个版本能以求同存异的方式容纳许多差异。更重要的是,在五个版本的比较与"PK"之中,不同版本的核心思想和具体内容发生不同形式的碰撞、冲突与交锋,由此激发了更多的火花与灵感。这些版本之间的静态比较与动态交锋客观上能为官方正式版本提供更多的思路和选择。

一、立法保障

　　社会领域的发展道路在放权、监管、扶植和规制之间不断艰难选择,法治与社会治理之路也随之不断遭遇各种困境与挑战。公民参与社会自治的法律在我国相对比较薄弱。其主要表现如下:法律整体上的缺位与滞后;具体法律制度的空白与漏洞;相关法律之间的冲突与矛盾。但是,近年来该领域已经进入"立法快车道"。各种具有里程碑意义的立法已经或将要次第出现。随着 2016 年 3 月 16 日《中华人民共和国慈善法》的出台,该领域的大规模立法拉开帷幕。对公民参与社会自治进行立法保障,亟待完备该领域的法律体系。一方面,解决从"无"到"有"的配套困境。该领域的法律大部分是 20 世纪八九十年代制定的,相对简单、粗糙,在各个方面亟待借鉴相关经验。由此,相当数量的范畴、制度、规范正在和将要引入该领域,短期内需要完成大量配套任务。另一方面,解决从"有"到"有"的衔接困境。该领域既有法律与新立法律之间在宏观架构、中观制度和微观条文等方面存在诸多差距与冲突。弥合差距、解决冲突等衔接工作是该领域法律立、改、废的核心任务之一。作为行业首部综合性基本法,

《慈善法》不仅需要考虑将来的实施细则,也需要考虑与现行相关制度之间的协调。

社会自治是相对于国家行政而言的,国家行政依据法律、通过行政机关和公务员实施。社会自治规则是社会自治组织行使社会公权力、规定自治事项、规范其组织成员行为的载体和集中体现,是社会自治的重要手段。社会自治规则依靠带有自治性质的社会组织推行。在当代社会,社会自治规则与国家法律并存,但社会自治规则的地域性、专业性、契约性与国家法律的国家性、普遍性、强制性的差异,决定了二者在各自的领域发挥作用。如果把法律理解为国家控制经济和社会的手段,那么在社会自治领域,法律就要作适当的退出,以保证社会自治的发展。[①]

法律知识链接:

在此波立法潮之前,社会组织领域的制度性尴尬主要有三类。第一类"尴尬"是法律整体上的缺位与滞后所导致的无法可依。就基本法律而言,《慈善法》长期缺位,也并没有《中华人民共和国社会组织法》这样的基本法。就专项法律而言,相关系列规范性法律文件也缺失严重。第二类"尴尬"是具体法律制度的空白与漏洞所导致的无法可依。即以慈善法律为例,在《慈善法》制定之前,我国慈善领域的法律体系远不够完备,没有形成系统的规范慈善组织与慈善活动的制度、方法与经验。在之前的《基金会信息公布办法》中,对民办非企业单位和社会团体也并没有强制性的信息公开规定。第三类"尴尬"是相关法律之间冲突与矛盾所导致的无法可依。在法律体系之中,这些矛盾可能表现为上位法和下位法的冲突,也可能表现为同级法律规定之间的冲突。

二、司法保障

公民参与社会自治的司法保障主要在于对公民自治权的保障,尤其是对公民参与该类诉讼的保障。庞德曾经表述过以法律制度维护社会秩序、保护公共利益的途径和层次,即:"(1)承认特定的利益,该利益可能是个人的、公

---

① 薛刚凌、王文英:《社会自治规则探讨——兼论社会自治规则与国家法律的关系》,载《行政法学研究》2006年第1期。

共的或者社会的;(2)确定一个范围,那些利益应当在这个范围内通过法律规范予以承认和实现,该法律规范由司法(现在还有行政)过程按照公认的程序运作和实施;(3)尽力保护在确定的范围内得到认可的利益。"除了在法律上确立其范围和地位之外,还应建立有效的权益救济机制。《中华人民共和国环境保护法》第 58 条规定了环境民事公益诉讼的主体资格,即依法在设区的市级以上人民政府民政部门登记,专门从事环境保护公益活动连续五年以上且无违法记录的社会组织。《民事诉讼法》第 55 条第 1 款规定:"对污染环境、侵害众多消费者合法权益等损害社会公共利益的行为,法律规定的机关和有关组织可以向人民法院提起诉讼。"

三、行政保障

公民参与社会自治一方面需要物质性的支撑,另一方面需要管制上的释放。前者是为社会自治提供外在保障,后者是为社会自治提供足够自由的空间。目前,影响我国公民参与社会自治的顽固障碍是双重管理体制。公民参与自治需要进一步的扶持和保障。最典型的是《慈善法》中的税收减免。《慈善法》只在促进措施中非常笼统地提到税收优惠,没有解决慈善组织的税收优惠问题。故而,在下一步的社会自治发展进程之中,缓释双重管理体制和增进税收优惠都至关重要。

法律知识链接:

公众是难以具名的社会多数人、公益是较为抽象的利益形态。越是抽象的利益,越是不容易被代表。在实践中,公益诉讼的原告往往要承受巨额诉讼成本,无论对于个人还是环保组织都难以承受。诉讼成本与诉讼收益的巨大反差是公益诉讼提起数量极少的重要原因之一。故而,在公益诉讼中应以私益与公益结合的方式促进公益诉讼在实践中的突破和发展。这种私益既有公益组织的私益,也有公益人员的私益。至少不让公益组织和公益人员因提起公益诉讼而承担巨大损失。

 法治思维训练:

1. 请结合我国历史和现实特点,分析当前影响我国公民参与社会自治的因素），并尝试发掘突破既有障碍的方式。

2．任选一家社会组织，调研该社会组织对公众事务的参与，并和其他同学一起整合资料，分析该类公众参与的方式与特点。

 参考书目

1．［法］让-雅克·卢梭：《论人类不平等的起源和基础》，高煜译，广西师范大学出版社 2002 年版。

2．何志鹏、刘海江：《国际非政府组织的国际法规制：现状、利弊及展望》，载《北方法学》2013 年第 4 期。

3．薛刚凌、王文英：《社会自治规则探讨——兼论社会自治规则与国家法律的关系》，载《行政法学研究》2006 年第 1 期。

4．徐勇主编、邓大才等著：《中国农村村民自治有效实现形式研究》，中国社会科学出版社 2015 年版。

5．汪莉：《行业自治与国家干预》，经济科学出版社 2015 年版。

6．周安平：《社会自治与国家公权》，载《法学》2002 年第 10 期。

7．彭海霞、李金和：《从社会自治走向社会善治：社会治理的伦理趋向与伦理路径》，载《前沿》2014 年第 5 期。

8．林广：《中美城市社区自治比较研究——以上海、纽约为例》，载《中国名城》2012 年第 1 期。

第十四章

公民参与网络社会

本章要点：

1. 通过学习网络基础设施保护与运行安全、个人信息与隐私保护的基本内容,理解公民进入网络空间的安全保护规则。

2. 通过学习获取搜索引擎、社交媒体和电子商务等互联网服务的基本内容,理解公民获取网络服务的权利边界。

3. 通过学习互联网用户账号名称管理、互联网信息服务管理和负面信息禁止的基本内容,理解公民参与网络信息生产与传播的空间。

引言

互联网兴起后,对人们的生活产生了深远影响。虚拟空间和物理世界逐渐融合,网络社会和现实社会连接互动密切。因此,关于公民参与网络社会的法治问题就成为了重要问题。关于网络,目前主流的观点将它分为三个层次:基础层的关键信息基础设施、中间层的互联网服务提供商和表层的互联网信息。①

根据我国《中华人民共和国网络安全法》(以下简称《网络安全法》)第 31 条的规定,关键信息基础设施是指公共通信和信息服务、能源、交通、水利、金融、公共服务、电子政务等重要行业和领域,以及其他一旦遭到破坏、丧失功能或者数据泄露,可能严重危害国家安全、国计民生、公共利益的设施。对于作为基础层的关键信息基础设施,最重要的是保障其安全,进而为公民进入网络空间提供最基本的安全保护。

中间层的互联网服务提供商,是指搜索引擎、社交媒体、

① 周汉华:《论互联网法》,载《中国法学》2015 年第 3 期。

电子商务、"互联网+"等平台服务商。公民获得互联网服务，其规则并不能照搬实体经济运行中的规则，其权利义务需要进行妥当的界定。对作为中间层的互联网服务而言，最重要的是明确中间平台的权利、义务与责任边界，在此基础上鼓励创新发展。厘清公民获得互联网服务的权利边界，有利于鼓励市场主体基于稳定的预期参与市场活动，从而保障权利、促进繁荣。

互联网信息处于网络的表面层。在互联网环境中，信息传播方式发生了革命性变化，传统媒体所具有的选择与过滤功能被解构。网络社区论坛、社交媒体等具有快速传播、瞬间爆发、匿名虚拟、实时互动等特点，一旦信息传播产生不良后果，事后的监管几乎毫无意义。因此，关于互联网信息，往往需要有效的事前和事中监管制度。互联网信息规制，必须符合宪法上表达自由原则和预防风险的立法目的，需要平衡多方利益，规制手段及其强度必须与需要预防的风险成正比。从公民的角度而言，理解参与网络信息生产与传播的空间尤为重要。

第一节　公民进入网络空间的安全保护

法治事件回放:［勒索病毒侵袭事件］

2017年5月12日,由美国国家安全局(NSA)开发的黑客工具被泄露,黑客利用名为"Eternal Blue"的NSA代码导致软件自我传播。"Eternal Blue"可以远程攻击Windows的445端口(文件共享),如果系统没有安装微软补丁,用户不需要任何操作,只要开机上网,"Eternal Blue"就能在电脑里执行任意代码,植入勒索病毒等恶意程序,磁盘文件会被病毒加密,被攻击者只有支付高额赎金才能解密恢复文件,对学习资料和个人数据造成严重损失。黑客传播的勒索病毒侵袭中国多个校园网系统、英国医院系统及美国、俄罗斯、西班牙、意大利等多个国家的网络系统。

"Eternal Blue"之前是美国国家安全局发现微软漏洞后改造的攻击软件,用于反恐。泄露后通知了微软公司,微软随后发布了补丁,但2009年前的系统软件如Windows XP等没有被保护。这次受到攻击的就是这些没有得到保护的系统。由于此前针对445端口的攻击较多,我国国内很多网络运营商已将这一端口封禁,但是校园网和一些政府网站没有封闭,这次受到了黑客攻击。[①]

一、网络基础设施保护与运行安全

造成全球性影响的勒索病毒侵袭事件,凸显了网络基础设施保护与运行安全的重要性。最直观的理解,这些信息基础设施一旦被侵入,人们将无法正常使用网络,甚至无法进入网络,这就使公共服务、重要活动受到严重影响。勒索病毒传播者的目的在于敲诈,这就滋生了网络安全犯罪。

我国国家领导人高度重视网络安全问题,习近平总书记提出了总体国家

---

① 《勒索病毒肆虐全球 国内高校为何成病毒攻击"重灾区"》,来源:http://news.qq.com/a/2017 0514/000457.htm,2017年7月26日访问。

安全观,其中网络安全占有非常重要的位置。2016 年 11 月 7 日,第十二届全国人民代表大会常务委员会第二十四次会议通过了《网络安全法》,该法已于2017 年 6 月 1 日起施行。《网络安全法》作了全面的规定,例如,对网络产品、服务,要求其符合相关国家标准的强制性要求,并且明令网络产品、服务的提供者不得设置恶意程序;发现其网络产品、服务存在安全缺陷、漏洞等风险时,应当立即采取补救措施,按照规定及时告知用户并向有关主管部门报告。

《网络安全法》对网络安全事件的应急处置也作出了规定,要求网络运营者制定网络安全事件应急预案,及时处置系统漏洞、计算机病毒、网络攻击、网络侵入等安全风险;在发生危害网络安全的事件时,立即启动应急预案,采取相应的补救措施,并按照规定向有关主管部门报告。

《网络安全法》还规定了网络安全认证、检测、风险评估,要求向社会发布系统漏洞、计算机病毒、网络攻击、网络侵入等网络安全信息,应当遵守国家有关规定。

此外,规定国家建立网络安全监测预警和信息通报制度;网络安全事件发生的风险增大时,省级以上人民政府有关部门应当按照规定的权限和程序,并根据网络安全风险的特点和可能造成的危害,采取报告信息、风险评估、预警等相应措施,并可要求网络运营者采取技术措施和其他必要措施,消除安全隐患,防止危害扩大,并及时向社会发布与公众有关的警示信息。

网络安全问题来源于网络的“基因”。美国国防部先进项目研究局在发明互联网之时,为了使其提升受到核打击时的生存能力,采用了分布式的网络结构。这个结构的特点就是多中心和充分的互联互通,失去任何一部分都无损整个系统的运作。这也就导致互联网具有“易攻难守”的特质。

网络安全问题也是一个全球性问题,因为互联网全球范围的互联互通,使得基于民族国家的边界失去了意义,管辖权的排他性无法发挥作用。即使是网络的发明国和网络强国美国,也不断遭受严重的网络安全问题的侵扰。影响最大的,是 2014 年至 2015 年间爆发的美国人事管理局(OPM)数据泄露事件。美国人事管理局管理着联邦政府雇员的信息,其服务器被攻破而使大约 400 万名联邦政府雇员的个人信息被窃取,其中包含大量敏感信息,例如,社会保障号码、出生年月、居住地址、教育经历、家庭成员和个人财务信息等。美国人事管理局局长因此次事件而引咎辞职。① 美国还发生过第二大医疗保险公司 An-them 被入侵医疗信息泄露事件，超过 8000 万个人信息被窃取，涉及保险客户和员工，具体包括姓名、出生日期、客户 ID、社会保险码、地址、电话号码、邮件地址等。美国国税局系统也曾被黑客攻破，超过 10 万名纳税人的网上资料被泄露。②

网络关键基础设施的运行安全，无法由市场机制有效调节。无论是政府、还是私主体，投入到网络安全方面的预算都严重不足，因为这方面的投入无法得到立竿见影的回报，缺乏市场的激励机制。尽管网络安全事件的后果很严重，但是由于其偶发性，市场主体乃至政府机构往往都缺乏风险意识或存有侥幸心理。

网络关键基础设施的运行安全，也无法通过政府的事后监管措施取得成效。一旦发生了网络安全事件，后果就已经发生。事后的惩罚往往于事无补。事后的行政处罚乃至刑罚，也不一定能够起到吓阻作用。因此事后查处的概率并不高。事先、事中的全过程网络安全监管是确保安全的关键。为此，国家需要支持网络技术发展，加强网络技术安全监管。同时，在网络安全问题上需要有清醒的认识，免受网络超级强国的监控，关键要靠自己，需要在技术和制度上迎头赶上。③

二、个人信息与隐私保护

公民进入网络空间的安全保护问题。网络关键基础设施的运行安全是基础，个人信息安全和隐私保护则是关键。对于进入网络空间的每一个人而言，缺乏信息安全保护，简直就是在网络空间"裸奔"，其危险性不言而喻，也令人不寒而栗。④

公民个人信息保护的问题，一直是个重要问题。随着现代通信技术和互联网技术的快速发展，公民个人大量参与网络活动和交易，公民个人信息大量积聚。不法分子一旦作案，往往能够大量窃取。信息网络又使传播、交易

---

①　《2015 年影响最大的 10 次黑客攻击事件》，来源：http：//tech. 163. com/photoview/0AI20009/7439. html#p = B1QO3PLH0AI20009，2016 年 7 月 18 日访问。

②　《2015 年影响最大的 10 次黑客攻击事件》，来源：http：//tech. 163. com/photoview/0AI20009/7439. html#p = B1QO3PLH0AI20009，2016 年 7 月 18 日访问。

③　[美]格伦·格林沃尔德：《无处可藏：斯诺登、美国国安局与全球监控》，米拉、王勇译，中信出版社 2014 年版。

④　[美]布莱恩·克雷布斯：《裸奔的隐私》，曹烨、房小然译，广东人民出版社 2016 年版。

变得更加容易,因此公民个人信息就变得更加容易被泄露。由此,还催生电信网络诈骗等关联犯罪,严重威胁公民人身安全、财产安全和社会管理秩序。[①]

徐玉玉案就是一个因网络关键基础设施的运行安全没有得到保护,从而使犯罪分子有机可乘,导致高考考生个人信息被大量窃取,进而引发的电信网络诈骗犯罪。2016年8月19日下午,山东省临沂市高考考生徐玉玉因个人信息泄露被犯罪嫌疑人以"教育局发放助学金"为由骗取了钱财。犯罪嫌疑人杜×经常利用黑客技术获取他人数据信息。2016年4月,杜×利用安全漏洞在"山东省2016高考网上报名信息系统"植入木马,获取了网站管理权限,下载了60多万条山东省高考考生信息,其中就包括徐玉玉的个人信息。高考结束后,犯罪嫌疑人杜×在网上非法出售非法窃取的个人信息。犯罪嫌疑人陈×先后在互联网上通过QQ群非法购买了数万条山东籍高考考生的个人信息,信息内容包括学生姓名、学校、家庭住址和联系电话等,此外,在"数据买卖"的QQ群里,还明码标价售卖包含公民姓名、车牌号、手机号、车架号、发动机号、银行户名、卡号、身份证号、家庭成员、户口本复印件等个人信息。陈×还通过QQ群购得非实名电话卡用于拨打电话实施诈骗行为时隐匿真实身份、非实名银行卡用于提现。其后,犯罪嫌疑人陈×、黄×、郑×假冒教育局和财政局工作人员,以教育局发放助学金需要激活助学金银行卡账号为由实施诈骗。徐玉玉即是受害人之一。在被骗取全家东拼西凑的学费9900元后,徐玉玉打电话报警,于赶往公安机关途中心脏骤停,虽经医院全力抢救,但仍不幸离世。最高人民检察院、公安部挂牌督办这一案件,公安部随后发布了A级通缉令追捕犯罪嫌疑人,最终将6名犯罪嫌疑人绳之以法。[②]

实践中,其他因素导致的公民个人信息泄露事件也时有发生。其中,比较容易发生的,是内部人窃取的行为。其主要的背景在于,侵犯公民个人信息获取经济利益的现象逐渐增多,相关灰色产业链已初现雏形。例如,2014年初至2016年7月期间,上海市疾病预防控制中心工作人员韩×利用其工作便利,进入他人账户窃取上海市疾病预防控制中心每月更新的全市新生婴儿信息(每月约1万余条),并出售给黄浦区疾病预防控制中心工作人员张××,再由张××

[①] 　最高人民检察院:《侵犯公民个人信息犯罪典型案例》,来源:http://www.spp.gov.cn/xwfbh/wsfbt/201705/t20170516_190645_1.shtml,2017年6月1日访问。

[②] 　刘洋:《检察官详解徐玉玉被电信诈骗致死案办案历程》,http://legal.gmw.cn/2017-06/27/content_24910092.htm,2017年7月26日访问。

转卖给被告人范××。直至案发,韩×、张××、范××非法获取新生婴儿信息共计 30 万余条。2017 年 2 月 8 日,上海市浦东新区人民法院以侵犯公民个人信息罪分别判处韩×等 8 人有期徒刑七个月至两年三个月不等。[①]

除行政管理机关和金融、电信、交通等单位接触大量的公民个人信息外,宾馆、快递等服务行业在提供服务的过程中,也会获取大量的公民个人信息。单位、公司的个别员工为了获取非法利益,违反职业道德和保密义务,将在工作中获得的公民个人信息资料出售或提供给他人,对公民的人身、财产安全及正常工作生活造成了严重威胁。[②]

我国高度重视公民个人信息安全和隐私保护问题。2012 年 12 月 28 日,第十一届全国人民代表大会常务委员会第三十次会议通过了《全国人民代表大会常务委员会关于加强网络信息保护的决定》,其中明令任何组织和个人不得窃取或者以其他非法方式获取公民个人电子信息,不得出售或者非法向他人提供公民个人电子信息;要求网络服务提供者和其他企业事业单位应当采取技术措施和其他必要措施,确保信息安全,防止在业务活动中收集的公民个人电子信息泄露、毁损、丢失,在发生或者可能发生信息泄露、毁损、丢失的情况时,应当立即采取补救措施。

2015 年 8 月 29 日,第十二届全国人民代表大会常务委员会第十六次会议通过《中华人民共和国刑法修正案(九)》,其中细化规定了"侵犯公民个人信息罪"的主要内容。

2016 年《网络安全法》也规定,任何个人和组织不得窃取或者以其他非法方式获取个人信息,不得非法出售或者非法向他人提供个人信息。

2017 年 5 月 8 日,《最高人民法院、最高人民检察院关于办理侵犯公民个人信息刑事案件适用法律若干问题的解释》(法释〔2017〕10 号)发布,于 2017 年 6 月 1 日实施。其中,对"公民个人信息""提供公民个人信息""以其他方法非法获取公民个人信息""情节严重""情节特别严重"等作了详细规定,这就为依法严厉打击侵犯公民个人信息的犯罪行为提供了司法解释的依据。

---

① 最高人民检察院:《侵犯公民个人信息犯罪典型案例》,来源:http://www.spp.gov.cn/xwfbh/wsfbt/201705/t20170516_190645_1.shtml,2017 年 6 月 1 日访问。

② 最高人民检察院:《侵犯公民个人信息犯罪典型案例》,来源:http://www.spp.gov.cn/xwfbh/wsfbt/201705/t20170516_190645_1.shtml,2017 年 6 月 1 日访问。

法律法规速递：

《中华人民共和国网络安全法》第44条：任何个人和组织不得窃取或者以其他非法方式获取个人信息，不得非法出售或者非法向他人提供个人信息。

《中华人民共和国刑法修正案（九）》：十七、将刑法第二百五十三条之一修改为："违反国家有关规定，向他人出售或者提供公民个人信息，情节严重的，处三年以下有期徒刑或者拘役，并处或者单处罚金；情节特别严重的，处三年以上七年以下有期徒刑，并处罚金。

"违反国家有关规定，将在履行职责或者提供服务过程中获得的公民个人信息，出售或者提供给他人的，依照前款的规定从重处罚。

"窃取或者以其他方法非法获取公民个人信息的，依照第一款的规定处罚。

"单位犯前三款罪的，对单位判处罚金，并对其直接负责的主管人员和其他直接责任人员，依照各该款的规定处罚。"

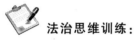

法治思维训练：

1. 请观察自己参与网络活动的情况，思考在哪些方面存在个人信息安全和隐私保护隐患，并考虑应当如何完善？

2. 请思考网络安全与传统安全有何不同，由此需要国家和政府所做的事情有何不同？

3. 请分析传统的法律体系是否能够满足保障网络安全的需求，制定《网络安全法》等网络专门法为什么是必要的？

第二节　公民获取网络服务的权利边界

法治事件回放：[魏则西事件]

西安电子科技大学计算机系学生魏则西于2014年体检后得知罹患"滑膜肉瘤"晚期，多地就诊后，各医院均告知没有有效的治疗手段。后魏则西及其父母通过百度搜索和央视报道获知武警北京总队第二医院的生物免疫疗法、DC-

CIK 细胞免疫疗法,就据百度推广的医院广告信息联系该家医院就诊。自 2015 年 9 月始,四次前往北京治疗,耗费了家中最后几十万元,但未见疗效。2016 年 4 月 12 日早晨,魏则西病逝。

魏则西生前经多方核实证实,百度推广的武警北京总队二院的肿瘤治疗方法在国外有效率太低,在临床阶段即被淘汰,并非医院宣称的最新技术,百度搜索治疗滑膜肉瘤排名第一的武警北京总队第二医院存在传播虚假信息的行为。

魏则西事件引发了网络热议和社会关切。卫生部、武警总队、国家工商总局、国家网信办进行了联合调查。其中,国家网信办会同国家工商总局、国家卫生计生委成立联合调查组进驻百度公司进行调查。联合调查组调查后认为,百度搜索相关关键词竞价排名结果客观上对魏则西选择就医产生了影响,百度竞价排名机制存在付费竞价权重过高、商业推广标识不清等问题,影响了搜索结果的公正性和客观性,容易误导网民,必须立即整改。①

一、搜索引擎

在互联网蓬勃发展之后,网页页面数以亿计。此时,门户网站和搜索引擎往往在海量的网页中起到导航作用。其中,搜索引擎又是网民获取信息的重要渠道,具有很强的导引作用。一般公众,特别是对网络不甚熟悉的网民,往往认为搜索引擎是一种技术工具,它所呈现的搜索结果是一种客观呈现。因此,就会比较信任搜索结果。这种认识,在搜索引擎公司引入广告竞价排名之前,基本上是准确的。那个时期的搜索引擎,实际上是一种"网络爬虫",基本上只是根据关键词客观呈现网页链接。

最早引入广告竞价的搜索引擎公司是谷歌公司。谷歌公司在搜索页面展示的广告,是和正常搜索结果分栏显示的,而且其样式有明显区别,并且明确标示推广标识。百度公司在搜索页面展示的广告,则是与正常搜索结果混在一起显示的,而且往往被置于页面顶端,其推广标识也不显著。谷歌公司的广告显示,不是价格高在前,而是有一套遵循技术逻辑的算法,由机器算出从而得到相对公正的结果;而百度公司则采用"价高者得"的商业逻辑。

当然,因在线网页数以亿计,且动态更新,指望搜索引擎公司对每个链接广

---

① 《联合调查组进驻百度查"魏则西事件"》,载《新京报》2016 年 5 月 3 日。

告的页面进行逐一审查,是不现实的。那种传统媒体时代的广告审查方式,无法契合互联网时代的技术特点,不具有可行性。但是,这并不意味着对其不必加以监管。很显然,市场机制无法有效调节这一问题,因为这里存在显著的信息不对称的情形。搜索引擎的用户处于明显的信息劣势。这就需要通过政府监管方式加以矫正。

为此,我国国家互联网信息办公室于 2016 年 6 月 25 日发布《互联网信息搜索服务管理规定》,2016 年 8 月 1 日施行。此前,国家互联网信息办公室于 2014 年 8 月 26 日获得国务院授权负责全国互联网信息内容管理工作,并负责监督管理执法。其目的在于促进互联网信息服务健康有序发展,保护公民、法人和其他组织的合法权益,维护国家安全和公共利益。[1]

《互联网信息搜索服务管理规定》规定,互联网信息搜索服务提供者不得以链接、摘要、快照、联想词、相关搜索、相关推荐等形式提供含有法律法规禁止的信息内容。互联网信息搜索服务提供者提供服务过程中发现搜索结果明显含有法律法规禁止内容的信息、网站及应用,应当停止提供相关搜索结果,保存有关记录,并及时向国家或者地方互联网信息办公室报告。

《互联网信息搜索服务管理规定》还规定,互联网信息搜索服务提供者及其从业人员,不得通过断开相关链接或者提供含有虚假信息的搜索结果等手段,牟取不正当利益。

《互联网信息搜索服务管理规定》在处理了魏则西事件后颁布实施,毫无疑问有着“对症下药”的意图,从其规定中也可以明显看出这一点。例如,规定互联网信息搜索服务提供者应当提供客观、公正、权威的搜索结果,不得损害国家利益、公共利益,以及公民、法人和其他组织的合法权益。对于付费搜索信息业务和商业广告信息服务,还特别规定互联网信息搜索服务提供者提供付费搜索信息服务,应当依法查验客户有关资质,明确付费搜索信息页面比例上限,醒目区分自然搜索结果与付费搜索信息,对付费搜索信息逐条加注显著标识。互联网信息搜索服务提供者提供商业广告信息服务,应当遵守相关法律法规。

几乎就在其后,国家对互联网广告也加强了管理。2016 年 7 月 4 日,国家工商行政管理总局发布《互联网广告管理暂行办法》,自 2016 年 9 月 1 日起施行。

---

[1]　《国务院关于授权国家互联网信息办公室负责互联网信息内容管理工作的通知》(国发〔2014〕33 号),来源:http://www.cac.gov.cn/2014-08/28/c_1112264158.htm,2017 年 6 月 1 日访问。

该办法对互联网广告进行了定义,是指通过网站、网页、互联网应用程序等互联网媒介,以文字、图片、音频、视频或者其他形式,直接或者间接地推销商品或者服务的商业广告。

具体包括推销商品或者服务的含有链接的文字、图片或者视频等形式的广告、电子邮件广告、付费搜索广告等。

《互联网广告管理暂行办法》规定,法律、行政法规规定禁止生产、销售的商品或者提供的服务,以及禁止发布广告的商品或者服务,任何单位或者个人不得在互联网上设计、制作、代理、发布广告。禁止利用互联网发布处方药和烟草的广告。医疗、药品、特殊医学用途配方食品、医疗器械、农药、兽药、保健食品广告等法律、行政法规规定须经广告审查机关进行审查的特殊商品或者服务的广告,未经审查,不得发布。此外,还特别规定,互联网广告应当具有可识别性,显著标明"广告",使消费者能够辨明其为广告。付费搜索广告应当与自然搜索结果明显区分。显然,这也是"魏则西事件"所推动的规定。

为了使互联网用户免受滋扰迫,《互联网广告管理暂行办法》还规定,利用互联网发布、发送广告,不得影响用户正常使用网络。在互联网页面以弹出等形式发布的广告,应当显著标明关闭标志,确保一键关闭。不得以欺骗方式诱使用户点击广告内容。未经允许,不得在用户发送的电子邮件中附加广告或者广告链接。

这些规定,较为清晰地厘清了互联网服务提供商和用户之间的权利义务边界,为搜索引擎和广告服务提供商设定了基本的义务,使互联网用户的权益能够受到法律规范的基本保护。

二、社交媒体

社交媒体是人们用来创作、分享、交流意见、观点及经验的虚拟社区和网络平台,是互联网上基于用户关系的内容生产与交换平台。与传统媒体大不相同的是,社交媒体的用户享有更多的选择权利和编辑能力,甚至可以说"人人都有麦克风,人人都是总编辑"。现阶段社交媒体的主要形态包括社交网站、微博、微信、博客、论坛、播客等,其中美国的 Facebook、Twitter,中国的微信,用户最多、影响最广。社交媒体能够以多种不同的形式呈现,包括文本、图像、音乐和视频等。

社交媒体在互联网时代兴起，由智能手机和移动互联网搭载飞翔，爆发出令人叹为观止的能量。社交媒体改变了人们的信息传递和交往方式。"永远在线"成为了生活常态；"众生喧哗"催生了更多的互动交流。关于社交媒体在信息生产和传播方面的作用及其规范，将在第三节展开。本部分将着重从获取社交媒体这一互联网服务的角度来探究权利义务确定问题。

2016 年 11 月 25 日，罗×为患有白血病的女儿罗×笑写下《罗×笑，你给我站住》一文，该文获得的赞赏金，很快超过微信规定的每天 5 万元的上限。在罗×笑患病期间，罗×与小铜人创始人刘×风商讨如何解决医疗费问题，最终，他们决定在小铜人微信公众号"P2P 观察"里整合发布罗×的文章，读者每转发一次小铜人捐款一元，赞赏全部归入罗×笑的医疗费。在之后的几天里，《罗×笑，你给我站住》刷屏微信朋友圈。此后，当事医院披露、网络热议和媒体深挖，揭示罗×的财产状况良好，尚有多套房产，需要其承担的罗×笑医疗费用在扣除医保等支付后仅 2 万元左右。网络舆论由对罗×笑的普遍同情和热切的爱心捐助，转为对罗×及其以女儿炒作的厌恶和质疑。小铜人公司发文回应质疑并公布募集资金金额约 270 万元。2016 年 12 月 1 日，微信官方活动信息发布平台"微信派"发布《关于"罗×笑事件"赞赏资金的说明》，经深圳市民政局、罗×先生、刘×风先生以及腾讯方面四方沟通，决定将罗×笑事件中获得的赞赏金在三天内原路退回给赞赏人（捐赠人）。罗×笑事件引发了对社交媒体功能及其监管的关注。①

罗×笑事件本身，实际上是一次利用社交媒体的网络营销。但是，善良的网络公众将它转为了对求助者的捐助。借助社交媒体"病毒式"的迅猛传播，在一两天间即获得 200 多万元的捐助。因此，值得探究的是利用社交媒体进行求助的行为。在现实生活中，求助是人的一项自然权利。因为，"坐以待毙"不符合人性，而"恻隐之心"常存人心。与此同时，求助和帮助涉及的金额也不会太大。因此，这种求助和对其进行帮助，往往是公民可以自主决定的。这种捐助的发起，一般不被纳入慈善监管的范围。

我国立法上注意到了利用互联网开展慈善活动需要加以规范。《慈善法》第 23 条第 3 款规定，慈善组织通过互联网开展公开募捐的，应当在国务院民政部门统一或者指定的慈善信息平台发布募捐信息，并可以同时在其网站发布

---

① 《"罗×笑事件"赞赏资金 3 天内原路退回 共计 260 余万》，来源：http://news.163.com/16/1201/17/C77ELFTJ0001875P.html，2017 年 7 月 26 日访问。

募捐信息。第 27 条规定,广播、电视、报刊以及网络服务提供者、电信运营商,应当对利用其平台开展公开募捐的慈善组织的登记证书、公开募捐资格证书进行验证。由此可以看出,慈善组织利用互联网公开募捐的活动受到了监管。公民个人利用互联网进行求助的行为,则不属于慈善活动,不受《慈善法》的调整。

罗×笑事件所呈现出来的基于社交媒体所发生的求助与捐助行为,不像在现实社会中发生的同类事务那样,是由公民可以自主决定的,也无法通过市场机制加以有效调节,需要从政府监管和平台自我管理的角度探索完善信息披露规则的可能性。也就是说,如果利用社交媒体等互联网平台进行求助,应当承担最基本的信息披露义务,例如,求助的事项详情(病情等)、个人及家庭基本财产状况、所需募集资金等。这就可以使求助者和捐助者之间的信息不对称的状况得到一定程度的矫正,从而基本达到平衡,捐助者可以基于基本信息作出自主决定。

三、电子商务

电子商务的兴起,"使天下没有难做的生意",带动了市场的活跃和经济的蓬勃发展。淘宝、京东、天猫、亚马逊、当当、苏宁易购、一号店等知名电商平台俨然成为了经济的新引擎。由于电子商务降低了交易成本、提高了交易速度、增多了消费者的选择性,进入 2000 年后在我国一直火爆,2012 年中国电子商务交易额 8.1 万亿元,2016 年仅"双十一"一天电商成交额就突破了 2000 亿元。目前,我国电子商务交易市场规模跃居全球第一,互联网对我国经济增长的贡献率达到 7%。在我国经济发展转方式、调结构、稳增长、扩就业、惠民生、促扶贫等方面发挥了重要作用。[①]

然而,随着我国电商特别是第三方平台的快速发展,平台上的经营者出售假冒伪劣产品的现象屡见不鲜,由此甚至引发了国际范围内品牌权利人的严重不满,影响了我国电子商务经营者的国际形象。[②] 对此,我国政府有关行政机关,特别是工商行政管理机关,努力创新监管方式,加强对电子商务第三方平台

---

① 蒲晓磊:《全国人大财经委副主任委员吕祖善解析电子商务立法背景 立法规范市场秩序已迫在眉睫》,载《法制日报》2016 年 12 月 27 日。

② 《全国人大常委会委员审议电子商务法草案时指出 不能因过度保护电商而损害消费者权益》,载《法制日报》2016 年 12 月 27 日。

运营的监管。国家工商行政管理总局连续在 2014 年、2015 年两年实施了电子商务违法专项整治行动。2014 年"双十一"期间，国家工商总局网监司委托第三方检测机构对国内主要电商平台"双十一"当天促销的商品进行了抽检，207 批次中发现了 6 个电商平台上的 15 个批次的样品属于假冒商品或高度疑似假冒商品，7 个批次的样品质量不合格或标签不符合法律规定。2015 年红盾网剑专项行动中，全国工商系统共在网上检查网站、网店 191.1 万个（次），实地检查网站经营者 19.8 万个（次），删除违法商品信息 7.5 万条，责令整改网站 12554 个（次），已提请关闭网站 2170 个（次），责令停止平台服务的网店 1134 个（次），查办违法案件 6737 件（其中有 78 件移送公安机关），罚没款 1.23 亿元。①

总体而言，电子商务作为一个新生事物，在发展过程中，一些矛盾和问题已经凸显。一是法律制度和商业规则有待完善，缺乏具有权威性、综合性的电子商务法律。二是市场秩序有待规范，交易环境需要健全完善，损害消费者权益现象时有发生，交易纠纷和商业冲突增多。三是管理体制有待理顺，原有管理方式已不能完全适应电子商务快速发展的需要，交易安全保障亟待加强。通过电子商务立法规范市场秩序已经迫在眉睫。②

电子商务交易，虽然可以适用民商法上的主要法律规范，但是毕竟有着自身特点。因此，大力贯彻实施《中华人民共和国电子商务法》（以下简称《电子商务法》）尤为重要。保障消费者和经营者的合法权益，应当坚持科学发展、依法规范、加强引导。电子商务领域消费者权益保护问题十分突出，社会各界反映较为集中。加强对电子商务消费者的保护力度，需要通过立法明确电子商务经营者特别是第三方平台的责任义务，明确消费者享有的个人信息等基本权利，鼓励和规范信用评价体系建设，形成符合电子商务发展特点的规范约束机制和争议解决机制。同时也要通过立法来保障电子商务经营者的权益，按照政府最小干预原则，推动实现政府监管、行业自律、社会共治有机结合，为电子商务的良性发展、互动创新奠定制度基础。③

---

① 《工商总局：2015 红盾网剑专项行动取得良好成效》，来源：http://www.cac.gov.cn/2015 - 12/26/c_1117585707.htm，2017 年 6 月 1 日访问。

② 蒲晓磊：《全国人大财经委副主任委员吕祖善解析电子商务立法背景 立法规范市场秩序已迫在眉睫》，载《法制日报》2016 年 12 月 27 日。

③ 蒲晓磊：《全国人大财经委副主任委员吕祖善解析电子商务立法背景 立法规范市场秩序已迫在眉睫》，载《法制日报》2016 年 12 月 27 日。

　　《电子商务法》的颁布实施,将会为各方主体参与电子商务活动明确权利义务边界,尤其是对公众获取电子商务服务而言,合法权益将会得到更加有效的保护。行政机关的依法行政也将会有一个新的法律规范体系加以规范和支撑。

法律知识链接:

　　搜索引擎、社交媒体、电子商务等互联网服务提供商,以及将互联网服务与传统产业有机结合的"互联网+",特别是互联网金融和互联网出行等,带动经济发展模式的重大变革,形成平台经济、分享经济等新经济形态。对此,须在促进互联网服务提供商发展的立法方面,重点明确中间平台的权利、义务与责任边界。这就需要在保护创新、保护消费者权益和公平竞争之间求得平衡。

　　为了从战略层面保护国家的创新能力,需要合理限制或者豁免中间平台责任承担,为其提供安全的避风港。保护消费者权益,是创新的最终目的,如果创新带来的只是对消费者权益的肆意攫取,那么这不是好的创新,不是建设社会主义和谐社会所需要的创新,也不是公平正义的应有之义,因此,在立法和执法中需要特别重视消费者权益的保护。最后,保护创新首要的在于保护公平竞争环境,如果对创新的保护形成竞争壁垒,甚至是涉嫌垄断,最终将会使创新的生机被扼杀。[①]

　　法治思维训练:

　　1. 你会经常使用搜索引擎吗? 会受它的广告影响吗? 你在社交媒体上看到过求助信息吗? 你捐助了吗? 捐助时你有疑虑吗? 你有没有使用电子商务服务的经历,请回忆是否有过不愉快的购物经历,你是如何处理的?

　　2. 请思考为何在我国搜索引擎及其广告、社交媒体和电子商务立法中,要特别注重用户、消费者合法权益的保护?

　　3. 搜索引擎及其广告、社交媒体和电子商务立法,为什么也要保护互联网服务提供商,特别是第三方平台的合法权益?

---

　　① 周汉华:《论互联网法》,载《中国法学》2015年第3期。

第三节　公民参与网络信息生产与传播的空间

法治事件回放：[谣传张家界索桥断裂案]

2017 年 2 月 19 日，四川省成都市聂××在一微信群中看到一个垮桥视频，为了引起众人注意，便将视频转发至数个微信群中，并配上"张家界索桥断裂"等相应文字，随后这一信息在互联网上被广泛传播。经相关部门核实，湖南张家界没有发生过此类事件，系聂××利用微信平台编造传播的谣言。随后，当地公安局根据《治安管理处罚法》第 25 条规定，对聂××处以行政拘留 10 日的行政处罚。①

一、网络信息生产与传播的基本准入条件

"在互联网上，没有人知道你是一条狗"（On the Internet, nobody knows you are a dog），这是美国著名杂志《纽约人》（New Yorker）上一幅漫画的标题。漫画的作者彼得·斯坦纳，在 1993 年创作了一幅表现一条狗坐在计算机前敲击键盘与另外一条狗交谈的单幅漫画，漫画的标题就是这句话。

随着互联网的普及以及网络交流引发的各种问题，如今再在互联网上完全匿名活动几乎已经不可能。2015 年 2 月 4 日，国家互联网信息办公室发布《互联网用户账号名称管理规定》。这一规定确立了"前台自愿，后台实名"的原则，规定互联网信息服务提供者应当按照"后台实名、前台自愿"的原则，要求互联网信息服务使用者通过真实身份信息认证后注册账号。实际上采用了一种折中的"网络实名制"。

根据这一规定，互联网用户账号名称，是指机构或个人在博客、微博客、即时通讯工具、论坛、贴吧、跟帖评论等互联网信息服务中注册或使用的账号名

---

① 《女子微信传谣"张家界索桥断裂"被行政拘留 10 日》，来源：https://www.cqcb.com/headline/2017－02－26/263855_pc.html，2017 年 7 月 26 日访问。

称。"前台自愿",意味着互联网信息服务使用者,可以选择注册和使用自己喜欢的互联网账户名称,但是这种自由不是绝对的不受任何规范的自由,而是在合法的框架内的自由。互联网用户账号名称的注册和使用,不得违反宪法或法律法规规定;不得危害国家安全,泄露国家秘密,颠覆国家政权,破坏国家统一;不得损害国家荣誉和利益,损害公共利益;不得煽动民族仇恨、民族歧视,破坏民族团结;不得破坏国家宗教政策,宣扬邪教和封建迷信;不得散布谣言,扰乱社会秩序,破坏社会稳定;不得散布淫秽、色情、赌博、暴力、凶杀、恐怖或者教唆犯罪;不得侮辱或者诽谤他人,侵害他人合法权益;不得含有法律、行政法规禁止的其他内容。

此外,互联网信息服务使用者以虚假信息骗取账号名称注册,或其账号头像、简介等注册信息存在违法和不良信息的,互联网信息服务提供者应当采取通知限期改正、暂停使用、注销登记等措施。对冒用、关联机构或社会名人注册账号名称的,互联网信息服务提供者应当注销其账号,并向互联网信息内容主管部门报告。

关于"后台实名",《网络安全法》第24条规定,网络运营者为用户办理网络接入、域名注册服务,办理固定电话、移动电话等入网手续,或者为用户提供信息发布、即时通讯等服务,在与用户签订协议或者确认提供服务时,应当要求用户提供真实身份信息。用户不提供真实身份信息的,网络运营者不得为其提供相关服务。

在互联网信息服务提供方面,国务院在《互联网信息服务管理办法》(2011年修订)中,将互联网信息服务分为经营性和非经营性两类。其中,经营性互联网信息服务,是指通过互联网向上网用户有偿提供信息或者网页制作等服务活动。非经营性互联网信息服务,是指通过互联网向上网用户无偿提供具有公开性、共享性信息的服务活动。国家对经营性互联网信息服务实行许可制度,即需要经过事先审批才能实施;对非经营性互联网信息服务实行备案制度,即只需在提供服务时向有关行政机关履行备案手续即可。

对于从事新闻、出版、教育、医疗保健、药品和医疗器械等互联网信息服务,依照法律、行政法规以及国家有关规定须经有关主管部门审核同意的,在申请经营许可或者履行备案手续前,还应当依法经有关主管部门审核同意。国家互联网信息办公室2017年5月2日发布《互联网新闻信息服务管理规定》,对提供互联网新闻信息服务,包括有关政治、经济、军事、外交等社会公共事务的报道、评论,以及有关社会突发事件的报道、评论,作出了进一步的规定。通过互联网站、应用程序、论坛、博客、微博客、公众账号、即时通讯工具、网络直播等形式向社会公众提供互联网新闻信息采编发布服务、转载服务、传播平台服务,应当取得互联网新闻信息服务许可,禁止未经许可或超越许可范围开展互联网新闻信息服务活动。违反这一规定,未经许可或超越许可范围开展互联网新闻信息服务活动的,由国家和省、自治区、直辖市互联网信息办公室依据职责责令停止相关服务活动,处1万元以上3万元以下罚款。

与互联网账号名称的注册和使用类似,互联网信息服务提供者不得制作、复制、发布、传播含有违法内容的信息,一旦发现其网站传输的信息明显属于违法内容,应当立即停止传输,保存有关记录,并向国家有关机关报告。

法治经典赏读:

"信息之于民主,就如同货币之于经济(Information is the Currency of Democracy)。①

——美国第三任总统托马斯·杰斐逊

二、网络信息生产与传播的基本权利边界

网络信息的生产与传播,是宪法上言论自由的基本表现。因此,这一自由应当得到充分保障。但是,自由也有着相应的边界。目前,谣言、侵权、诈骗、色情等网上有害信息主要类型,危害性大、社会影响恶劣,应当受到合理的规范。

与谣传"张家界索桥断裂"案类似的案例还有不少。例如,2015年11月,内蒙古自治区网信办举报热线接到网民举报:微信、微博等互联网平台出现大量"包头市发生恐怖袭击,打砸砍伤百余人"的信息,引发民众恐慌。内蒙古自治区网信办根据举报线索立即开展核查工作。经查,网传消息属谣言,实际情况为外来务工人员宋氏兄弟醉酒后,在包头市昆区昆北路甲尔坝农贸市场前打砸过往车辆,致使交通严重堵塞。此外,2015年5月,湖南省网信办举报部门接到网民举报:"长沙夜网"刊载大量淫秽色情内容和招嫖信息。2015年12月,

---

① 涂子沛:《大数据:正在到来的数据革命》,广西师范大学出版社2012年版。

上海市互联网违法和不良信息举报中心接到群众实名举报：QQ 群"华夏故土""华夏传统 – 神传文化"长期以图片、视频形式传播违法信息。经查，上述 QQ 群经常发布宣扬邪教和封建迷信的违法内容。① 这些案件的当事人都受到了依法查处。

我国《刑法》《治安管理处罚法》《网络安全法》等一系列法律法规对此作了详细规定。这就确立了网络信息生产与传播的基本权利边界。其中，《网络安全法》第 46 条规定，任何个人和组织应当对其使用网络的行为负责，不得设立用于实施诈骗，传授犯罪方法，制作或者销售违禁物品、管制物品等违法犯罪活动的网站、通信群组，不得利用网络发布涉及实施诈骗，制作或者销售违禁物品、管制物品以及其他违法犯罪活动的信息。第 50 条则进一步规定，国家网信部门和有关部门依法履行网络信息安全监督管理职责，发现法律、行政法规禁止发布或者传输的信息的，应当要求网络运营者停止传输，采取消除等处置措施，保存有关记录；对来源于中华人民共和国境外的上述信息，应当通知有关机构采取技术措施和其他必要措施阻断传播。

就网络信息的生产与传播而言，需要对有害和违法信息进行合理规范。为此，我国已经初步建立了民事、行政和刑事法律规范。这些法律规范所确立的互联网信息服务提供者和使用者的权利义务边界，将会使言论自由和其他公共利益达致基本平衡。

法律法规速递：

《中华人民共和国刑法》第 291 条之一第 2 款：编造虚假的险情、疫情、灾情、警情，在信息网络或者其他媒体上传播，或者明知是上述虚假信息，故意在信息网络或者其他媒体上传播，严重扰乱社会秩序的，处三年以下有期徒刑、拘役或者管制；造成严重后果的，处三年以上七年以下有期徒刑。

《最高人民法院、最高人民检察院关于办理利用信息网络实施诽谤等刑事案件适用法律若干问题的解释》第 5 条第 2 款：编造虚假信息，或者明知是编造的虚假信息，在信息网络上散布，或者组织、指使人员在信息网络上散布，起哄闹事，造成公共秩序严重混乱的，依照刑法第二百九十三条第一款第（四）项的规定，以寻衅滋事罪定罪处罚。

---

① 《2015 年度全国网络举报十大典型案例对外公布》，来源：http://www.cac.gov.cn/2016 – 02/01/c_1117951919. htm,2017 年 7 月 26 日访问。

《中华人民共和国治安管理处罚法》第 25 条：有下列行为之一的，处五日以上十日以下拘留，可以并处五百元以下罚款；情节较轻的，处五日以下拘留或者五百元以下罚款：（一）散布谣言，谎报险情、疫情、警情或者以其他方法故意扰乱公共秩序的……

《互联网信息服务管理办法》第 15 条：互联网信息服务提供者不得制作、复制、发布、传播含有下列内容的信息：……（六）散布谣言，扰乱社会秩序，破坏社会稳定的；……

 法治思维训练：

1. 你使用着哪些互联网信息服务？在使用这些服务时你喜欢匿名还是实名？

2. 请思考网络匿名和网络实名各有何利弊，评价我国的"前台自愿，后台实名"原则。

3. 请思考为何需要对网络生产和传播的有害、违法信息进行规范？

 参考书目

1.《美国网络安全法》，陈斌等译，於兴中审校，中国民主法制出版社 2017 年版。

2. ［美］布莱恩·克雷布斯：《裸奔的隐私》，曹烨、房小然译，广东人民出版社 2016 年版。

3. ［英］维克托·迈尔-舍恩伯格、肯尼思·库克耶：《大数据时代：生活、工作与思维的大变革》，周涛等译，浙江人民出版社 2013 年版。

4. 中国信息通信研究院互联网法律研究中心、腾讯研究院法律研究中心：《网络空间法治化的全球视野与中国实践》，法律出版社 2016 年版。

5. ［英］马克·格雷厄姆、威廉·H. 达顿：《另一个地球：互联网＋社会》，胡泳等译，机械工业出版社 2015 年版。

第十五章

公民参与社会纠纷解决

本章要点：

1. 人民调解的性质、原则、机构设置和程序。

2. 人民调解员的行为规范和调解当事人的权利和义务。

3. 我国人民陪审员制度的基本内容。

引言

　　现代司法制度能够有力地保障公民的合法权益,公正地处理社会纠纷。在几乎所有现代国家,大部分社会纠纷都是通过正规的司法诉讼程序来予以解决。国家司法机关和职业司法人员是司法服务的主要提供者。总的来说,司法制度的专业化、职业化是现代司法制度发展的必经之路。但是,建立现代司法制度并不意味着将普通公民完全排除在社会纠纷解决之外。普通公民依然可以通过某些渠道参与社会纠纷解决,社会自身依然可以在社会纠纷解决中发挥重要的作用。

　　自古以来,社会就具有调整社会关系,自我修复秩序的能力。通过制度化渠道将政府力量与社会力量结合起来,有利于化解纠纷,促进社会自治。在我国,人民调解就是一项充分发挥民间智慧,解决民间纠纷的重要制度。此外,普通公民还可以作为非职业法官,通过人民陪审员制度参与司法裁判活动。完善的陪审制有利于捍卫政治自由、促进审判公正、提高司法公信力、提供法治认同感。我国的人民陪审员制度已经建立 60 多年,目前正处于改革发展的关键时刻。

第一节　人民调解制度

法治事件回放:［"小小鸟"人民调解委员会］

1999 年 6 月 6 日,一名普通北京外来务工者魏伟创办了"小小鸟"打工互助热线,活动内容包括组织外来务工人员联谊,组织志愿者开展各种公益活动,为打工者免费提供招聘信息,帮助农民工讨要工资等。2004 年 8 月 24 日,经北京市东城区司法局批准,成立了北京"小小鸟"人民调解委员会。司法局还专门为"小小鸟"的调解员制作了"人民调解员工作证",使"小小鸟"可以直接调解劳资纠纷。目前,"小小鸟"热线拥有北京、深圳、沈阳、上海、重庆五个办公室,一共有20 名全职工作人员、7 个兼职人员、560 个律师志愿者以及 4500 个普通志愿者。截至 2016 年 12 月 31 日,"小小鸟"共接听热线电话 200469 个,接待 123996 名求助者的来访,帮助打工者讨回拖欠工资与各类赔偿合计 2.97 亿元。①

一、调解与人民调解

(一)调解

自从人类社会产生以来,各式各样的纠纷就无法避免。人们可以通过暴力方式,也可以通过和平方式来解决纠纷。现代文明社会倡导和平解决纠纷。和平解决纠纷的方式多种多样,通常包括以下四种:

1. 谈判:纠纷当事人自行就他们之间争议的事项,通过交流、说理、协商等方式,对争议事项达成一致意见,解决纠纷的方式。

2. 调解:通过第三人的斡旋、调停、劝说等,纠纷当事人之间达成协议,消除争议的制度。

3. 仲裁:双方当事人经协商,自愿将纠纷交付非司法机构的第二方审理,并

---

① 数据来自"小小鸟"打工互助热线网站的"机构介绍",http://www.xiaoxiaoniao.org.cn/Item/Show.asp? id = 1746&m = 1,访问日期 2017 年 7 月 26 日。

作出有拘束力的裁决,不履行裁决义务者可被申请法院强制执行的争议解决制度。

4. 诉讼:纠纷当事人行使诉权,向法院提起诉讼,法院行使审判权对纠纷审理裁判的纠纷解决制度。

法律知识链接:

调解并不仅仅只有一种形式。以调解的主体为标准,调解可以分为人民调解、社会调解、行政调解、仲裁调解、法院调解等。

（二）人民调解

人民调解是调解的一种类型。它是指人民调解委员会通过说服、疏导等方法,促使当事人在平等协商基础上自愿达成调解协议,解决民间纠纷的活动。人民调解是一项具有中国特色的法律制度,被称为维护社会稳定的"第一道防线",被国际社会誉为"东方经验"。

人民调解制度产生于新民主主义革命时期的革命根据地,最初萌芽于20世纪20年代初期中国共产党领导的早期农民运动。当时,共产党组织农民成立的农会具有调解农民纠纷的功能。在第一次和第二次国内革命战争时期,农会组织得到进一步发展。与此同时,一些地区建立的革命政权组织中也设有调解组织,形式上为政府调解。这个时期的人民调解作为一项制度还未形成。抗日战争时期,人民调解进入到制度化和法律化阶段,人民调解工作在各方面都得到了进一步完善。陕甘宁边区、山东抗日民主根据地等地都设有调解组织,并且称之为"人民调解委员会",一系列有关调解的法规条例相继出台。

新中国成立后,1954年3月22日,政务院发布的《人民调解委员会暂行组织通则》,标志着新中国人民调解制度的正式确立。从此,人民调解工作迅速发展起来。1982年3月通过的《中华人民共和国民事诉讼法(试行)》和同年12月修改的《中华人民共和国宪法》都明确规定了人民调解制度。2010年8月,全国人民代表大会常务委员会审议通过《中华人民共和国人民调解法》(以下简称《人民调解法》)。《人民调解法》是我国第一部系统的专门规范人民调解工作的法律,提升了人民调解的法律地位,为人民调解工作提供了强有力的法治保障。

法律法规速递：

《中华人民共和国宪法》第 111 条第 2 款：居民委员会、村民委员会设人民调解、治安保卫、公共卫生等委员会，办理本居住地区的公共事务和公益事业，调解民间纠纷，协助维护社会治安，并且向人民政府反映群众的意见、要求和提出建议。

二、人民调解的性质、原则、机构设置和程序

（一）人民调解的性质

1. 人民调解具有群众性。人民调解委员会是群众组织，人民调解员来自群众、服务于群众。人民调解员主要由人民群众选举或由人民调解委员会聘任产生。人民调解员与当事人之间地位平等，受群众之托为群众化解矛盾纠纷。人民调解的宗旨是为人民群众排忧解难。人民调解的目的是平息人民群众之间的纷争，维护社会稳定。人民调解活动具有非正式性、非职业化的特点。

2. 人民调解具有自治性。人民调解就是当事人把纠纷交给群众自治组织来解决，是公民参与纠纷解决的一种重要形式。它不是通过审判程序和行政程序来强制解决纠纷，而更侧重于纠纷解决的自主性。人民调解是公民通过自我组织、自我管理、自我教育和自我服务，实现自治的重要途径。人民调解委员会与基层人民政府及有关部门之间不是领导与被领导、管理与被管理的关系，基层人民政府和有关部门也不能直接介入或干涉人民调解活动。

3. 人民调解具有民间性。人民调解是人民群众自己组织起来化解民事纠纷的一种形式，属于民间调解的一种。人民调解不带有国家公权力性质，不具有行政或司法属性。人民调解委员会和人民调解员不代表任何政府部门，是与当事人无利益关系的第三方。人民调解工作的方式方法是说服教育、规劝疏导、讨论协商，不使用任何行政或司法手段。

（二）人民调解的原则

《人民调解法》第 3 条规定，人民调解委员会调解民间纠纷，应当遵循下列原则：

1. 自愿原则，即在当事人自愿、平等的基础上进行调解。具体来说，是否采用人民调解方式解决纠纷取决于双方当事人自愿。向哪一个人民调解委员会

申请调解取决于当事人自愿。人民调解委员会进行调解时,应当遵循自愿原则,不能强迫当事人。最终达成的调解协议,必须基于双方当事人自愿接受。

2. 依法原则,即调解不得违背法律、法规和国家政策。人民调解委员会调解民间纠纷时,所有调解活动和调解结果都不得与国家现行法律、法规、政策相抵触。在此前提下,可以依照社会公德、村规民约、公序良俗、行业惯例进行调解。

3. 尊重当事人诉讼权利原则,即尊重当事人的权利,不得因调解而阻止当事人依法通过仲裁、行政、司法等途径维护自己的权利。一方面,纠纷发生时,双方当事人均有选择权,可以不经人民调解委员会而直接向人民法院起诉。另一方面,在调解过程中,双方或一方当事人不愿意继续调解,即可向调解委员会提出退出调解而向人民法院起诉。

法律法规速递:

《中华人民共和国人民调解法》第4条:人民调解委员会调解民间纠纷,不收取任何费用。

(三)人民调解机构的设置

人民调解委员会是依法设立的调解民间纠纷的群众性组织。村民委员会、居民委员会设立人民调解委员会。企业事业单位根据需要设立人民调解委员会。乡镇、街道以及社会团体或者其他组织根据需要可以参照本法有关规定设立人民调解委员会,调解民间纠纷。

人民调解委员会受理范围:民间纠纷,包括发生在公民与公民之间、公民与法人和其他社会组织之间涉及民事权利义务争议的各种纠纷。

人民调解委员会不受理范围:(1)法律、法规规定只能由专门机关管辖处理的,或者法律、法规禁止采用民间调解方式解决的;(2)人民法院、公安机关或者其他行政机关已经受理或者解决的。

(四)人民调解的程序

1. 纠纷受理:人民调解可以由当事人提出调解申请;当事人没有提出申请的,人民调解委员会也可在得知发生纠纷后,积极主动调解。

2. 确定调解员:人民调解委员会根据调解纠纷的需要,可以指定一名或者数名人民调解员进行调解,也可以由当事人选择一名或者数名人民调解员进行调解。

3. 前期准备工作:调解员向双方当事人了解情况和诉求,调查核实纠纷情况,拟定调解纠纷的实施方案。

4. 进行调解:调解应当在专门设置的调解场所进行,也可以在方便当事人的其他场所进行。调解程序相对随意和灵活,没有严格规定。

5. 结束调解:双方当事人达成调解协议的,制作调解协议书;双方当事人达不成协议或者不愿意继续调解,人民调解委员会向当事人下达终止调解通知书,并告知当事人其他合法解决途径。

法律法规速递:

《中华人民共和国人民调解法》第20条:人民调解员根据调解纠纷的需要,在征得当事人的同意后,可以邀请当事人的亲属、邻里、同事等参与调解,也可以邀请具有专门知识、特定经验的人员或者有关社会组织的人员参与调解。

人民调解委员会支持当地公道正派、热心调解、群众认可的社会人士参与调解。

四、人民调解员的行为规范

人民调解员由人民调解委员会委员和人民调解委员会聘任的人员担任。人民调解员应当由公道正派、热心人民调解工作,并具有一定文化水平、政策水平和法律知识的成年公民担任。

人民调解员在调解工作中有下列行为之一的,由其所在的人民调解委员会给予批评教育、责令改正,情节严重的,由推选或者聘任单位予以罢免或者解聘:(1)偏袒一方当事人的;(2)侮辱当事人的;(3)索取、收受财物或者牟取其他不正当利益的;(4)泄露当事人的个人隐私、商业秘密的。

五、当事人的权利和义务

当事人在人民调解活动中享有下列权利:(1)选择或者接受人民调解员;(2)接受调解、拒绝调解或者要求终止调解;(3)要求调解公开进行或者不公开进行;(4)自主表达意愿、自愿达成调解协议。

当事人在人民调解活动中履行下列义务:(1)如实陈述纠纷事实;(2)遵守

调解现场秩序,尊重人民调解员;(3)尊重对方当事人行使权利。

六、人民调解的新模式

(一)"大调解"模式

"大调解"模式,是指在当地党委、政府的统一领导下,由政法综合部门牵头协调,司法行政部门业务指导,调解委员会具体运行,职能部门共同参与的人民调解模式。"大调解"其实是将人民调解制度与司法调解、行政调解资源相整合,在党委、政府的统一协调下,共同参与纠纷化解。山东的"陵县模式"、浙江诸暨的"枫桥经验模式"、江苏南通的"大调解模式"等都是典型的"大调解"模式。

(二)"社会化"模式

"社会化"模式,是指利用社会组织、社会机构、社会力量来化解纠纷,政府作为行政管理部门,采取经济、行政等手段,积极扶持和资助人民调解工作。政府不通过财政拨款,而是通过出资购买,在不改变人民调解组织原有性质和运作方式的前提下,由政府资助、扶持和鼓励人民调解在保留民间性和自治性的同时,为当事人提供高效便捷的纠纷解决途径。上海的"李琴工作室""杨柏寿人民调解工作室"、深圳的"福田模式"、北京的"小小鸟"人民调解委员会等都是典型的"社会化"模式。

 法治思维训练:

1. 分析下述两种看法。第一种看法是:既然可以去法院打官司来解决纠纷,就没有必要再设置人民调解制度。第二种看法是:打官司费时费钱,而且容易破坏团结,激化矛盾,所以打官司不如人民调解好,应当用人民调解制度替代司法制度。

2. 案例分析:某村的男青年甲和村子里的女青年乙自小青梅竹马,相互爱慕。两家人关系也一直很好。一天,甲、乙约会之时,甲要求发生性关系,乙拒绝了,但甲还是强行与乙发生了性关系。乙回家后,向父母哭诉了经过。第二天,甲和父母来到乙家赔礼道歉。甲表示自己一时冲动,万分悔恨,愿受乙家的任何责罚。乙将自己锁在屋中不愿出来。第三天,乙的父母邀请村委会的人民调解员丙来帮忙调解此事。在调解过程中,乙的父母提出,甲、乙本来就感情很好,为了两个年轻人的未来,不如安排甲、乙马上成婚。甲家提供了高额聘礼,且不要求乙家提供任何嫁妆。经过丙的疏导,乙的父母接受了这个方案。随后的一个星期,乙的父母和丙一直耐心劝说乙,乙也慢慢原谅了甲,最终同意与之结婚。请思考并分析:该人民调解活动是否存在不合法的地方?

3. 下述有关人民调解协议的说法,哪些不正确?为什么?

A. 调解协议的履行主要靠当事人双方自觉履行,因此不具有真正的约束力。

B. 人民调解委员会是群众性自治组织,并不像法院那种享有司法裁判权,所以调解协议不具有真正的约束力。

C. 当事人之间就调解协议的履行或者调解协议的内容发生争议的,一方当事人可以向人民法院提起诉讼。

D. 当事人认为自己吃了亏,不愿意履行调解协议的,人民调解委员会可以加以督促。如果当事人依然拒不履行,则人民调解委员会可以对该当事人适当采取强制手段。

第二节 人民陪审员制度

法治事件回放:[佩恩案]

1670 年的一个星期天下午,贵格派教徒威廉·佩恩和威廉·米德在伦敦市格雷斯丘奇大街上布道,数百人汇集一处。随后,两人被治安官逮捕并关进监狱。他们被控违反非法集会法。如果罪名成立,他们将很有可能被处死。9 月 1 日,审判开始后,威廉·佩恩据理力争,恼羞成怒的法官将他关进法庭一角的囚室中,看不见证人和陪审员。审判官指示陪审团作出有罪判决,但他们拒绝了。陪审团认为,威廉·佩恩犯有在大街宣讲之罪,但未犯有非法集会罪。审判官拒绝接受这一裁决,将陪审团关进房间,不得生火取暖,不给饭吃,不给水喝,不让抽烟,无法洗澡。数天折磨下来,陪审团最终还是认定两位原告无罪。法官虽然不得不接受这一裁决,但他判处所有陪审员缴纳罚金 40 马克,并将他们关进了监狱,直到交出罚金。有八位陪审员没能坚持住,交了罚金回家,但是有四位陪审员一直坚持了三个多月。最终,英格兰高等上诉法院受到了陪审团主席布谢尔递交的人身保护令申请。首席大法官约翰·沃恩发布了一个历史性的裁判规则:陪审员不能因为他们的判决而受到惩罚。他指令伦敦刑事法院释放四个陪审员。威廉·佩恩案成为陪审制发展史上划时代的案件。

一、陪审制的起源和模式

1. 陪审制的起源

陪审制是一项历史悠久的司法制度,这项制度让职业法官以外的普通公民参与案件裁判活动。早在9—10世纪,英格兰和欧洲大陆就出现了某种通过邻人解决纠纷或其他问题的做法,随后在英格兰得到了更进一步的发展与完善。英格兰最早出现的陪审制其实是一种为了调查王权权力事宜而进行的宣誓调查制度,其具体方式是由当地的行政官员召集12位最值得信赖的长者在国王钦差面前宣誓,保证尽其所知回答国王钦差的提问。在亨利二世的司法改革时期,宣誓调查制度被广泛用于司法活动中,并发展为普通公民可以享有的权利。与后世的陪审团不同,此时陪审团的功能是提供案件信息,而非裁断案件事实。到了17—18世纪,陪审员和证人才慢慢有了区分,英国的现代陪审团制度才得以最终确立。[①]

英国的陪审制随后在全世界范围内得到了广泛传播。一方面,通过殖民扩张传播到英国诸多殖民地,其中最成功的无疑是后来的美国。在殖民地时代,美国13个州都建立了陪审制。陪审制后来成为他们反抗英国压迫的一个主要手段,而且,英国设立特别法院规避陪审团审判的做法也成为了美国独立战争的诱因之一。美国独立后制定的宪法和宪法修正案都明文规定了陪审制。另一方面,英国的陪审团制度也被欧陆国家所借鉴。1789年法国大革命后,英国陪审制首次登陆法国,并经由法国开始在整个欧洲大陆传播和发展。德国1848年革命后,确立引入陪审制以保障国民权利。1849年,几乎德意志各邦都采用了陪审制。在同一时期,比利时、葡萄牙、希腊、瑞士、俄罗斯、意大利、西班牙等欧洲国家都先后采用了陪审制。

---

① 高鸿钧、李红海主编:《新编外国法制史(下册)》,清华大学出版社2015年版,第63—69页。

2. 陪审制的模式

广义上的陪审制度包括两种模式：一种是英国、美国、加拿大、中国香港等英美法系国家和地区实行的陪审团制度，即从普通公民中随机挑选若干陪审员，参与案件审理；一种是德国、法国、意大利等大陆法系国家实行的参审制，即陪审员和职业法官共同组成合议庭，以合作方式共同审判。陪审员在认定事实、使用法律方面与职业法官享有相同的权限。我国的人民陪审制度更接近参审制。

法律知识链接：

在英美陪审制中，陪审团分为大陪审团和小陪审团。大陪审团（grand jury，又称为"起诉陪审团"），是指在刑事案件中决定是否对嫌疑人提起控诉的陪审团。它的功能是防止检察官草率地对犯罪嫌疑人起诉，将犯罪嫌疑人及早解放出来，保障人权。小陪审团（petit jury，又称为"审理陪审团"），是指参与刑事诉讼或民事诉讼审理的陪审团。我们在英美国家庭审中经常看到的就是这种小陪审团。

二、人民陪审员制度的历史发展

我国的人民陪审员制度于新民主主义革命时期正式建立。新中国成立后，我国1954年的宪法第75条规定："人民法院审判案件依照法律实行人民陪审员制度。"同年，我国人民法院组织法进一步将人民陪审员制度作为司法的一项基本原则。随后，相关部门陆续出台一系列指示和解释，人民陪审制度初步成为一个完整的制度。在"文化大革命"时期，人民陪审员制度销声匿迹。"文化大革命"结束后，人民陪审员制度在经历短暂的恢复后，进入淡化阶段。我国1982年的宪法和1983年修改的人民法院组织法都删除了人民陪审员制度的相关条文。1982年制定的民事诉讼法（试行），则采取了灵活的变通方法。

到了20世纪90年代末，人民陪审员制度再次成为司法改革议题并最终落实为立法。2004年8月28日，第十届全国人民代表大会常务委员会第十一次会议通过《全国人民代表大会常务委员会关于完善人民陪审员制度的决定》，自2005年5月1日开始正式施行。随后，陆续颁布了《最高人民法院、司法部关于人民陪审员选任、培训、考核工作的实施意见》《最高人民法院关于人民陪审员参加审判活动若干问题的规定》《最高人民法院关于进一步加强和推进人民陪审员工作的若干意见》等一系列司法文件。2018 年 4 月 27 日,第十三届全国人民代表大会常务委员会第二次会议通过《中华人民共和国人民陪审员法》(以下简称《人民陪审员法》),自公布之日施行。我国的人民陪审员制度开始进入新的历史发展时期。

法律法规速递:

《中华人民共和国刑事诉讼法》第 13 条:人民法院审判案件,依照本法实行人民陪审员陪审的制度。

第 183 条:基层人民法院、中级人民法院审判第一审案件,应当由审判员三人或者由审判员和人民陪审员共三人或者七人组成合议庭进行,但是基层人民法院适用简易程序、速裁程序的案件可以由审判员一人独任审判。

高级人民法院审判第一审案件,应当由审判员三人至七人或者由审判员和人民陪审员共三人或者七人组成合议庭进行。

最高人民法院审判第一审案件,应当由审判员三人至七人组成合议庭进行。

人民法院审判上诉和抗诉案件,由审判员三人或者五人组成合议庭进行。

合议庭的成员人数应当是单数

《中华人民共和国民事诉讼法》第 39 条:人民法院审理第一审民事案件,由审判员、陪审员共同组成合议庭或者由审判员组成合议庭。合议庭的成员人数,必须是单数。

适用简易程序审理的民事案件,由审判员一人独任审理。

陪审员在执行陪审职务时,与审判员有同等的权利义务。

《中华人民共和国行政诉讼法》第 68 条:人民法院审理行政案件,由审判员组成合议庭,或者由审判员、陪审员组成合议庭。合议庭的成员,应当是三人以上的单数。

四、人民陪审员制度的主要内容

《人民陪审员法》对我国的人民陪审员制度作了下述规定:

1. 担任人民陪审员的条件:(1)拥护中华人民共和国宪法;(2)年满 28 周岁;(3)遵纪守法、品行良好、公道正派;(4)具有正常履行职责的身体条件。

担任人民陪审员,一般应当具有高中以上文化程度。

2. 人民陪审员制度的适用范围:人民法院审判第一审刑事、民事、行政案件,有下列情形之一的,由人民陪审员和法官组成合议庭进行:(1)涉及群体利益、公共利益的;(2)人民群众广泛关注或者其他社会影响较大的;(3)案情复杂或者有其他情形,需要由人民陪审员参加审判的。人民法院审判上述案件,法律规定由法官独任审理或者由法官组成合议庭审理的,从其规定。

3. 人民陪审员的参审机制:审判长应当履行与案件审判相关的指引、提示义务,但不得妨碍人民陪审员对案件的独立判断。合议庭评议案件,审判长应当对本案中涉及的事实认定、证据规则、法律规定等事项及应当注意的问题,向人民陪审员进行必要的解释和说明。人民陪审员和法官组成合议庭审判案件,由法官担任审判长,可以组成三人合议庭,也可以由法官三人与人民陪审员四人组成七人合议庭。人民陪审员参加三人合议庭审判案件,对事实认定、法律适用,独立发表意见,行使表决权。人民陪审员参加七人合议庭审判案件,对事实认定,独立发表意见,并与法官共同表决;对法律适用,可以发表意见,但不参加表决。合议庭评议案件,实行少数服从多数的原则。人民陪审员同合议庭其他组成人员意见分歧的,应当将其意见写入笔录。合议庭组成人员意见有重大分歧的,人民陪审员或者法官可以要求合议庭将案件提请院长决定是否提交审判委员会讨论决定。

法律法规速递:

《中华人民共和国人民陪审员法》第13条:人民陪审员的任期为五年,一般不得连任。

第19条:基层人民法院审判案件需要由人民陪审员参加合议庭审判的,应当在人民陪审员名单中随机抽取确定。

中级人民法院、高级人民法院审判案件需要由人民陪审员参加合议庭审判的,在其辖区内的基层人民法院的人民陪审员名单中随机抽取确定。

第29条:人民陪审员参加审判活动期间,所在单位不得克扣或者变相克扣其工资、奖金及其他福利待遇。

人民陪审员所在单位违反前款规定的,基层人民法院应当及时向人民陪审员所在单位或者所在单位的主管部门、上级部门提出纠正意见。

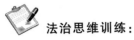 **法治思维训练：**

1. 2016 年 3 月 16 日，四川省阆中市人民法院在阆中市江南镇举行公开宣判大会，集中宣判一起妨害公务案。八名讨薪农民工被告分别被判处 6—8 个月不等的有期徒刑，其中两名宣告缓刑。请分析，通过这种公判大会（公审大会）让公民参与司法审判，是否符合我国的法律法规和法治精神？

2. 在我国以往的司法实践中，人民陪审员在审案中出现了"陪而不审、审而不议、议而不决"。请分析，造成这种现象的原因是什么？应当如何解决这个问题？

 参考书目

1. 高一飞：《上帝的声音：陪审团法理》，中国民主法制出版社 2016 年版。

2. 施鹏鹏：《陪审制研究》，中国人民大学出版社 2008 年版。

3. ［美］威廉·L. 德威尔：《美国的陪审团：一位美国联邦法官对陪审制度的激情辩护》，王凯译，华夏出版社 2015 年版。

4. 高鸿钧、李红海主编：《新编外国法制史（下册）》，清华大学出版社 2015 年版。

5. 扈纪华、陈俊生主编：《中华人民共和国人民调解法解读》，中国法制出版社 2010 年版。

6. 邱星美、王秋兰：《调解法学》，厦门大学出版社 2010 年版。

7. 徐胜萍：《人民调解制度研究》，北京师范大学出版社 2016 年版。